D1727119

Regena Thomashauer

Pussy

A Reclamation

HAY HOUSE

Carlsbad, California • New York City • London
Sydney • Johannesburg • Vancouver • New Delhi

Реджина Томасауэр

Женщина, которая светится изнутри

Как найти свой источник женской силы и сексуальности

БОМБОРА
ИЗДАТЕЛЬСТВО

Москва 2022

УДК 159.922.1
ББК 88.52
Т56

Regena Thomashauer
PUSSY

Томасауэр, Реджина.

Т56   Женщина, которая светится изнутри : как найти
свой источник женской силы и сексуальности / Реджина Томасауэр ; [перевод с английского А. Малышевой]. — Москва : Эксмо, 2022. — 352 с.

ISBN 978-5-04-110657-7

Потухший взгляд, недовольство и неудовлетворенность – как будто кто-то нажал невидимый выключатель. Лампочка есть, но не горит. Реджина Томасауэр сама была такой, пока не отыскала источник силы, доступный каждой. Вот уже 25 лет она помогает женщинам раскрыть свою природу и разжечь внутренний огонь.

Эта книга – ваша дорожная карта на пути к излечению ран, уверенности в себе, успеху в любви и умению получать удовольствие от секса. Осознайте собственную значимость и сияйте сегодня и каждый день.

УДК 159.922.1
ББК 88.52

ISBN 978-5-04-110657-7

Эту книгу я посвящаю женщинам, которые никогда о ней не услышат, никогда даже не смогут представить себе ничего подобного; всем тем, кто сейчас живет в самых темных уголках мира (будь то внешний или внутренний) и даже в самых смелых мечтах не может позволить себе исследовать затрагиваемые на этих страницах темы. Пусть же они ощутят силу нашей любви и верности всему женскому, которая, подобно эффекту бабочки, перевернет весь мир. Пусть наш яркий свет даже издалека станет для них лучом надежды.

Оглавление

Предисловие

Я поражена глубиной, ироничностью и невероятной мудростью этой книги. Вот уж поистине гениальная работа! И для меня огромная честь быть «вторым пилотом», который поможет ей воспарить над Землей. Я отчетливо слышу голос Реджины, повествующей с каждой страницы о невероятном пути, который проделала ее душа, и ощущаю в нем мощь, способную всколыхнуть всю планету и всех населяющих ее существ.

В современном мире Реджина — одна из самых глубоких и провокационных лидеров общественного мнения. Надеюсь, благодаря этой книге все женщины Земли узнают о ней и ее мыслях и, как и я, получат доступ к заключенным на этих страницах революционным сведениям и методам.

Мое посвящение в волшебство и таинство «Школы женских искусств» началось, когда я стала мамой двух выпускниц колледжа. Я видела, как мои дочери вступают во взрослую жизнь, как они изо дня в день учатся выстраивать отношения друг с другом, с друзьями — и с мужчинами. Не раз мне случалось преподавать в школе. Уже в молодости я читала лекции о некоторых аспектах женской мудрости и о том, как она находит отражение в женской физиологии. После общения с аудиторией и совместного выполнения отдельных упражнений я стала мало-помалу находить связь между физическим удовольствием и оргазмом и тем, как они влияют на физическое здоровье. Так, во время лекции я попросила студентов подойти к микрофону и рассказать, заметили ли они улучшения в собственном физическом здоровье с начала курса в «Школе женских искусств». Реакция меня просто поразила: очередь желающих выстроилась до самых задних рядов. Но я поразилась еще больше, когда каждая женщина рассказывала, насколько благотворно эта программа отразилась на всех аспектах жизни и как сами они исцелились от разных недугов — от онкологии шейки матки, бесплодия, кист яичников до рака легких и груди. Именно тогда я поняла, что целенаправленное стремление к получению удовольствия не только повышает качество жизни женщины, но может и в прямом смысле спасти ей жизнь.

Взаимосвязь удовольствия и здоровья доказана многочисленными научными исследованиями.

Взаимосвязь удовольствия и здоровья доказана многочисленными научными исследованиями. Отчасти это объясняется массивной выработкой оксида азота, которая происходит в эндотелиальных выстилках кровеносных сосудов в момент радости, когда мы испытываем удовольствие и экстаз. А оксид азота, в свою очередь, является мощнейшим нейропередатчиком, отвечающим за баланс всех гормонов, таких как дофамин, серотонин и бета-эндорфин, — тех, что женщины так часто пытаются уравновесить посредством «Прозака», «Паксила» и других средств. Я убеждена, что лекарства потеряют актуальность для большинства женщин, стоит им познать силу эроса и удовольствия и начать применять ее в повседневной жизни.

Будучи хорошей мамой, а также профессиональным врачом и ученым, я не раз наблюдала за тем, какой переворот в жизни дочерей и других женщин произвела невероятная сила удовольствия. Но потом поняла, что искусство владения собственной киской постигается не через интеллект — это путь тела. И мне тоже следовало стать участницей курса «Школы женских искусств», окунуться в процесс, а не просто наблюдать в стороне, конспектируя все в блокноте. И я погрузилась в него: записалась на курс и стала полноправной сестрой-богиней. Я научилась хвалиться собственными достижениями и хвалить других женщин. Я поняла, как важно присутствие и участие в моей жизни других сестер-богинь — женщин, больше не участвующих в сколачивании банд «дрянных девчонок», столь распространенных в средней школе и являющихся пережитком патриархального строя, от которого большинству не суждено оправиться, если только они не примут осознанное решение изменить собственную модель поведения.

Мы с дочерьми проработали все возможные виды проблемных отношений между матерью и дочерью, унаследованные от предыдущих поколений. Им пришлось научиться видеть во мне женщину, способную тонко чувствовать и желающую жить полноценной жизнью, а не просто мать, у которой лучшие годы позади, а будущее сводится к воспитанию внуков и заботе о других членах семьи. Я направила в «Школу женских искусств» множество других дам, понимавших, что ключ к женскому здоровью, а также здоровью мужчин и населения планеты, спрятан в источнике силы внутри нас, связь с которым предстоит возобновить.

Но это не все. Я открыла для себя и поразительную способность Реджины улавливать желания женщины задолго до того, как она сама их поймет. Иными словами, Реджина — заклинательница женщин. И если понадобится, она уложит ее на лопатки, только чтобы сломить сопротивление собственным желаниям и удовольствию. В жизни не видела ничего подобного. Невероятное зрелище. Она — бесстрашный воин сестринства и удовольствия. Я тоже не устояла.

Эта работа перевернула мою жизнь. По совету Реджины я занялась танго. Когда она попросила меня исполнить танец на открытии «Сессии мужского мастерства», перед несколькими сотнями женщин и мужчин, я испытывала одновременно радость и страх. Те чувства, что испытали и вы, впервые увидев эту книгу на полке магазина и взяв ее в руки. Это был вызов на дуэль — и кто я такая, чтобы отказаться? Я выступила не раз, не два, а целых три, с каждым годом танцуя все лучше и испытывая все больше удовольствия. С каждым годом я становилась бесстрашнее в своем желании погрузиться в тайны собственного тела и изведать границы удовольствия. И с каждым годом привлекала все более умелых партнеров. Пока наконец не «свершилось» — мой учитель танго Пол согласился выступить со мной. И я всецело доверилась. Перед самым выходом на сцену он сказал: «Я тебя поймал!» — и я растаяла в его руках, отдавшись танцу моего сердца. С тех пор я танцевала постоянно, каждой частичкой своего тела, включая киску.

Благодаря труду Реджины мои работы стали глубже. Именно она вдохновила меня на написание последнего бестселлера — «Богини никогда не стареют»[1] (*Goddesses Never Age*).

Потому что, по ее словам, когда мы пытаемся восстановить связь с киской, это не значит, что мы собираемся тут же пойти раздавать ее направо и налево. Секс тут вообще ни при чем. Хотя и мог бы. Попытка восстановления контакта на киску заключается в том, чтобы вновь отыскать источник силы, скрытый внутри каждой женщины. Суть в том, чтобы принести рай на землю, — в самую сакральную часть вашего тела и жизни в целом. Я не раз говорила: если хочешь открыть истинную силу, иди в то место, от которого тебя больше всего предостерегали. Оргазм, месячные, схватки и роды, менопауза — в общем, все процессы, в которых участвует киска. Именно в ней и заключена реальная сила. В священном храме вашего лона. Прямо напротив крестца — «священной кости». Той точки, где душа входит в тело.

Поэтому как врач, который всю жизнь помогал женщинам исцелять тело, я призываю вас найти смелость и прочесть эту книгу. Но не просто прочесть: пусть истина проникнет в ваше тело, прямо в костный мозг. Пусть эта книга изменит вашу жизнь, как изменила мою. Услышьте ее. Научитесь заново сиять, удивляться, вновь познайте силу эроса и удовольствия. Вспомните, кто вы на самом деле. Богиня.

Доктор Кристиан Нортроп.

Март 2016 г.

---

[1] Эксмо, 2017.

Вступление

КИСКА

Пожалуй, самое неприличное слово в английском языке. Как грубый шлепок по женскому достоинству, чья цель — причинить боль, унизить, заставить женщину чувствовать себя человеком второго сорта. Для мужчин в этом слове тоже хорошего мало — нет более эффективного способа, образно выражаясь, ударить мужика под дых и сообщить, что его репутация летит ко всем чертям, чем назвав его этим словом.

Никто не называет меня так, желая сказать, как я сегодня прекрасна и очаровательна или с каким знанием дела и профессионализмом я справилась с непростой задачей. И все же в слове «киска» заключен глубокий смысл.

Я — мастер слова, этот дар я унаследовала от отца. В одной короткой фразе он мог выразить все, что давно хотел сказать, но для чего не хватало коммуникативных навыков. Каждый вечер он читал нам вслух Библию, и так воспитал во мне уважение и благоговение перед силой языка: перед тем как простое слово, стоящее на своем месте, может послужить толчком к формированию целого движения или философского направления и изменить ход истории.

Любимейшей книгой в жизни был словарь, который мне подарили в средней школе. Я могла часами просиживать, выискивая происхождение любимых слов, открывая за каждым поворотом страницы новые миры.

Но вот беда: среди миллионов, заключенных в обложке моей любимой книги, не было ни единого, описывавшего *меня*. Ни единого, указывавшего на мою невероятную чувствительность и переменчивый, непостоянный характер, на неприкрытую женственность, нежность, робость, силу, стремление заявить о себе, добиться, чтобы меня узнали, полюбили, поняли. Ни слова, ни полслова.

А ведь лакуны в культуре говорят о ней не меньше, чем имеющиеся понятия.

Один из примеров неосознанного ограничения, присутствующего в западной культуре, заключается в том, что мы не открываем детям имени источника нашей женской силы. Спросите моих студенток из «Школы женских искусств» — и услышите вереницу эвфемизмов: «Вики», «Куку», «интимное место», «там», «пупка», «пи-ви», «фарфоровая штучка», «имя и адрес», «Венера», «Нуни», «мисс Китти», «кошелечек»... и так далее, до бесконечности. Те, кому велели называть ее нормальным словом, чаще всего говорят «вагина» — употребляют клинический термин, который с физиологической точки зрения некорректен.

Но хуже всего то, что большинству женщин и вовсе запрещали как бы то ни было ее называть.

Без общеупотребимого слова, обозначающего самую нашу женскую суть, мы не имеем доступа и к источнику нашей силы, а следовательно, не можем ей воспользоваться. «Вначале было слово» — с этой фразы начинались наши с отцом пятничные вечера. Без слова нет и начала. Разве можно было говорить о сложной глобальной компьютерной сети, обеспечивающей доступ к сведениям и коммуникациям посредством стандартных технологических протоколов, если бы не было слова «интернет»? И тем не менее культура лишает нас возможности говорить об источнике нашей силы — и, по сути, жизни.

Именно упоминание женской силы отсутствует во всех историях успеха, что мы слышим ежедневно. Именно поэтому Шерил Сэндберг, одна из самых успешных женщин Америки, написала в очерке, опубликованном в журнале «Нью-Йоркер», что всю жизнь чувствовала себя обманщицей, а модный дизайнер Диана фон Фюрстенберг призналась в шоу «Сегодня утром», что каждое утро, просыпаясь, чувствует себя неудачницей. Именно поэтому Гейл Кинг, интервьюировавшая фон Фюрстенберг, ответила, что, просыпаясь, чувствует себя толстой, а Шонда Раймс в книге «Год, когда я всему говорила ДА»[1] (*Year of Yes*) заметила, что и она, и ее знакомые женщины отмахиваются от комплиментов и не умеют принимать похвалу и одобрение.

Именно поэтому так много студенток последних курсов смиряются с ролью ассистентки, тогда как их коллеги-мужчины руководят собственными классами. Именно поэтому они начинают переговоры о зарплате с суммы вчетверо выше, чем та, которую просим мы; женщины, когда все-таки решаются на переговоры, просят на 30% ниже, чем мужчины.

Вопрос, почему женщины имеют столь ограниченный доступ к своей силе и так мало возможностей хоть сколько-нибудь разрешить или улучшить сложившуюся ситуацию, давно занимает меня. Наблюдая за миром женщин, я вижу, что огонь будто бы погашен. Мы сами

---

[1] Эксмо, 2019.

выключены, словно кто-то нажал невидимый выключатель. Лампочка есть, но не горит. И в этом нет ничего удивительного: ведь нас всю жизнь учили выключаться, отворачиваться.

Отворачиваться от бездомного, просящего милостыню. Игнорировать изменения климата, которые каждый ежедневно усугубляет собственными действиями или бездействием. Выключать эмоции. И учил не кто-то — сама культура программирует на подобное поведение лучше всяких слов. Как часто нам велят избегать сильных эмоций, убеждая, что испытывать их стыдно и даже смешно. Как часто нас приучали отгораживаться от всего мало-мальски необычного. Попросту выключать его. И мы выключаем собственную жизненную силу, чувства, чувственность и, как следствие, питающую нас энергию.

Когда мир, в котором мы живем, даже не осознает степени нетерпимости ко всему, что связано с женщинами, а потому не может сделать шаг вперед и отдать дань почтения пострадавшим от этой нетерпимости и поддержать, — каков выход? Как противостоять невидимой атаке, которая и не думает выходить из сумрака? Как может женщина выдержать столь всеобщее отрицание своего ужасающего положения, не говоря о том, чтобы выйти из ситуации победительницей?

Как найти способ исцелить раны, закалиться и вновь воспрянуть духом в мире, который даже не хочет замечать, что она сломлена?

Как вновь зажечь внутренний огонь, когда тебя систематически отвергали, игнорировали и принижали?

Есть ли во всей этой истории хоть малейший шанс, что жертва превратится в героиню?

Как нам вновь заявить о себе как о священном сосуде, если нас всю жизнь оскверняли, отвергали и пренебрегали?

Лекарство от эпидемии бессилия женщин, которая не лечится даже чрезмерным успехом и не компенсируется высшим образованием, просто: восстановление связи с собственной киской. Ведь это источник всего живого, путь каждой женщины к ее жизненной силе, к ее голосу, к осознанию внутренней мощи. Включая киску, женщина подключается и к своей жизненной силе, и к божественному началу.

Включая киску, женщина подключается и к своей жизненной силе, и к божественному началу.

Всю жизнь я работала над созданием именно этого пути: затерянной дороги из положения жертвы к ослепительному сиянию. Путь, не зависящий ни от кого и ни от чего, который поможет женщине взять власть в свои руки. Когда она сама определяет судьбу, а потом воплощает задуманное, то естественным образом исправляет все, что нарушено в мире. Но первый шаг — самый важный: нужно поладить с собственной киской. Именно так. Нужно включить самую недооцененную, оклеветанную и неизведанную часть себя.

Как основательница «Школы женских искусств», образовательного учреждения для женщин-миллионерш, расположенного в Нью-Йорке, я определила своей миссией и жизненной целью восстановление власти женщины — ее права на собственную киску, начиная с самого права употреблять это слово. Я делаю это посредством собственных курсов, на которых помогаю сотням достичь личностного роста и переродиться. Вместе с ними мы отправляемся в захватывающее путешествие, включающее в себя историческую оценку, чувственное пробуждение, психологическую перенастройку, а также восстановление духовного и физического контакта. Я погружаю студенток во вселенную женских инструментов и искусства, приглашая их стать частью стабильного сообщества тысяч сестер, у которых они могут учиться и на которых смогут положиться, обеспечив себе непрерывный рост и преображение на всю оставшуюся жизнь. «Школа женских искусств» (которую я на протяжении книги будут называть ШЖИ) создана женщинами, для женщин и состоит из женщин. Ее совсем не секретная цель — посвятить каждую студентку в таинство обладания неотъемлемым, неутомимым и несокрушимым женским духом перед лицом извечных жизненных проблем. Женщины, окончившие наши курсы, вновь обретают связь со своим внутренним источником силы, уверенность в себе, которую прежде и представить не могли, и осознание собственной значимости на земле.

Представьте себе: комната словно искрится от наполняющей ее и бьющей через край энергии сотен женщин, стоящих спина к спине и объединенных чувством сестринства. Кто-то пришел впервые, кто-то за долгие годы уже стал неотъемлемой частью сообщества, и все охвачены моментальной и неразрывной связью. Каждая кнопочка невидимой эмоциональной, физической и духовной женской клавиатуры приводится в движение. Вместе мы испытываем безумный гнев, рыдаем над старыми ранами, сливаемся в едином порыве танца, радуясь жизни и возможности наслаждаться ей. Каждая женщина лишь сильнее ощущает собственную суть от присутствия остальных.

Именно это произойдет и с вами при чтении книги. Сильнее, чем когда-либо, вы ощутите присутствие врожденной интуиции, священной женской силы, голоса, который должны услышать все. Я поделюсь несколькими упражнениями, которые использую в своей программе, и вы сможете не только прочесть о возможностях, но и испытать невероятные перемены в самой себе, отрабатывая их вместе со мной.

Примечание

В книге я буду использовать слова «мужчина» и «женщина» исключительно в контексте различия мужской и женской силы в этом мире. Я знаю и люблю всех своих читателей — геев, натуралов, бисексуалов, трансгендеров и всех прочих, — эта книга предназначена для женщин всех ориентаций. Мужская и женская энергии работают во всех типах личности, во всех отношениях и в мире в целом. Большинству столько всего говорили о мужской энергии и так мало о женской — как следствие, в современном мире на индивидуальном и коллективном уровне наблюдается серьезный дисбаланс. Эта книга восстановит ваше внутреннее равновесие.

Независимо от сексуальных предпочтений и гендерной самоидентификации в каждом есть мужское и женское начало. Женская сила в большей степени отвечает за желание, мужская — за его формирование. Мужская сила — это скала; женская — волна, разбивающаяся об эту скалу. В однополых отношениях роли зачастую чередуются, но это нередко происходит и в традиционных парах. Иногда гетеросексуальной женщине хочется включить внутреннюю маскулинность, а мужчине — присутствующую в нем женскую энергию.

На страницах книги я искренне постараюсь уделить внимание всем возможным моделям и вариациям. И для ясности буду использовать слова «женщина» и «мужчина» как ориентиры. Моя цель — помочь вам как можно более четко осознать разницу между мужской и женской видами энергии, в каком бы теле они ни были заключены. Таким образом, каждый сможет в полной мере испытать полярность — и единение — этих двух сил.

* * *

Эта книга — мое подношение миру. В ней — результат всего, что я узнала и чем так хотела поделиться с гораздо более широкой аудиторией, чем способны вместить огромные танцевальные залы и театры, где я ежегодно встречаюсь со студентами. Вы сможете проделать тот же путь, что проходит каждая в рамках нашей программы и который является отражением реального жизненного пути женщины.

Центральная мысль этой работы? Угадали: поиск утраченной связи с источником женской силы.

Мы начнем с примирения — каким бы тяжелым ни был этот процесс, он незаменим. Я заставляю каждую студентку вновь найти ту часть ее, которую она так долго искала, но от которой вынуждена была бежать в тень, в царство стыда. Ту часть, которая во всех смыслах этого слова ушла в подполье. Ту, что нельзя называть и обсуждать. Оставленную на произвол судьбы или хуже того — на верную смерть. А как иначе начать процесс примирения, если не с того, с чего началось все сущее — со слова?

Вначале было Слово.

И это слово, мои дорогие, — «киска».

И в книге я постараюсь сделать так, чтобы оно вновь заняло положенное место и стало наивысшим комплиментом, священной молитвой за все сущее.

1

Зов богини

Дух долины бессмертен
Имя ему — Таинственная праматерь
Врата Таинственной праматери — это
Начало неба и земли
Она с нами всегда и повсюду
Сколько ни пей из нее, она не иссякнет

Дао дэ Цзин

Вот уже 40 лет мы с двумя моими любимыми кузинами каждое лето устраиваем женские посиделки. Ханна живет в Колорадо с мужем, сыном и дочерью; а вторая, Грейс, — в Хьюстоне, с мужем и четырьмя девчонками.

Когда мы учились в старших классах в Филадельфии, то мечтали о большом будущем. Ханна была скульптором, поэтессой и художницей; Грейс — талантливым фотографом и работала в школьной газете. А я была актрисой.

Мы были свидетельницами жизни друг друга, любили друг друга и поддерживали, как могли. Наша связь чудесным образом не ослабла, даже когда все разлетелись кто куда и в результате диаметрально противоположных жизненных решений и наших детей стали совершенно не похожи одна на другую.

Ханне вечно не везло с мужчинами, она нередко тратила большие деньги, помогая им осуществить мечты, и, как следствие, крайне неуверенно чувствовала себя в освоении керамики, фарфора и ведении художественной студии. Несмотря на природный талант к гончарному делу, она стеснялась брать за работу приличную плату: считала, что не заслуживает ее. Наконец она познакомилась с замечательным человеком, владельцем и директором школы выживания для трудных подростков, вышла замуж, у них родились дети, которых они воспитывали на свежем воздухе, — ходили в походы летом, катались на лыжах зимой, сами выращивали натуральную еду.

Грейс пошла другим путем: вышла замуж за богатого владельца трастового фонда, сына нефтяного магната, и попрощалась с мечтой стать фоторепортером — ведь теперь у нее четверо детей. Несколько часов в неделю она работала волонтером в Хьюстонском фонде помощи детям, параллельно занимаясь делами родительского комитета. У нее был консервативный брак: все решения принимал муж. Жили они, где он захотел, по воскресеньям ходили в ту церковь, которую он выбрал (хотя Грейс она совсем не нравилась), а кроме того, вступили в загородный клуб, где состояла его семья. На ее плечи легла каждодневная обязанность по воспитанию детей, поскольку муж часто уезжал в командировки и на разные мероприятия вместе с давними членами эксклюзивного общества. Иногда она чувствовала себя племенной кобылой, чьей единственной задачей было рожать наследников.

Обе любимые кузины с любопытством, а иногда критически наблюдали за тем, как я основала «Школу женских искусств» и написала три книги. Они танцевали на моей свадьбе, поддерживали после развода, учили быть хорошей матерью. Но ни разу не переступили порог моей школы. Сама мысль о том, чтобы записаться на курс, пугала их и казалась слишком странной. Даже мои визиты к ним в гости порой смущали их. Однажды в очередной приезд к Ханне я решила придумать что-нибудь необычное и составила плейлист на айподе — мы устроили дискотеку на кухне безо всякого повода. Когда я вернулась домой, Ханна позвонила и попросила больше так не делать — дети очень испугались. Похоже, она считала, что мамы должны быть серьезными — никакого веселья и развлечений в меню не предусмотрено.

С грустью наблюдала я за тем, как женщины задвинули собственное сияние и радость в самый дальний угол, поставив на первое место воспитание детей и ведение домашнего хозяйства. И все же мне страстно хотелось завлечь кузин на курсы и показать им, чего я достигла за эти годы; хотелось поделиться своими открытиями и проверить, помогут ли они улучшить их жизнь и облегчить процесс исполнения множества повседневных обязанностей. Это было нелегко: они никак не могли выкроить время, чтобы приехать в Нью-Йорк — ведь были дети и работа. Но я не отступала и все звала и звала. Как только на горизонте появлялся очередной курс, я принималась звонить и уговаривать.

Наконец, спустя лет 10 уговоров, Ханна согласилась.

Тогда же умер мой отец, и нужно было привести маму на курс, который начинался в ближайшие выходные. Позже мама тоже стала помогать мне вести курсы в ШЖИ. Теперь она «Бабби» Школы (это означает «бабушка» или «старейшина»). Она помогает студенткам, которым нелегко дается усвоение материала, усаживает их к себе на колени, выслушивает истории, через какие тяготы им пришлось пройти, вытирает слезы, а затем отправляет обратно в класс.

Но тогда, много лет назад, я просто позвала маму в Школу, чтобы не оставлять одну. А Ханну попросила прийти и посидеть рядом с ней, поддержать в эти дни. Она тут же согласилась. Любопытно, правда? То есть нашла время, чтобы приехать в «Школу женских искусств», только когда это понадобилось кому-то другому. Для женщин нашей культуры это очень характерно: нелегко согласиться сделать приятное самим себе. Мы не привыкли ставить собственную радость на первое место или тратить деньги на себя. Зато с легкостью принимаем на себя дополнительную ответственность или обязательства. Возможность быть кому-то полезными служит мощнейшей мотивацией. И все же вы и представить себе не можете, как я была рада видеть Ханну в стенах школы! Я ужасно волновалась. Хотите — верьте, хотите — нет, она сразу полюбила ШЖИ. Настолько, что вместе со мной стала уговаривать Грейс присоединиться в следующем семестре, когда она сама решила начать полный курс.

Сбылась моя мечта: обе кузины влились в наши стройные ряды! Именно эти женщины давно вдохновляли меня своей непоколебимой силой дружбы и смехом, не смолкающим даже в самый темный час. Именно

Мы не привыкли ставить собственную радость на первое место или тратить деньги на себя. Зато с легкостью принимаем на себя дополнительную ответственность или обязательства.

они научили меня ценить и почитать сестринство. В определенной степени именно они подвигли меня на то, чтобы создать это огромное сообщество женщин, любящих и поддерживающих друг друга, — «Школу женских искусств». А теперь я получила уникальную возможность ввести их в тот самый рабочий процесс, который послужил мне источником вдохновения и изменил весь ход моей жизни.

Ханна и Грейс стали вместе посещать курс, но полученные знания каждая применила по-своему. Ханна кинулась в них как в омут с головой — не забыв, впрочем, и о том, что было у нее между ног. Она привела мужа на сеанс для мужчин — и ему понравилось. Дома она отрабатывала новые инструменты женских искусств. Чтобы еще больше усилить ощущение тесной связи с сообществом, она привела всех подружек из Денвера. Ее интимная жизнь с мужем значительно улучшилась. И даже когда его анализы показали рак простаты, она смогла применить полученные на курсах знания и вновь вернуть в семью счастье и здоровый секс. Ханна пошла на серьезные финансовые риски и купила дом своей мечты, а потом провела ремонт и сама его украсила. Ей так понравилось, что в конце концов она нашла помещение и открыла собственный художественный центр, где теперь дает уроки гончарного ремесла. Она приглашает других художников, которые проводят занятия по живописи и графике, а также сдает помещения студии всем желающим. Это место стало ее новой страстью. Кузина снова поступила в магистратуру, на курс предпринимательства, чтобы научиться управлять им и со временем вывести на новый уровень. Ханна — одна из лучших студенток на курсе, которая вновь обрела голос, страсть и сияние. Теперь танцы на кухне стали привычным делом, а дети тайком радуются за маму. Никогда прежде они с мужем не были так счастливы.

Жизнь Грейс сложилась совершенно иначе. Она не стала отрабатывать владение инструментами и приемами, о которых узнала на курсах, и не хотела принимать поддержку студенток — быстро развивающегося сообщества, которое мы называем «Сестры-богини»[1]. Они с мужем много лет скрывали его пристрастие к алкоголю — вот и теперь готовы были пожертвовать собственным благополучием, чтобы подстроиться под зависимость. Не раз его выволакивали из загородного клуба, к тому же по неизвестным Грэйс причинам перед ним захлопнулась дверь в семейный бизнес. И все равно она продолжала покрывать его для сохранения семьи. Сам он заявил, что разведется и оставит ее ни с чем, если она попытается обратиться за помощью к специалистам.

Эта привычка к замалчиванию горько аукнулась в следующем поколении. Ее дочь провалила экзамены и в конце концов бросила колледж, после того как ее изнасиловали на свидании, а сама она так и не нашла в себе смелости заявить на того парня или обратиться за психологической помощью. Сгорая от стыда, девушка вернулась домой. Когда мы в последний раз собирались на традиционные посиделки, Грейс призналась: в глубине души понимала, что замалчивать тайну мужа, а

---

[1] Я называю участниц своей программы и женщин, читающих мои книги, Сестрами-богинями, чтобы не забывать о том, что все женщины этой планеты — сестры, и все мы божественны. Обращайся с женщиной как с сестрой и богиней — и она отдаст тебе лучшее, что в ней есть (*прим. автора*).

затем и дочери, было неправильно, но не хватало духу открыться.

Еще призналась, что ей понравилось в ШЖИ, но муж громко возмущался, когда она записалась на курсы. А все потому, что один выходной в месяц ей приходилось проводить в разъездах, из-за чего она меньше внимания уделяла семье. По всей видимости, он ждал, что она, как прежде, все время будет проводить с ним и ублажать в постели. Когда же этого не случилось, мужчина не понимал, что она задумала. Вместе со своей подругой Шелли Грейс записалась на цикл занятий «Курс на чудеса». После второго занятия Шелли призналась, что не верит во все эти разговоры о важности поиска источника собственной чувственности. По ее мнению, гораздо важнее слушать *сердце*, а не киску. Грейс подумала, что в чем-то подруга права, и хотя ей самой нравилось, кузина решила, что содержимое курса ей не нужно. Гораздо легче забраковать что-то новое, необычное, идущее вразрез с привычным укладом, чем рискнуть и открыто принять совершенно новую точку зрения.

Итак, обе услышали зов Богини. Но каждая — по-своему. Ханна ответила, Грейс переключила на автоответчик.

Теперь и перед тобой стоит выбор. Цель книги — дать тебе все то, чему я учу в рамках программы «Школы женских искусств». Все разработанные и тщательно протестированные мной материалы необходимы, чтобы начать жить так, как ты всегда хотела, и научить не сдаваться и решительно идти вперед по новому пути. Эта книга — результат тридцатилетних самостоятельных изысканий и двадцатилетнего опыта преподавания. Эта программа уже изменила жизни тысяч женщин, в том числе моей кузины Ханны.

Пришел твой черед. Моя дорогая, Богиня зовет. Готова ли *ты* ответить на ее зов?

ЗОВ БОГИНИ

Сама я услышала его довольно рано. С тех пор как мне исполнилось шесть, Богиня начала являться ко мне каждую ночь. Она садилась на краешек постели, возле

Богиня зовет. Готова ли ты ответить на ее зов?

подушки. Я не видела ее отчетливо, но знала: она рядом; так всегда бывает у детей — они просто *знают*.

Поначалу я замирала от страха и не смела даже моргнуть — мне хотелось, чтобы она думала, будто я сплю. Хотелось, чтобы она ушла.

Но со временем страх перед этим ночным призраком рассеялся, и присутствие перестало меня беспокоить. Вместо этого я начала испытывать неведанные доселе ощущения. Это было невесомое тепло, словно меня изнутри заполняет жидкое золото.

Я лежала, не шевелясь, позволяя ей проникнуть в мое сознание. Впуская ее внутрь. Чувствуя ее томление. Помню, как хотелось обнять ее, вселиться в нее, *познать* ее.

Но мы общались без слов, и я не смела на нее взглянуть. Всякий раз, когда поворачивалась, чтобы прямо на нее посмотреть, та растворялась в воздухе.

И все же она пробудила во мне любовь. Не такую, какую испытывают к матери, — но к тем ощущениям, что она во мне вызывала.

Чувственную любовь.

Плотскую любовь.

И глубокое, несомненное благоговение.

В ее присутствии я чувствовала, что сияю.

Теперь твердо знаю это чувство: это было *включение*.

И хотя мне было всего шесть, оно было невероятно мощным, и я поняла, что познала собственную суть. Это ощущение охватило все тело, проникая в каждую клетку, словно волна растопленного сливочного масла, накрывающая горячий маффин. Это чувство было почвой под ногами, моим духом, моей вечностью, моим настоящим. Простым и жизненно важным. Как сияние солнца. Я знала — это самое бесценное чувство на земле.

Полагаю, и вам оно знакомо. Если бы аромат свеже-испеченного хлеба можно было назвать чувством — это было бы оно. Если бы последний теплый денек осени был эмоцией — это был бы он. Ощущение абсолютного и полного присутствия и связи с настоящим. Пьянящий восторг от самой жизни и благодарность за собственное существование. Без цели, просто наслаждение процессом. Нега, какую испытываешь на закате или когда вдыхаешь аромат волос собственного ребенка. Или катаешься на собственной лошади. Или стоишь на берегу океана, ощущая связь с ним. Смеешься. Испытываешь любую форму экстаза.

Вот что такое контакт с Богиней.

Я чувствовала ее молчаливое вожделение. Она жаждала раскрыться мне; чтобы я ее увидела, услышала, почувствовала. В ее присутствии я таяла, совершенно очарованная, готовая на все, только бы угодить. Мне было спокойно, я чувствовала себя на своем месте, по-настоящему собой. Я готова была вечно служить ей и поддерживать это ощущение внутри.

Подобное продолжалось всего пару лет, но произвело на меня неизгладимое впечатление, перевернув мою жизнь. Уже повзрослев, я не раз задавалась вопросом, была ли вся эта история сном или фантазией. Быть может, это своего рода защитная реакция на взросление в среде, где главенствовали патриархально-религиозные ценности, где мужчина занимал центральное положение в обществе, а само общество допускало физическое насилие. Богиня представляла собой полную антитезу этим явлениям: она вошла в мою жизнь, словно ангел-хранитель и одновременно предмет непрекращающихся философских изысканий. В те годы все, что было связано с мужчинами и «духовностью», ассоциировалось у меня с болью и страданиями. Встречи с Богиней, напротив, были заряжены женской энергетикой: священные таинства, наполненные изысканными ощущениями.

В то время я не видела ничего «изысканного» в том, чтобы быть женщиной. Ни один аспект существования взрослой женской особи не казался мне хоть сколько-нибудь приятным. Совсем не хотелось жить так, как моя мать и другие женщины нашего квартала. Я видела тех, для кого на первом месте были мужья и семьи, которые трудились в поте лица, ходили за покупками, готовили и убирали, водили микроавтобусы и всячески старались облегчить жизнь другим. Видела женщин, ежедневно приносивших в жертву себя и собственные потребности, ставивших собственное счастье на последнее место. Видела женщин, подчинившихся чужой воле, которым занижали зарплату, опустошенных, мертвых изнутри; наполненных горечью, гневом, досадой, смирившихся с собственным положением. Я видела великое множество женщин, совершенно лишенных жизненной энергии и силы, которая обычно берет начало в умении жить ярко и принимать добро как нечто заслуженное. Видела женщин, чей огонь был приглушен, а то и вовсе погас. Та работа, что предназначалась для них, совсем не вдохновляла.

Именно познакомившись с Богиней, я впервые услышала совсем другой зов. В нем было обещание, вдохновение женской сутью, которая совсем не похожа на то, что я наблюдала вокруг. Это была энергетическая женская суть, какой я никогда не видела прежде, и она не имела никакого отношения к стирке, приготовлению ужина и иным формам служения.

Общение не сводилось к каким-либо *совместным действиям*, а лишь к *присутствию ее рядом со мной*. Казалось, каждая клеточка кожи ожила; внутри будто что-то пробудилось, словно кто-то повернул невидимый рычаг души.

Для меня это было невероятно важно. С раннего детства приходилось терпеть издевательства старшего брата. Когда ребенок становится жертвой физического или словесного насилия, его душа словно покидает тело, стремясь защититься. После случившегося я утратила чувство легкости, безопасности и комфорта — как в окружающем мире, так и внутри. Но это настолько плотно вошло в мою жизнь и быт, что перестало казаться проблемой (лишь много позже оно превратилось в серьезное препятствие). По сути, в моей истории нет ничего уникального — слишком уж много женщин подвергались насилию и скрытым домогательствам, при этом на помощь не стоило и рассчитывать. В книге я расскажу вам свою историю — в надежде на то, что она поможет тебе найти собственное предназначение, мое — заключается в том, чтобы рассказывать притчи. А цель — вдохновить, помочь пересмотреть приоритеты и посвятить себя самой глубокой и ранимой части тебя. Указать путь истинный, помочь распрямиться и начать гордиться собой, почувствовать внутреннюю силу и прилив энергии, научить испытывать благодарность за каждый шаг, сделавший тебя такой, какая ты сейчас, позволивший тебе стать самой собой. Чувствовать себя каждый день героиней, легендой. Пусть же мой пример поможет увидеть свою истинную суть, вдохновит и придаст силы идти вперед.

Потому что я — само воплощение сильной женщины.

Я люблю всем своим телом, сердцем и душой.

Я говорю то, что вздумается.

Я совершаю серьезные ошибки — и горжусь этим.

Я испытываю печаль и гнев с одинаковой силой.

Я воплощаю в жизнь свою поэзию и искусство.

Я готова защищать своего ребенка, как волчица.

Я рискую жизнью ради того, чтобы жить так, как хочу.

Я легко смеюсь — чаще всего над собой.

Я готова душу продать за ночь экстаза.

Каждый новый день для меня — служение моей Богине и моему Богу каждой клеточкой тела.

Иными словами, я такая же, как ты.

ШПИОНКА
НА СЛУЖБЕ У БОГИНИ

Помню, как в ту самую пору, когда Богиня начала являться ко мне, я проснулась однажды утром и подошла к окну своей розовой комнатки. Глядя в окно, вдруг стало понятно — насколько возможно для шестилетнего ребенка, что перестала с нетерпением ждать нового дня. До того момента всегда его ждала, но теперь это чувство покинуло меня. На смену пришло ощущение полнейшей, мертвенной пустоты во всем теле. Ощущение благости, как полноводная река наполнявшее меня от рождения, иссякло.

И несмотря на еще нежный возраст, я понимала, что в мире, который отнял у ребенка радость жизни, творится что-то неладное. В нем я испытывала тревогу и чувствовала себя неправильной, сама себе казалась неполноценной — ведь я родилась не мальчиком. В этом мире я могла подвергаться ежедневным издевательствам, которым не видно было конца. Чувство благодати, которое я испытала с появлением Богини, было *истиной*. Знала я и то, что в определенной степени она рассчитывает на меня и на то, что я буду отстаивать эту истину перед всем миром. Шли годы, она уже не приходила, чтобы тихо сесть на краешек постели, — но я чувствовала внутри ее присутствие и отчего-то знала: именно благодаря ей я встала на этот путь. И поклялась, что сделаю все для исправления существующего положения вещей, пока жива.

Никто и ничто не заставит меня сойти с избранного пути. Я искала это ощущение восторга и благоговение, что наполняло меня в присутствии Богини. Мне хотелось испытывать его постоянно. И я видела: это чувство хорошо знакомо детям, но по мере становления подростками и взросления постепенно покидает их. И так — повсеместно. Я понимала, что это ошибка человечества, а потому ее можно исправить. И это необходимо во всех аспектах.

Я искала то ощущение, которое — это я тоже знала каким-то непостижимым образом — было одновременно воплощением моей хрупкой человеческой сущности и божественности. Невидимой гранью, отделявшей мое самое и то, что было намного больше и важнее. Благодать, присутствующая в каждом моменте дня, в каждом человеке и каждом камешке, испытывающем безмерную благодарность за возможность жить.

Я решила во что бы то ни стало выяснить, куда испарилась собственная жажда жизни и радость, а вместе с ними — радость стольких знакомых детей. И не только выясню, но и исправлю ситуацию. Интуиция подсказывала, что для этого придется отыскать Богиню и вернуть ее туда, где она должна быть. И еще знала: раз уж она явилась ко мне, значит, именно я должна это сделать.

Я принялась осматривать окрестности — обходить все синагоги в квартале, а их было немало. Может, Богиня приняла новый облик, а все мы — просто консерваторы? Но нет. Ее там не было. По правде говоря, сложно было найти место, менее наполненное тем ощущением восторга, чем синагоги в спальных районах моего детства.

Тогда я стала искать в учреждениях других конфессий. Первым делом — в церквях, и начала с католических, куда пошла со своей подругой Сюзан О'Хара. Когда я сказала, что хочу вместе с их семьей присутствовать на мессе, ее мама недоверчиво на меня посмотрела. Быть может, заподозрила шпионку, подумала я. И все же разрешила пойти. Мне нравились красивые рясы на священниках, размахивавших кадилом, все убранство было торжественным и возвышенным. Но и там, увы, Богини не оказалось — лишь мрачное неодобрение. Никакой радости.

Отправившись с родителями на лето в Израиль, я решила, что там повезет. К тому моменту мне исполнилось 14, и я испытывала настоящую шпионскую лихорадку! Я обходила мечети и церкви, побывала на Масличной горе и в храме Бахаи, на горе Синай и в Куполе Скалы, в пещере Патриархов и в крепости Масада, в Храме Гроба Господня и на Пути Скорби, в Гефсиманском саду и у Стены Плача. Все это время я не переставала делать пометки в блокнотике, как шпионка Хэрриет. Но повсюду видела одно и то же: старые, пыльные, безжизненные и безрадостные здания, полные скорби и слепой бездушной покорности во имя некоего мстительного и злопамятного Бога. Я искала ее, но не видела ничего священного.

Более того, так называемая Святая земля оказалась опасной для юной блондинки с открытой, ищущей душой. Куда бы я ни пошла, всюду ко мне приставали, похотливо смотрели и без спросу норовили потрогать, унизить, надругаться. Повсюду: на рынке, на улице, и что самое ужасное — во многих святых местах.

Тогда я не понимала, с чем связано подобное навязчивое внимание и как от него избавиться. Я в буквальном смысле слова не понимала происходящего, но знала, что так не должно быть. Я не понимала, что короткое платье, белая кожа и светлые волосы были для них вызовом — в общественном бассейне, в гостинице, в автобусе. Всюду, где меня некому было защитить. И никто, казалось, не замечал этого. Хотя все происходило прямо под носом, говорить о подобном не принято. Как и обсуждать становление девушки взрослой женщиной и общее восприятие девушки как объекта для провокации — а не как ребенка, коим я и являлась, — в чужеродной среде. Не было слов, которые могли бы объяснить то ощущение неправильности и неполноценности. Мы не говорили об этом ни с матерью, ни с отцом, ни с братом. Как будто ничего не происходило.

Неудивительно, что и на этот раз наблюдения оказались бесплодны, не дав никаких результатов. Мне так отчаянно хотелось отыскать Богиню, — но на Святой земле ее нигде не было. Я совершенно растерялась. Разве можно называть землю «святой», если на ней не было и следа Богини?

В то ужасное лето мы достаточно долго пробыли в Израиле, чтобы я научилась бояться мужчин и не доверять им, обвиняя во всем мою пробуждающуюся женственность. Достаточно долго, чтобы осознать, какую опасность для меня — уже не девочки, но еще не женщины, — представляет окружающий мир.

И я утратила веру, повесила на крючок шпионский плащ, убрала в дальний ящик блокнот и еще сильнее замкнулась в себе, став еще несчастнее. Разумеется, тогда я решила, что Богиня ушла навсегда, став вымершим видом, как птица Додо или тираннозавр Рекс. Ее истребили, как побочный продукт прогресса. Я знала: шансов найти ее практически нет. Я почти сдалась.

ПОТЕРЯТЬ ЕЕ —
И ВНОВЬ ОБРЕСТИ

Сразу после окончания колледжа я переехала в Нью-Йорк. Некоторое время гастролировала вместе с труппой местного театра, а в перерывах выступала с «Шекспир и Компания» на «Шекспировском фестивале» в Вайоминге и училась на курсах актерского мастерства. Но по правде говоря, жизнь плавно приближалась к тупику. Я была актрисой, но не играла; певицей — но не пела; молодой женщиной, которая ни с кем не встречалась и не общалась. Моя вера в людей держалась на волоске. Я работала официанткой и скрывалась ото всех, чьи ожидания не оправдала (и знала об этом).

Я рассталась с замечательным молодым человеком, с которым встречалась в колледже. Он просто слишком сильно меня любил, и мне от этого было неловко — ведь я не видела подобного отношения ни от отца, ни от братьев, и это чувство казалось мне странным. Я знала: если не удалось сохранить отношения даже с таким прекрасным человеком, значит, со мной точно что-то не так. Меня обуревали сомнения. Может быть, я лесбиянка? Или не умею любить? Почему не получается ладить с людьми? И разве я могу выступать на сцене, если не в состоянии даже разобраться в себе как в женщине?

Поэтому, вместо того чтобы принять предложение о совместном выступлении с «Шекспиром и Компанией» на следующий сезон, я отправилась к психологу. Однако, проведя несколько лет на кушетке, я лишь усугубила неуверенность и ненависть к себе, став еще более замкнутой. Наконец решила попрощаться с психологом и заняться самообразованием. Я с головой ушла в греко-римскую мифологию, изучение архетипов и анализ работ Карла Юнга и Джозефа Кэмпбелла, древних традиций и культов поклонения богиням у аборигенных народов. Я узнала, что в ранних религиях люди поклонялись Праматери, а не Отцу Небесному, что в доисторические и ранние эпохи развития человечества существовали целые религии, где у творца было женское лицо. И вместо того чтобы проводить четкую грань между материальным и духовным, люди верили в существование души *внутри* материи. В те времена святой дух был повсюду — не только в церквях и храмах. К смерти относились с не меньшим почтением и праздновали ее, как рождение, с радостью и благодарностью. Женщина почиталась как врата в жизнь, все и вся связанное с ней было священным.

Это казалось куда более осмысленным и правильным, чем религия, существовавшая во времена детства. Мною овладела такая жажда познания, что я превратилась в совершеннейшую отшельницу, не знавшую плотских утех. Казалось, что предмет изысканий и открытий настолько чужд патриархальной культуре, что если я стану частью этого нового знания, окружающие еще меньше будут понимать мои слова и поступки. Приобщившись к вечным истинам, я еще сильнее отдалилась от мира — ведь теперь я была еще больше уверена, что никто не разделит со мной мои открытия. Я оборвала все связи с семьей и друзьями, забросила любимую работу. И все ради исцеления и поиска ответа на главный вопрос моей жизни.

А потом — все изменилось.

Одна из коллег-официанток позвала меня на занятие в «Информационном актерском проекте». Когда я прочла отрывок, приготовленный для прослушивания, ко мне подошел один из преподавателей и сказал: «Реджина, вы замечательно играете. Но в вашей игре совершенно нет чувственности. Пока не обретете внутреннюю гармонию с собой, вам так и будут предлагать роли более старших женщин».

Эти слова послужили встряской, я понимала: он прав. У меня давно не было парня и свиданий. Я понимала: в этой области я — совершеннейший бездарь. После расставания со своим молодым человеком не хотелось вновь через это пройти.

Мужчины все так же пугали.

Но кроме того, хотелось стать актрисой, и желание осуществить эту мечту было сильнее страха.

Выслушав мою исповедь, другой преподаватель рассказал о курсе «Основы чувственности» в университете Изобилия, который он недавно посетил. По его словам, он поможет сделать мои выступления более чувственными. Но при одной только мысли об этом я испытала ужас. Я скорее прыгнула бы с самолета, занялась бы глубоководным нырянием или принялась чистить улицы зубной щеткой, чем пошла на курсы чувственности.

Всю неделю перед занятиями я ужасно нервничала, придумывая отговорки. За последние восемь лет я почти не выходила из дома, превратившись в затворницу. Уже запись на курсы актерского мастерства была для меня настоящим подвигом — теперь же предстоял прыжок в пропасть самого большого страха: новая встреча с той частью меня, которой пришлось испытать столько жестокости. Я никак не могла пробудить чувственность, разве что через отвращение. И все же чувствовала — меня будто гонит вперед некая высшая сила.

Занятия проходили в роскошном особняке Верхнего Вест-Сайда Манхэттена. Я немедленно их возненавидела. Никогда прежде я не встречала более странных и отвратительных людей, чем слушатели курсов, а преподаватели были похожи на кучку непривлекательных стареющих хиппи. Мне было ужасно некомфортно, я чувствовала себя не в своей тарелке и едва могла усидеть на стуле, хотелось уйти домой и спрятаться. Вместо этого я забилась на последний ряд и ни с кем не разговаривала. Когда подошел обеденный перерыв, я сбежала с четкой мыслью: остаться дома, в безопасности. Однако некая сила снова притянула меня на вечернюю сессию. (Вскоре я узнала, что это и есть волшебная сила желания: она влечет вперед, даже когда разум кричит: «Стоять!»)

Занятие было посвящено тому, как культура мешает нам получать удовольствие. Преподаватели говорили, что все люди совершенны, но никто не чувствует себя таковым, потому что культура воспитывает в нас ненависть и критическое отношение к самим себе. Они велели изучить то, что назвали «стабильными данными», — негласными установками на ограничение и критику, которые закладываются с раннего детства. Затем рассказали о множестве способов дарить и получать чувственное удовольствие. Для меня все это было внове, и вся информация шокировала, если не сказать ужасала, и лишь самую чуточку приятно удивляла.

По окончании занятия мы получили задание. Нужно было убрать дом так, будто ждем самого важного в мире гостя. Как его развлечь? Нужно ли убрать, купить специальную еду, свечи, цветы, музыку? Что надеть? Но главное было то, что в роли гостей были мы сами, и все приготовления, соответственно, для нас самих. Зачем? Большинство людей зажигают свечи и достают дорогой фарфор только для гостей. Теперь же представилась возможность хоть немного побаловать себя.

Подготовившись чувственно, нужно было раздеться и оглядеть себя в зеркало, отметить то, что нравится в самих себе, а потом потрогать себя, чтобы испытать чувственное удовольствие. Мне это задание показалось совершенной глупостью и вдобавок ужасно взбесило. Но я всегда была прилежной ученицей, потому решила приложить все свое усердие. Никогда прежде я не устраивала самой себе ночь наслаждения. Да, я старалась сделать приятное другим, но никогда — самой себе.

После занятия я зашла в продуктовый магазин, чтобы накупить разных вкусностей. Я не понимала, что происходит, но когда бродила между рядами, по моей коже будто плясали крохотные искорки удовольствия. Я заметила, что работавшие там мужчины не просто видят меня, как обычно, но обращают внимание и задерживают на мне взгляд. Казалось, все хотели помочь!

Да, я старалась сделать приятное другим, но никогда — самой себе.

Я не привыкла к подобному вниманию, это было удивительно и страшно. Мне внимание нравилось, но в то же время ощущалось тяжелой ношей.

Я купила себе букет розовых роз, минеральной воды, темный шоколад с миндалем, багет, сыр грюйер и клубнику. Прижимая к груди пакет с покупками, поспешила домой, словно там меня действительно ждал очень важный гость. Я отмыла ванну, убрала все грязное белье, пропылесосила и вымыла посуду. Потом накрыла на стол и расставила купленные деликатесы. Включила любимую музыку и долго лежала в ванной, поглощая под музыку вкусную еду.

И кое-что заметила. Время... изменило свой ход. Вместо того чтобы нестись вперед, как полноводная река, увлекая меня за собой, оно стало спокойным озером, где я была владычицей. Казалось, научившись испытывать удовольствие, я овладела и временем. Я сама была контролем — и все было под контролем. У этого урока было и физическое последствие, которое началось во внешнем мире, когда парни в продуктовом магазине внезапно стали притягиваться ко мне, как магнитом. Теперь я стала делать то, чего никогда прежде не делала: устраивать себе маленькие удовольствия. Только для себя. Так, как только я понимаю удовольствие.

А потом — свершилось. Я вновь почувствовала *Богиню*. Вновь испытала это ощущение: будто все внутри тает и заполняется золотисто-медовой жидкостью. Совершенная расслабленность и покорность. Абсолютная гармония с прекраснейшей, мощнейшей и благодарнейшей частью меня. Универсальное чувство контакта.

То самое, которого я не испытывала с самого детства.

Изумленная до глубины души, я вышла из ванной и приступила к выполнению следующей части задания: посмотреть на себя в зеркало при свете свечей и отметить то, что было красивого. Я никогда не думала, что буду так себя разглядывать. Прежде я смотрелась лишь для критики — за то, что слишком толстая или что волосы лежат не так, как надо, или где-нибудь вскочил прыщ. На удивление, теперь, когда мне нужно было отыскать собственную красоту, я осталась совершенно поражена отражением. Сама себе я показалась такой милой, будто светящейся, пронзительно роскошной. С помощью карманного зеркальца я оглядела себя и сзади. Не помню, делала ли это прежде. Тело у меня было упругое, красивой формы, а позвоночник изысканно изгибался. Как это возможно, потрясенно думала я, за столько лет обладания этими плечами, этой спиной, этим позвоночником никогда не замечала, что они представляют собой самое настоящее воплощение поэзии — увертюра к человеческому телу как к великолепному произведению искусства. В тот момент я поняла, что женщины сами не подозревают, как прекрасны: понятия не имеют, что между удовольствием и временем существует связь, ничего не знают об этом глубоком, прекрасном и бездонном источнике божественной силы, заключенном в каждой.

Все эти годы я искала Богиню — и вдруг наткнулась на нее там, где меньше всего ожидала ее найти.

Она была здесь — внутри *меня*.

Меня переполняло это невероятное ощущение сияния, которое было со мной все эти годы, но к которому я не могла подобрать ключ.

Я сама была воплощением надежды всех женщин, тем самым, которое так долго искала, — с тех пор, как оно явилось и присело на краешек детской кроватки.

Все это время она была не в церкви, не в храме и не на Святой земле, а здесь, внутри меня, и я сама освободила ее от оков, когда решилась подарить самой себе наслаждение. Я была ошеломлена. И немедленно осознала, что в этом-то и заключается миссия моей жизни: научить женщин находить ее внутри; научить видеть в себе источник силы, любви и умения принимать судьбу.

Это сладостное, тягучее ощущение заполняло меня и росло, пока я лежала на кровати и ласкала себя. Я была ошеломлена тем, насколько сильное удовольствие могу доставить сама себе простыми касаниями, и делала то легко и нежно, то более настойчиво и крепко. Я трогала каждую клеточку, изучая границы удовольствия горла, шеи, нежной кожи и внутренней части руки, жаждущей легкого, воздушного прикосновения. Пробегая пальцами по губам, я ощущала электрический разряд по всему телу, отчего оно покрывалось мурашками наслаждения. Я трогала лобковые волосы, живот и свою нежную грудь с розовыми сосками, восхищаясь красотой и чувствительностью. Я была ошеломлена и совершенно изумлена ощущением. Я была страной чудес — и сама не знала об этом!

Я была страной чудес — и сама не знала об этом!

В ту самую секунду я решила посвятить всех женщин в собственное открытие. Я знала, что в этом самом месте кроется точка, через которую обеспечивается связь между Богиней (духовным) и Женщиной (телесным). Чувственность была порталом для Божественного Женского начала. Я же была воплощением Богини, явившейся мне в детстве. Я просто знала — глубоко в душе, там, где кроется вечное знание, был ключ к решению проблемы.

Я понятия не имела, что Богиня была *мной* — она была во мне, моим созданием, и всегда жила внутри. Я думала, что найду ее в какой-нибудь церкви, гробнице или храме. Я думала, она где-то *там*. Мне и в голову не могло прийти, что все это время она была *здесь*, со мной.

СОТВОРИТЬ ЧАРЫ ЭКСТАЗА

Осознание собственной божественности — это не результат умственной деятельности. Это то, что никто не сможет вам дать. Это исключительно физиологический опыт, и познать эти ощущения женщина может только в момент включения. *Включение* представляет собой момент контакта, когда женщина наслаждается собственным телом — то, что нам запрещали делать последние 5000 лет. Мы были заложницами патриархальной культуры, обесценивающей важность данного процесса и использующей женскую искрящуюся эротическую энергию на благо мужчин. Но именно в эротизме заключена тайна уверенности женщины в самой себе, именно в нем она черпает жизненную силу, через него открываются потаенные чувства и желания.

Теперь я знаю, чтобы познать Богиню — то есть существо, в котором сливается земное и небесное, — достаточно просто сотворить чары экстаза.

Что такое включение?

Каждый год хотя бы одна из участниц программы ШЖИ берет микрофон и, нахмурившись, спрашивает, в чем же заключается *включение*. Означает ли это неутолимое желание ежесекундно совокупляться каждый божий день? Или носить исключительно топы с глубоким вырезом и короткие юбки?

Прежде всего это говорит о том, что данная конкретная женщина до сих пор не испытывала того включения, о котором я говорю. Если вам знакомо это чувство во всех его аспектах, то вы знаете и то, что оно не связано ни с чьим-либо поведением, ни с внешними обстоятельствами. Это внутреннее состояние. Быть может, под его влиянием вы и в самом деле начнете одеваться сексуальнее, ведь это будет означать, что вы приняли свое тело. Или почувствуете тягу к флирту, потому что вам будет так хорошо, что захотите поделиться ощущениями. Но во избежание путаницы я вкратце объясню, в чем заключается — и не заключается — включение:

Включение НЕ ОЗНАЧАЕТ, что:
• Тебе постоянно хочется заниматься сексом.
• Твоя киска все время влажная.
• Ты одержима мыслями о своей киске или о сексе.
• Ты обязана носить ту одежду, которую считает сексуальной кто-то другой.

Включение ОЗНАЧАЕТ, что:
• Ты чувствуешь прилив сил и жизненной энергии.
• Ты знаешь, что твое тело и душа — единое целое.
• К тебе вернулась жажда жизни.
• Ты вновь способна получать удовольствие — особенно когда оно кажется труднодостижимым.
• Ты в здравом уме и полна сил.
• Ты — это ты: самодостаточная, целостная и независимая.

* * *

Ощущение, называемое экстазом, присуще каждой женщине. Жизненная сила/дух заполняют каждую клеточку тела. Вы словно подключились к Верховной Киске на Небесах — или, по-простому, к своему Навигатору. Ощущения те же, что испытала я сама, когда еще девочкой познала Богиню. В момент экстаза вы испытываете включение и вспыхиваете внутренним сиянием. На страницах книги я буду использовать слова «сияние», «включение» и «экстаз» как синонимы, потому что, по сути, они указывают на одно и то же. Это чувство лежит в основе всего, что я делаю. Все мои лекции тщательно выстроены вокруг него и направлены на активацию возбуждения в женщинах, на то, чтобы научить их поддерживать этот огонь постоянно.

Экстаз как таковой описать сложно. Для того чтобы испытать его, необходимо включиться. Так что, как видите, эти два явления пересекаются и наслаиваются друг на друга. Как и все, что связано с женской сутью, это ощущение, возникающее при погружении в главную загадку самой жизни, не имеет точного названия в языке. Но возможно, я помогу вам немного понять его суть.

Для начала встаньте.

Затем внимательно прочтите текст, который я буду изливать на вас, словно ливень из слов.

Пусть они пронзают вас, как капли дождя. Пусть перенесут вас в другое измерение — как солнечный луч. Вот эти слова:

Радость.

Разливающееся по телу тепло от принятия себя, от любви к себе, от радости быть собой.

Свобода.

Ты — строка из идеального стихотворения.

Ты — воплощение красоты.

Ты — само волшебство.

Нет ничего правильного или неправильного, как нет и стыда.

Ты так очаровательна в этот момент.

Этот момент — невыносимо прекрасен и мимолетен.

Беспричинный экстаз.

Искрящееся столкновение смерти — жизни — перерождения.

Экстаз заключает в себя все эти ощущения. И они связаны с вами. Закаты не могут быть правильными или неправильными: каждый — просто отдельное воплощение всеобъемлющей, сногсшибательной красоты. Каждая ночь. Экстаз каждой из нас неповторим; это ощущение присутствия Богини в *вашем* теле.

Но!

Не пугайтесь, если эти ничтожные слова не помогут открыть портал и перенести вас в другое измерение.

Нет ничего удивительного, что чувство экстаза вам не знакомо: в нашей культуре доступ к нему перекрыт. С раннего детства всех нас — и меня, в том числе, — учат бояться связанных с ним ощущений и относиться к ним пренебрежительно. Такие явления, как умение получать удовольствие самостоятельно, часто представляются как неправильные и порочные, как и эксперименты и попытки познать себя вместе с другими детьми, считающиеся отклонением от нормы.

Экстаз представляет собой измерение, где осознается совершенство собственного бытия; приходит понимание, что быть женщиной, жить и обладать даром наслаждения собственным телом — это привилегия. И чтобы испытать эти ощущения, нужно захотеть включиться. А большинство из нас учили избегать этого чувства, словно оно исходит от лукавого. Как много женщин — и я, в том числе, — утратили эту связь в результате изнасилования или жестокого обращения. Другим включиться мешают сомнения в себе, старение или унижения.

ЯВЛЕНИЕ КИСКИ

Но так было не всегда. Было время и место, когда точка, активирующая возбуждение в женщине, была предметом поиска. Это возбуждение возводилось на пьедестал, вознаграждалось, было объектом поклонения. В разных культурах и эпохах. Тысячи и тысячи лет.

Позвольте рассказать о паломничестве — о посвящении, о ритуале перехода, — называемом Элефсинские таинства. Все началось с богини Деметры и ее разбитого сердца, оттого, что любимая дочь Персефона пропала и считалась погибшей. Красавицу соблазнил Аид, пожелавший сделать своей невестой. Зевс благословил союз, и этот предательский жест еще сильнее ранил Деметру. Она была настолько убита горем от потери дочери, что вся земля погрузилась в глубокое уныние и бездонную печаль. Для земли это было нешуточной катастрофой, ведь Деметра была богиней плодородия и урожая. От горя свет ее погас, и земля стала медленно умирать.

Но Деметре было все равно. Она отреклась от божественной ипостаси и стала смертной, тщетно бродя по дорогам между Афинами и Элефсином в поисках похищенной дочери. Деметра поклялась, что земля будет бесплодной, пока дочь не вернется. Переодевшись старухой, она нашла убежище в Элефсине. Ее приютили две юные дочери правителей города — так она познакомилась с их матерью. В атмосфере трогательной заботы и нежности, царившей в их доме, ей стало еще горше. Столь велико было овладевшее Деметрой уныние, что она почти впала в ступор, не могла и не хотела говорить. Все старались взбодрить гостью, но напрасно. Наконец богине по имени Баубо, переодетой служанкой, удалось развеселить гостью непристойной шуткой — она подняла одежды и показала свою киску. Деметра расхохоталась и снова засияла, став богиней, а на землю вернулись жизнь и свет.

Деметра принялась действовать и потребовала, чтобы Зевс вызволил Персефону из плена Аида, — ей было дозволено возвращаться лишь на шесть месяцев в году, и вместе с ней на землю приходила весна, — но это уже совсем другая история.

На протяжении двух тысяч лет в честь этого момента просветления и возвращения на землю жизни адепты совершали паломничество из Афин в Элефсин. Там они воспроизводили возмутительную сцену демонстрации киски. О самом ритуале посвящения известно мало, ведь паломницы клялись хранить тайну. Но говорят, что по возвращении из паломничества они больше не боялись смерти, потому что знали, что теперь сами бессмертны и божественны. И как Деметра вернулась к жизни при виде киски, так и адепты культа тоже.

Элефсинские таинства — лишь одна из многих легенд о том, как явление киски просветило землю, вернув ей жизнь.

Да, знаю. Я тоже была поражена.

За 30 000 лет до появления христианства наши предки знали, что киска — магическое оружие. Как пишет Руфус Кампхаузен в своей книге «Йони: Священный символ женской созидательной силы» (*The Yoni: Sacred Symbol of Female Creative Power*), этот символ служил оберегом и исцелял, отгонял злых духов и придавал сил. Киска была источником жизненной энергии.

Для многих современных женщин естественной установкой является не достижение ее сияния, а стресс, неуверенность и ненависть к себе. Мы сравниваем себя с другими и приходим к заключению о собственной неполноценности. Для женщины нашей культуры естественно чувствовать себя несоответствующей стандартам, а не божественной. А потому вопрос следующий: как достичь полноты экстаза, на который мы способны от природы? Ответ: *киска*.

ВОЗЬМИТЕ СВОИ СЛОВА ОБРАТНО

«Зачем вы произносите *это слово*?» — постоянно спрашивают меня женщины.

Стоит мне его озвучить, как обязательно кто-то поднимает руку.

Поэтому, прежде чем продолжить, я представлю материалы дела *киски*.

Если при виде этого слова вы испытываете чувство неловкости, не вижу в этом ничего удивительного. Все указывает на то, что вы в большинстве.

Тем, кто вырос в патриархальной культуре, киски сами по себе вселяют ужас. Они в равной степени представляют объект вожделения и порока — мощный, грязный, загадочный и неизвестный. Нас предупреждают, что наши киски должны быть такими, какими их хотят видеть мужчины, — футлярами для их членов. И в то же время внушают, что это нечто отвратительное. Из них идет кровь, из них вылезают на свет дети, оргазмы, что они испытывают, капризны и непредсказуемы. Нам говорят, что у них странный запах, и продают бесчисленное количество товаров, созданных для избавления от этого мерзкого аромата. Часто их и вовсе считают уродливыми и для придания презентабельного вида советуют стричь. Мы, женщины, стесняемся их, а мужчины и вовсе не понимают.

В этой культуре иметь киску намного хуже, чем услышать это слово в свой адрес.

Поэтому, когда кто-то — ну, не знаю, например я, — случайно произносит его, производимый им мощный и впечатляющий резонанс во много раз громче самого слова.

Несомненно, киска имеет немалый вес, ведь ей приходится нести внушительный багаж. И все же буду использовать только это слово.

Миссия всей моей жизни — восстановление доброго имени того, что так долго подвергалось осквернению. Начиная с самой киски.

Нет на свете ни одной женщины, чья киска не пережила бы осквернение и дискриминацию в той или иной форме. Унижение. Гендерная дискриминация. Изнасилование. Домогательства. Финансовое неравноправие. Необходимость принятия закона о гендерном равенстве. Когда какой-нибудь беспечный узколобый мужик произносит слово «киска», например во фразе «Пойду-ка поищу какую-нибудь киску», мы знаем, что нам грозит опасность. Знаем, что рискуем стать жертвами бессознательного мужского естества, которому плевать на наши желания. И еще знаем, что любое сделанное нам предложение может обернуться физической и эмоциональной катастрофой.

Но также знаем, что можем принять подобные предложения.

Ведь как большинство женщин, мы вынуждены соглашаться. Многие всю жизнь видели перед глазами пример мам, бабушек, тетушек и подруг, добровольно поддерживавших эту традицию подчинения. Многим с раннего детства внушали, что они — неодушевленный предмет, существующий лишь для доставления удовольствия мужчинам. Подобные мужчины видят в женщинах лишь ножны для мечей, созданные, чтобы ими пользоваться, а не полноправных, равных существ, способных мыслить и реагировать не так, как им хотелось бы.

Слово «киска» редко используется в качестве комплимента женщине или чтобы ее поддержать. Гораздо чаще служит оскорблением или язвительным ярлыком. Если мы слишком долго раздумываем, боимся или медлим, в наш адрес шипят это слово. Услышать его можно даже и от нам подобных: мы, женщины, и сами разделяем точку зрения, присущую «доминантной» культуре, о том, что «киска» — самое настоящее оскорбление. А как же повсеместное использование слова «е*ать» для обозначения худшего из возможных исходов в любой ситуации? «Тебя нае*али», «Он ее выe*ал», «Я так заe*ался», «** твою мать!». И все эти ругательства вовсе не относятся к людям с членом. Нет-нет, мои дорогие, можете не сомневаться: все они о киске.

Так почему же для звезды нашего шоу мы выбрали слово, столь наполненное смыслом, тяжелое и горящее духом борьбы?

Ведь на свете столько более нежных и ласковых вариантов. Взять хотя бы слово «вагина» — только в физиологическом смысле оно не вполне отражает суть. Оно обозначает «ножны» — то есть место, куда входит меч, и относится только к мышечному проходу, соединяющему внешние гениталии с шейкой матки. Как следствие, внешние гениталии при выборе этого слова остаются за кадром — а это внешние и внутренние губы, отверстие влагалища и клитор. Называть киску «вагиной» — все равно что пенис — «мошонкой». Оба они лишь часть картины, а значит, могут привести к путанице и недоразумениям.

Впрочем, киске не привыкать. Ей так часто дают совершенно неподходящие имена.

Более того — и сейчас я рискую разжечь полемику, — я выяснила, что женщины, использующие слово «вагина», зачастую не очень ладят с тем органом, который так называют. «Вагина» звучит очень официально. Это все равно, что обратиться к женщине «мадам». В этом слове нет ни теплоты, ни намека на близость.

Так как же нам ее называть?

В последнее время многие употребляют слово «йони». Лично мне оно не нравится. Это слово имеет индуистские корни, пришло к нам из санскрита. Но я не индуска, и меня оно коробит.

Или вот — «пизда». Мне кажется чересчур резким, хотя этимология довольно интересная. В английском языке слово *cunt* — разговорное сокращение от *cuneiform*, которое, в свою очередь, является самой древней формой, уходящей корнями в шумерский язык, где слово *kunta* обозначало женские гениталии. Еще означало «женщина» в ряде ближневосточных и африканских языков, а от его измененной формы *qipa* произошло слово *queen, «королева».* От того же корня берет начало и *kundalini* — «жизненная сила». Впечатляет, да?

Слово «вульва» звучит прикольно и обозначает внешние гениталии. И на самом деле, если вы имеете в виду внешние и внутренние губы, клитор и отверстие влагалища, именно этот термин и нужен. Но само оно какое-то... безжизненное.

«Вульва». Звучит как «Вольво». Надежная, но не очень красивая машина.

А вот когда женщина произносит «киска», происходит чудо.

Попробуйте сами. Прошепчите его тихонько — или скажите громко.

Правда-правда, я не шучу. Мы ведь занимаемся совместным исследованием.

Попробуйте.

«Киска».

И еще раз, пожалуйста.

«Киска».

Ну вот, понятно, о чем я? Когда женщина и в самом деле произносит слово «киска», она улыбается. Или смеется. Или начинает безудержно хихикать. Она чувствует себя плохой девочкой — в хорошем смысле слова. Непослушной, как ребенок, тайком утащивший банку варенья. Почему-то само его употребление — как билет в тайное общество, обладающее неким восхитительным знанием, как секретное рукопожатие или абонемент в подпольное сестринство, у которого есть карта зарытого в землю сокровища. Мы, женщины, интуитивно понимаем это, произнося слово, которое так долго считалось нецензурным и чуть ли не порнографическим.

Употребляя его, мы словно раскачиваем маятник в свою сторону, а не в противоположную.

И тогда нелегкий багаж превращается в историю, которой нужно гордиться.

И мы немедленно испытываем чувство вновь обретенного права.

Так что, дорогая читательница, да будет «киска»!

ЭКСТАЗ ДАРОВАН ВАМ ПО ПРАВУ РОЖДЕНИЯ

«Жизнь, свобода и поиск счастья» — в этой фразе заключены примеры «неотчуждаемых прав», которые, согласно Декларации независимости, были даны всем людям Творцом и которые правительства стран призваны защищать. Для женщины поиск счастья должен включать и стремление к экстазу. А единственный ключ к активации женской способности испытывать экстаз — это киска. Когда женщина является ее полноправной владелицей, значит, она познала и свое тело, и врожденный чувственный потенциал, и созидательную способность. И я сейчас говорю о киске не как о героине порнографической продукции, но как о чистой и простой, неодомашненной, скромной и великолепной человеческой киске, знающей свое место в этом мире, вне всякого сомнения. Данной от рождения и естественной.

Видите ли, когда женщина достигает экстаза, она — на пике своей силы. В этот момент она способна испытывать весь спектр эмоций и может покинуть жалкое измерение самоуничижения и неуверенности в себе. Она может расправить крылья — что неестественно для женщины в патриархальной культуре. Те, кто вырос в мире доминирующих мужчин, играют лишь на шести клавишах из 88 существующих на клавиатуре фортепиано. Улыбаемся и машем — вот как нужно себя вести. Но что будет, если женщина разозлится? Если испытает сильную страсть? Или желание? Эти клавиши не принято трогать, и от этого со временем они расстраиваются.

Иногда внешние обстоятельства могут задействовать несколько дополнительных — например, когда сердце женщины замирает при виде заката или во время рождения собственного ребенка. Или же когда испытывает наслаждение от занятия спортом или танцем, или всецело отдается во власть музыки.

Но единственная вещь, способная подарить женщине *весь спектр* удовольствия, — это экстаз, который испытывает ее тело.

Наши тела *созданы* для удовольствия. Откуда я это знаю? Потому что функция соответствует форме. Иначе зачем нам дан орган, заключающий в себе 8000 нервных окончаний, без какой-либо дополнительной функции, с единственной целью дарить блаженство? Я говорю о драгоценной короне киски — нашем учителе, вожде и проводнике, который приведет нас домой и поможет раскрыться полностью: это клитор. Если активировать этот маленький комочек плоти, он пробудит то, что казалось мертвым; излечит от сомнений, поможет восстановить связь со своей божественной сутью и заменит стресс простой радостью. У мужчин подобного органа нет (в их многофункциональном инструменте всего 4000 нервных окончаний). Как глаза созданы, чтобы видеть, а уши — чтобы слышать, так и клитор имеет целью научить вас тому, что способность испытывать оргазм дана от рождения. Для этого не нужны закат, танец или мужчина. Ваше тело способно испытывать экстаз тогда, когда вы захотите.

8000 нервных окончаний дают женщине свободу, самодостаточность и помогают реализовать предназначение. Они означают, что радость — это серьезно, и если хочешь сполна насладиться даром быть женщиной, нельзя пренебрегать собственным удовольствием. Напротив, нужно руководствоваться им как движущей силой, прокладывая себе путь во внешнем мире.

Игнорируя удовольствие, женщина может неверно истолковать и собственное предназначение, решив, что оно сводится к работе или к жизни исключительно ради мужа, детей и семьи. Результатом может стать жизнь, совершенно лишенная удовольствия. Женщина может на протяжении жизни испытывать гнев и отвращение к собственной работе, мужу, детям и семье — или к любому объекту, которому посвятила себя в надежде самореализоваться. Пренебрежение киской возымело свои плоды: многие поколения женщин, влачащих жалкое существование жертвы и вечно обвиняющих всех и вся в собственном несчастье, неспособных самостоятельно генерировать радость, удовольствие и удовлетворение. Глобальная задача «Школы женских искусств» состоит в том, чтобы помочь женщине полностью перестроить повседневное существование и возвести на пьедестал удовольствие. Настроившись на него, она сможет удовлетворить самые сокровенные желания и жить так, как всегда мечтала, а не так, как решили за нее другие. В классах ШЖИ она найдет Богиню внутри себя, научится достигать оргазма и освоит инструменты и приемы, которые позволят ежедневно получать радость и удовольствие.

Для этого не нужны закат, танец или мужчина. Ваше тело способно испытывать экстаз тогда, когда вы захотите.

Так, моя кузина Ханна, придя на занятия и применив полученные знания на практике, позволила киске вести себя. С тех пор жизнь стала приносить ей гораздо больше радости, счастья и удовлетворения. Ханна взяла трубку и ответила на зов Богини, хотя вся эта затея казалась странной и опасной. Вот эти самые мысли — о странности и опасности — есть не что иное, как наследие патриархальных традиций, в рамках которых мужчины и женщины ассоциируют чувственное удовольствие с порнографией. Всех нас учили относиться ко всему эротическому с подозрением, проверять и обесценивать, как признак женской неполноценности, слабости и повод для презрения и неуважения. Нам внушали, что только подавив эротическую природу, женщина может стать сильной и достойной.

Однако игнорируя или подавляя эротическую природу, мы принимаем гнет мировой патриархальной культуры, отвергаем свободу, экстаз и сияние Божественной Праматери, которую я назвала Верховной Киской на Небесах (или Навигатором). Такой выбор сделала кузина Грейс. Она услышала зов Богини, но звонок был таким тихим, что от него легко было отмахнуться. Так бывает, когда телефон лежит где-то в недрах кармана пальто, под грудой одежды на кровати, в коридоре на тумбочке, а в доме вовсю празднуют Рождество. Вам лень искать аппарат, и вы дожидаетесь, пока он переключится на автоответчик.

Но что потом? Игнорируя реальность киски — свое удовольствие, эротическую сущность, истинную природу, дары Верховной Киски, — и выводя на первый план ценности мировой патриархальной культуры, мы сжимаемся, становясь меньше. Как злая ведьма Бастинда, которую Элли облила водой. Наша жизненная сила меркнет и гаснет. Все вокруг увядает, потому что мы отдаляемся от него. Вместе с этим исчезает и заключенная в нас высшая истина, и наши желания. А они не осуществляются потому, что единственный способ для женщины воплотить их — это научиться самостоятельно достигать удовольствия. Удовольствие — необходимое горючее для осуществления желаний.

Когда женщина не в ладах с собственной киской, ее внутренний свет гаснет, а вместе с ним — и свет, которым она озаряет семью и мир вокруг. Женщина не может достойно справиться со своей ролью — быть женщиной — без этого внутреннего сияния. Лампочка на 100 ватт вырабатывает только 25. Причина, по которой женщины отстают от мужчин в Гарвардской школе бизнеса и других престижных учебных заведениях, состоит не в отсутствии мозгов или способностей, а в постоянной неуверенности в себе. Как я искала Богиню всюду, кроме как в себе самой, так же и все женщины ищут источник уверенности не там, где надо. Мы думаем, что в нас что-то не так и нужно найти решение проблемы, но не желаем признать, что единственное, чем мы пренебрегаем, — это тщательная разведка собственных чувств, а она возможна только тогда, когда найден источник жизненной силы.

Но можно ли винить себя? Женщин учат сомневаться в себе лет с пяти-шести. Лично я к тому возрасту твердо решила, что Богиня живет где-то далеко; сама вытолкнула ее на задворки. Любопытно, что это случилось в то самое время, когда я, как и другие маленькие девочки нашей культуры, узнала, что разговоры о киске запрещены. Так куда же идти, когда мы наконец решим вернуть Богиню в свою жизнь, возвести на пьедестал, на ее законное место? Ответить на ее зов, каким бы тихим он ни был? Овладеть женским искусством — а значит, и взять под контроль собственную жизнь? Разумеется, мы опять возвращаемся к киске.

Домашнее задание:
В поисках Навигатора

Верховная Киска на Небесах — так я называю женскую ипостась Христа, Деву-Будду, госпожу Яхве, леди Аллах, а по-простому — свой Навигатор, внутреннюю божественную сущность. Ведь это то, что помогает не сбиться с пути. Для выполнения упражнения представьте себя в роли исследователя на службе у Верховной Киски на Небесах. Шпионкой Богини. Возьмите дневник, ручку и подумайте несколько минут. Запишите свои чувства и реакции в начале пути.

Шаг 1: Представьте, как входите в свой храм. Есть ли там признаки присутствия Навигатора? В равной ли мере распределены женские и мужские образы? Ощущаете ли равновесие между мужским и женским началами? По-вашему, это важно? Запишите наблюдения в дневник. Что вы испытываете по этому поводу? Чувствуете ли сопричастность? Или, наоборот, кажется, что вы отрезаны от внешнего мира? Вы счастливы? Грустите? Злитесь? Равнодушны?

Шаг 2: Был ли у вас хоть раз в жизни контакт с Навигатором? Если да, где и когда? Живет ли Богиня в природе? В других людях? На работе? Вы испытывали это ощущение при рождении ребенка? В объятиях любимого? Любые наблюдения полезны — просто не забывайте их записывать.

Шаг 3: Чему вас учили в связи с ролью женщины — мама, другие родственники, культура в целом? Какое отношение к женщине существует в вашей религии? Вы испытывали радость от становления женщиной? Или отчаяние? Или нейтральные эмоции?

Шаг 4: Что для вас означает «женственность»? Чувствуете ли вы себя женственной? Когда в жизни вы чувствовали себя наиболее женственной? Или же в вас сильнее мужское начало?

Шаг 5: Что для вас означает быть женщиной? По шкале от 1 до 10, сколько радости это приносит? А что в этой роли не нравится?

Дополнительное задание: Не исключено, что под влиянием книги ваши взгляды и ощущения изменятся совершенно неожиданным образом. Поскольку я сама прилежно веду дневник, то советую и вам вести дневник отношений с киской. Регулярное ведение записей — полезная привычка, особенно если вы на пути к естественному росту. Это позволит лучше проанализировать чувства и понять саму себя. На худой конец, просто отметьте закладкой эту страницу и вернитесь к выполнению упражнения, когда дочитаете книгу. Вы удивитесь, насколько будут отличаться ответы на вышеупомянутые вопросы.

2

Восстановление контакта с киской

Рисование и мастурбация на моей памяти были первыми священными действиями. И тем и другим я начала заниматься года в четыре. Удивительные ощущения, которые испытывало мое тело, и те образы, что я переносила на бумагу, переплетались с языковыми явлениями, религиозными верованиями и всем, чему меня учили. В конце концов я пришла к выводу, что Бог живет в гениталиях.

Кароли Шнееманн, художница

Было около пяти часов чудесного субботнего утра. Мои друзья и учителя, доктора Вера и Стив Бодански, приехали в Нью-Йорк в ответ на мое приглашение провести курс под названием «ДЕМО». Эта аббревиатура означала «ДЕмонстрация Мощного Оргазма» — и именно этим мы планировали заняться. Стив собирался доставить Вере оргазм длиною в час на глазах у всей аудитории. Они только что опубликовали книгу «Долгий и мощный оргазм» (*Extended Massive Orgasm*), получившую широкое освещение прессы. Я сама занималась организацией их поездки в Нью-Йорк, а также группового занятия и целой серии индивидуальных уроков. К тому моменту я уже 10 лет изучала различные аспекты чувственности, несколько лет вела занятия как Мама Джина, и хотелось, чтобы мои студентки знали все о женском оргазме — как в свое время узнала я, когда только начала исследовать вопрос. На семинар съехалась публика со всего мира — и все хотели получить автограф на своем экземпляре книги Бодански.

Программа курса включала утреннюю сессию, во время которой участники получали тонны информации о природе оргазма, феномене удовольствия, а также цели освоения особой техники, позволявшей продлить и усилить оргазм. По вечерам проходила демонстрация техники, во время которой Стив стимулировал указательным пальцем верхний левый сектор клитора Веры. И это была не демонстрация секса — все было чинно и благородно. Вера лежала обнаженная на массажном столе, но Стив был полностью одет. Его задачей было объяснить и продемонстрировать их особую технику, позволявшую достичь небывало глубокого, мощного и продолжительного оргазма. Несмотря на щекотливую тему, курс получился очень информативным и интересным, а новые знания были поданы весьма наглядно.

К несчастью, сама Вера неважно себя чувствовала в течение нескольких недель, предшествовавших приезду, а долгий перелет через всю страну только усугубил ситуацию. Несколько дней после приезда мы ходили по гомеопатам и костоправам, чтобы ей стало хоть немного легче, но безрезультатно. Наконец я позвонила другу доктору Марко Сантьяго, врачу «Скорой помощи», и попросила прийти и осмотреть Веру. Через час к дому подъехала машина «Скорой помощи», чтобы отвезти ее в больницу Бет Израиль. По выражению лица Марко я поняла — случилось что-то серьезное. Он заверил нас, что если понадобится, готов провести с ней в больнице целый день. Когда Веру забирали из моего дома на носилках, она взяла мою руку и прижала к своей щеке.

— Ты ведь подменишь меня сегодня, да, дорогая?

Подменить?

Подменить ее????

Я отлично поняла, о чем речь. Она хотела, чтобы я вместо нее легла на демонстрационный стол, разделась перед аудиторией из более ста незнакомых людей и целый час испытывала оргазм. Если бы даже я согласилась — эти люди ведь заплатили, чтобы увидеть именно ее, Веру, знаменитого эксперта по чувственности.

А теперь она просила меня о том, о чем я и помыслить не могла. Ведь это было дело *их* жизни — не моей.

Когда за несколько лет до этого я начала учиться по программе Бодански, то сразу и без обиняков заявила, что не собираюсь готовиться к «демонстрации». Мне было интересно узнать об их новых техниках и использовать их в своих программах, но не демонстрировать на публике.

В конце концов, я ведь уже была Мамой Джиной — писательницей, преподавательницей и к тому же мамой четырехлетнего ребенка. А вдруг среди зрителей окажется кто-нибудь из родителей детей, с которыми моя дочь ходила в детский сад? Или это просочится в прессу? Никто из коллектива школы не мог точно сказать, не является ли курс на подобную тематику нарушением законодательства — тем более с демонстрацией на личном примере.

Когда Вера спросила, смогу ли я ее подменить, внутри все закричало: «Ну уж нет, ни за что на свете!»

Но вместо этого моя киска почему-то ответила:

— Ну конечно!

Она взяла управление в свои руки.

Как выяснилось, стоит дать ей волю и свободу голоса, как киска немедленно забросит вас в такие места, о которых вы даже не мечтали. В моем случае и вовсе решила отправить меня туда, куда я твердо решила не ходить! И произошло это так быстро, что у меня закружилась голова.

Как я оказалась на обрыве этой бездны?

Как забралась на эту вершину?

Почему эта милая женщина вообще задала подобный вопрос?

Что бы сказала моя мать, — не говоря уж об отце?

В тот день я испытывала эмоции, которые, быть может, близки к тому, что чувствуете вы в этот самый момент.

В смысле, как так вышло, что вы держите в руках книгу под названием «Киска»? Я с вами не знакома, но больше чем уверена: вы не такая. Наверняка вас всю жизнь учили не быть «такой» или даже держаться подальше от «таких».

И все же — вы не побоялись познакомиться со мной (хотя я тоже не из «таких») и совершить погружение в киску.

Как ни странно, к чтению книги вас подтолкнуло то же, что и меня в тот день сказать Вере «да». Кто-то просто воззвал к той части тебя, которая *всегда знает, как лучше*. Сила внутренней реакции может вас удивить и даже несколько обескуражить. Но какая-то часть хочет чего-то эдакого, даже если это «что-то» не поддается точной формулировке. К вам постепенно приходит понимание, что у вашей киски есть голос, он отличается от голоса эго, воспитанного в традициях мировой патриархальной культуры, который обычно отвечает за принятые вами решения. Именно в киске берет начало интуиция, именно в ней заключено глубочайшее иррациональное знание — его еще называют «чуйка» или «внутренний компас». Она синтезирует данные, полученные из различных источников, в том числе и от гипоталамуса, новой коры головного мозга, сознания, бессознательного и периферийной нервной системы. Вот почему, когда в дело вступает киска, мы принимаем оптимальные решения, можем предвидеть ситуацию на шаг вперед. Женщины, чьи киски активированы, принимают правильные решения и уверенно идут по жизни. Киска — поистине высшая сила, детектор истины, для которого нет преград, путеводная звезда, проводник и локатор божественной силы. В буквальном смысле слова это наш Навигатор.

Женщины, чьи киски активированы, принимают правильные решения и уверенно идут по жизни.

И тем не менее нас никогда не учили к ней прислушиваться (скорее, наоборот, *никогда* ее *не* слушать).

Учили закрывать глаза и уши на ее истину (т. е. *нашу* истину).

Учили игнорировать ее и поклоняться какому-то другому богу, принимать чужую точку зрения, слушать чужой голос — но не наш собственный.

И мы делали так, как велели.

ПРЕНЕБРЕЖЕНИЕ КИСКОЙ

Вот так и вышло, что киска из надежного внутреннего советника превратилась в ту силу, которой учили противостоять. Мы должны были заглушать ее голос, игнорировать его и выключать.

Иначе смогли бы 125 млн матерей стоять и смотреть, как их дочерям делают операцию на гениталиях? Да-да, именно так: на сегодняшний день, по данным ЮНИСЕФ, в мире насчитывается более 125 млн женщин, которым искалечили киски. Только женщина с отсутствующим материнским инстинктом может позволить изуродовать собственного ребенка — и тем не менее эта процедура по сей день практикуется в 29 странах мира.

Живя в патриархальной культуре, мы, женщины, вынуждены прибегать к серьезной адаптации, чтобы выжить. Мы научились отходить в сторонку и жертвовать своей высшей истиной — источником силы и знаний — и повиноваться традициям мировой патриархальной культуры. Так, многим вряд ли придет в голову, что можно родить дома. А ведь на протяжении тысячелетий женщины так и поступали — и с вполне успешным исходом! Теперь же они чаще поддаются уговорам врача сделать кесарево сечение или вызвать роды с помощью питоцина, нежели решаются рожать дома с акушеркой. Примерно каждые третьи роды в этой стране[1] осуществляются посредством кесарева сечения, и эта статистика не может не шокировать. Нередко процесс родов проходит так, как удобно врачу, а не так, как велит матери ее мудрый внутренний голос.

---

[1] США (прим. перев.).

А между тем наши киски — это целое состояние. Однако чаще всего его присваивают и им управляют мужчины, а не женщины, которым оно в действительности принадлежит. Я говорю о торговле сексуальными услугами, чей оборот составляет миллиарды долларов в год. Или о целом секторе западной медицины, специализирующемся на решении «проблем» кисок. Не будем забывать и о колоссальной прибыли, которую мы обеспечиваем корпорациям, находящимся во владении и под управлением мужчин, в обмен на товары личной гигиены, созданные для борьбы с кровотечением и неприятным запахом? Или лекарства для регулирования детородной функции и устранения менструальных болей? Или бессмысленная пластическая операция по уменьшению малых половых губ? Вот бы нам самим получать от своих кисок столько денег, сколько получают патриархальные корпорации!

Нас учат вверять самые базовые аспекты женской силы заботе мужчин. Нам внушают, что нужно подавлять сильные эмоции, собственную интуицию и чувственность и служить ценностям культуры, которая отнюдь не приветствует наши природные дары.

Вопрос только один: как мы оказались в такой ситуации?

У каждой из нас — своя история о том, как нас учили затыкать самим себе рот, лишать самих себя голоса, инстинктов, собственных кисок. Быть может, моя история не слишком отличается от вашей.

Когда я родилась, брату было 15 месяцев. Для Джонатана мое рождение было крупномасштабной трагедией. Его бесила внезапная необходимость делить со мной внимание матери. С того момента, как мне исполнилось три месяца, он систематически нападал на меня, а позже и на младшего брата Дэвида, наказывая нас за то, что своим рождением мы помешали его абсолютному счастью. С нашим появлением для него будто начался нескончаемый крестовый поход, полный несдерживаемого гнева и жестокости, и в этой атмосфере прошло все мое детство.

В три года у меня начались обмороки. Мать рассказывает, что отвела меня к местному педиатру, доктору Моррису. Он спросил, нет ли у меня пищевой аллергии и нет ли закономерности между обмороками и занятиями какой-либо деятельностью. Она призналась, что я теряю сознание, когда Джонатан меня бьет. Доктор осмотрел меня, сказал, что внешне я в полном порядке, и сказал маме, что единственное средство — это препятствовать нашему контакту в надежде, что с возрастом пройдет.

У меня-то прошло, а вот у брата — нет.

Он был необследованным и неконтролируемым социопатом, старше и сильнее меня, вечно злым и недовольным. Все детство мстил за один лишь факт моего существования, и весь дом жил в страхе перед очередной вспышкой гнева. Грубое и жестокое обращение в доме всегда оставалось безнаказанным. Никто не вступался за меня, и я никогда не давала сдачи, а просто замирала и ждала, когда все закончится.

Позже, когда я стала подростком, брат просверлил отверстие в стене ванной, прятался в чулан и подглядывал за мной. Несколько месяцев я чувствовала какой-то подвох, но никак не могла понять, каким образом свершается этот акт насилия, «чувствовала», что кто-то на меня смотрит, слышала подозрительные звуки. Но лишь по прошествии нескольких месяцев, когда дырка стала достаточно большой, чтобы заметить его глаз, до меня дошло, в чем дело. Это было ужасно. Я пыталась законопатить отверстие зубной пастой, но он всякий раз расковыривал его опять, чтобы пялиться. Родители не вмешивались. Я жила в постоянном страхе и не знала другого существования. Когда Джонатану было пять лет, мать пыталась показать его лучшему детскому психиатру Филадельфии, но доктор только осмотрел его и сказал, что он совершенно здоров. В ответ на насилие мать только усиливала меры наказания. Помню, как она побила нас просто потому, что была слишком встревожена. Однажды сломала доску для резки хлеба о Джонатана. Отец только расстроенно посмотрел на нее, сгорая от стыда: психиатр-фрейдист, неспособный навести порядок в собственной семье. Он не искал помощи для нас — только для себя, более 50 лет еженедельно посещал психоаналитика. А тем временем я росла в страхе и одиночестве, в бескрайнем море жестокости, совершенно лишенная доступа к источнику собственной силы. Тогда я даже не знала, что обладаю этой силой, ведь как сказала секс-позитивная Клэр Кавана: «Женщины учатся идти на компромисс раньше, чем кончать».

Бесчисленное количество женщин и девушек в этом мире подвергаются жестокому обращению и насилию в раннем детстве. Их так много, что подобное жестокое обращение даже не считается проблемой. Но всякий раз, когда девушка или женщина становятся жертвами физического, вербального или морального насилия, связь с собственным источником силы ослабевает. Она не чувствует себя, не понимает тело, не имеет доступа к божественной сути, не может задействовать свое сияние и больше себе не принадлежит. Ее свет померк, в доме никого нет, как и чувства этого самого дома.

Мать была не в силах разрешить сложившуюся в доме ситуацию, потому что ее мнение не считалось таким же важным, как отца или врачей, к которым они обращались. Она выросла в мире, который не считался с ее желаниями. Ей нравилось петь и танцевать, и в этом она была весьма талантливой, но в то время подобная карьера считалась неподобающей для женщины. И пришлось работать секретарем — и мама ненавидела свою работу. Однажды ей предложили прослушивание для выступления в знаменитой группе, но семья отговорила. Тогда она решила выйти замуж и обзавестись семьей, потому что именно это диктовала мировая патриархальная культура 50-х

Когда девушка или женщина становятся жертвами физического, вербального или морального насилия, связь с собственным источником силы ослабевает.

годов. Ради этого она отказалась от сокровенных желаний и мечтаний. Все это подразумевалось условиями культуры: в мозг женщины ее эпохи подобная установка всасывалась, как хлороформ, как анестезия, мешая понять истинное предназначение и внушая необходимость довериться мужчине, который сам решит, что для нее верно и правильно. Разумеется, это лишь повышало градус гнева и разочарования. Если коллективный рецепт американской мечты на выходе превращается в горелый кошмар, никто не отбраковывает рецепт. Вместо этого пекарь обвиняет сама себя.

Однако матери не нужно было обвинять себя: как и все мы, она страдала от избыточного разрастания мужского влияния — распространенного недуга мировой патриархальной культуры.

Теперь же всем нам необходимо обратное: огромная доза женской силы.

МУЖСКАЯ/ЖЕНСКАЯ ЭНЕРГЕТИКА

Отсутствие женской энергетики — это отсутствие *удовольствия*, неумение слушать свои желания, мечты, чувства. Короче, отсутствие *киски*. Женская энергетика — это наша чувственная часть, сокровенная интуиция, ощущение сопричастности и связи. Кроме того, это еще и чувство духовной моральности и сознания. Женское начало — это жизнь. Вы удивитесь, но на самом деле ей наплевать на производительность, достижения, доминирование, целеустремленность и победу. Все это — мужские ценности. Ей же ближе наслаждение, чувство вовлеченности, податливость и самодостаточность. Мужская и женская энергетика не делятся четко между мужчинами и женщинами; это стихии, живущие в каждом из нас. Просто всех — в равной степени мужчин и женщин — учили отдавать предпочтение мужским ценностям, и так — несколько тысячелетий. Как следствие, женская модель поведения и ценности нам не близки.

Достаточно взглянуть на заголовки СМИ, чтобы понять: насилие процветает и остается безнаказанным, тогда как женская энергетика увядает. Я рассказала собственную историю жестокого обращения не потому, что она уникальна, на самом деле подобное встречается ужасающе часто. Где бы я ни была, повсюду слышу разговоры о насилии и жестоком обращении даже в благополучных семьях.

Так, трехлетний сын подруги подвергся сексуальному насилию со стороны друга своей няни. Еще одну подругу учитель английского против воли принудил к сексу.

Двухлетняя дочка соседки подверглась домогательствам в дорогом детском саду. Трех ближайших подруг принудили заняться сексом в колледже; и все трое считали, что в изнасиловании виноваты они сами, и так и не заявили на насильников.

Две соседки, с которыми я вместе выросла, стали жертвами инцеста.

И еще — я сама. Чистенький спальный район Филадельфии, где я выросла и где жили в основном представители среднего класса, на самом деле был водоворотом жестокости, гнева и террора.

Оглянитесь вокруг — и тоже найдете истории насилия, из вашей жизни или из жизни близких. Быть может, вы никогда прежде не считали подобное поведение актами насилия, ведь все было совершенно обычно. Некоторые из случаев будут зафиксированы, запротоколированы и обработаны с огромным тщанием и любовью. Быть может, будет некоторая доля раскаяния. Однако в других случаях — таких, как мой — на боль не будут обращать внимания, а те, кто ее пережил, должны будут еще заплатить немалую цену.

Когда я стала жертвой насилия, моя душа будто бы покинула тело. В тот момент я была сама не своя, раскололась на куски: вылетела из собственного тела и забилась в древний дом аборигена, где жили души изнасилованных детей, с незапамятных времен и по сей день. Я больше не обитала в собственном теле. Я видела себя, но больше не жила там, а покинула свое жилище и теперь была бездомной, потерянной, одинокой. И никто не заметил, что я ушла.

Ну, или почти никто. Ведь Богиня меня видела.

И вас тоже видела. Будучи невидимой, она поочередно проверяет тех, кто не по своей вине вынужден покинуть дом в связи с обстоятельствами. И это хорошо. Куда бы вы ни отправились, сестра, с какими бы трудностями ни столкнулись, — я всегда была рядом. Вы меня не знали. Я вас не знала. Но всегда была рядом с вами, а вы — рядом со мной. И мы обе ждали.

Ждали этого момента.

Понимания.

Подарка, приглашения, заряда энергии.

Сногсшибательной возможности быть изгнанной из мировой патриархальной культуры в руки величайшей преобразовательницы: киски.

ПУНКТ НАЗНАЧЕНИЯ: УДОВОЛЬСТВИЕ

Куда заведет вас киска, если вручить ей ключи от машины и позволить самой крутить руль?

Активация может обернуться возвратом в прошлое или телепортацией в будущее.

Вы можете вновь испытать чистую и незамутнен-
ную радость, как в детстве, словно опять наладили
контакт со своей неудержимой сущностью. Ваши чувственность и эротизм вспыхнули огнем и теперь ярко
сияют, освещая сокровенные желания и стремления.
Вы так долго отодвигали их на второй план — и вот
теперь они вновь в центре, словно дорожная карта,
обещающая счастливую жизнь, словно живое произведение искусства. Словно дань почтения вашей высшей
силе.

Потрясающе, правда?

Да, именно так, а в обмен нужно принести жертву:
отказаться от участия в мировой патриархальной культуре. Потому что она осуждает те измерения, куда вас
перенесет киска, и те поступки, которые заставит совершить. А поскольку вы так долго были ее частью,
то и сами поначалу отнесетесь к ним с неодобре-
нием.

Так было, когда Вера попросила провести демонстрацию вместо нее. Та часть меня, которую я всегда
ассоциировала со своим истинным «я» — та, что и помыслить не могла ответить согласием на подобную
просьбу, — теперь сменилась совершенно неузнавае-
мым. Мне это новое бесстрашное «я» было совсем не
нужно. И все же где-то в глубине души я чувствовала
непреодолимую тягу — это была та часть меня, что
так долго была вынуждена прятаться и теперь жаждала выйти на свет. И она одержала победу над моим
«эго», воспитанном в духе мировой патриархальной
культуры. Именно оно нашептывает трусливое «я не
смогу», «я недостойна», «я не должна». Именно эго за-

ставляет нас стыдиться, сомневаться в себе и чувствовать себя неполноценными. Единственный способ заглушить голос — это прибавить громкость киски. Она озвучивает наши желания, шепчет: «Давай, попроси повышения — ты этого заслужила», или: «Ты еще совсем не старая и вполне можешь пойти на свидание с этим красавчиком, который к тебе неравнодушен», или: «Брось эту работу — ты ведь ее ненавидишь — и напиши книгу, как всегда мечтала». Ведь киска — это источник удовольствия. А удовольствие, в особенности оргазм, действует на эго как криптонит: чем сильнее удовольствие, которое вы испытываете, тем ярче и мощнее становится голос киски. А чем громче ее голос, тем легче обрести силу и уверенность в себе и двигаться к осуществлению самых сокровенных желаний.

Так почему удовольствие в центре всего? Все дело в физиологии. Единственный путь к сердцу женской чувственности лежит через клитор. Как мы уже заметили, самое интересное в нем то, что он создан с единственной целью — дарить удовольствие женщине благодаря 8000 нервных окончаний.

Удовольствие производит в организме мощный химический сдвиг. При контакте с чем-то приятным мозг выделяет «гормоны счастья» — эндорфины, окситоцин, серотонин и дофамин. Эта массовая атака сводит на нет «гормон уныния» — кортизол. Когда это происходит, баланс химических элементов в организме меняется, а с ним — и внутренняя сила. Когда женщине по-настоящему хорошо, ее уверенность в себе взлетает до небес, а чувство стыда испаряется, и она может наконец жить полной жизнью, о которой не могла и мечтать.

Женщины так долго жили в страхе, испытывая гнев и стыд, что им трудно представить иную жизнь. Удовольствие переносит ее в совершенно другое измерение. Когда мы испытываем приятные ощущения, кровообращение ускоряется, вырабатывая окись азота, который, в свою очередь, повышает выработку нейропередатчиков, таких как бета-эндорфины. Эти красавчики притупляют боль и вызывают эйфорию, позволяя гораздо эффективнее справляться со стрессом. Во время оргазма основные участники химического процесса — это дофамин, гормон поощрения; пролактин, гормон насыщения; и окситоцин, гормон объятий. Кроме того, в игре участвует и стимулятор фенилэтиламин, который также содержится в какао и шоколаде. Он заряжает энергией, поднимает настроение и улучшает внимание. Во время оргазма мозг переполнен информацией, поступающей как от психики, так и от нервов в области гениталий. В клиторе, половых губах, вагинальном отверстии, пенисе, яичках и промежности миллионы нервных окончаний, которые при стимуляции и активации дарят весьма приятные ощущения. При эффективной стимуляции они посылают сигнал участку мозга, отвечающему за удовольствие, — тому самому, который активируется, когда мы едим что-нибудь приятное, например темный шоколад. Самообслуживание и лечение — это хорошо, но им не под силу совершить этот мощный химический сдвиг. Удовольствие — это непосредственное противоядие от кризиса уверенности в себе и бессилия, частых спутников современных женщин, единственный путь превращения жертвы в героиню.

Если же женщина отказывает себе в удовольствии, организм вырабатывает гормоны стресса — такие, как кортизол, эпинефрин и норэпинефрин. Они замедляют кровообращение, что приводит к резкому падению оксида азота. Как следствие, снижается и количество нейропередатчиков, из-за чего растет депрессия, раздражительность, подавленность, чувство одиночества и гнева. Все это представляет собой серьезный риск для здоровья: повышенный уровень кортизола в организме способствует снижению иммунитета и либидо, приводит к снижению обучаемости и ухудшению памяти. Одновременно ухудшается и иммунитет, кости становятся более хрупкими, повышается кровяное давление, уровень холестерина в крови, что ведет к набору веса и болезням сердца.

После многолетнего изучения феномена чувственности я словно перенеслась из безжизненной пустыни в страну молочных рек и кисельных берегов. На смену замороженной робости пришла уверенность в себе и радость. Вместо того чтобы прислушиваться к своему эго — голосу, сформированному под влиянием патриархальных традиций, который столько лет мешал мне говорить, — я слышала голос чистой истины моей киски. И благодаря ему мне открылись ощущения, коренным образом изменившие жизнь. Благодаря ей я стала жить по собственному сценарию и смогла реализовать самые смелые мечты и желания.

А ведь именно этого хотим все мы — ищем переломных ощущений, которые помогут засиять новым светом, вновь стать сильными, заряженными эротизмом женщинами, какими и были от рождения. Всю жизнь нам внушали, что другие люди — учителя, родители, мужья, священники и раввины — справятся с этой задачей лучше нас самих. Но разве может кто-то сделать это лучше нас, женщин? Каждая божественна по своей сути, ведь внутри живет Богиня. Она жаждет обрести

А ведь именно этого хотим все мы — засиять новым светом, вновь стать сильными, заряженными эротизмом женщинами, какими и были от рождения.

собственный голос, сделать собственный выбор, отвоевать свое место под солнцем. 5000 лет киска страдала от гнета патриархальных традиций и устоев, но к счастью, пришел ее час, и она готова сбросить оковы.

Одна моя студентка нашла весьма интересный и эффективный подход к увеличению громкости киски. Тридцать лет она игнорировала ее, и теперь расслышать голос было нелегко. Поэтому эта женщина купила игрушечную киску и положила к себе в постель. Каждое утро она обращалась к ней за советом, прежде чем окунуться в ежедневные заботы: «Киска, тебе больше нравится красное платье или синее?»; «Киска, потусим сегодня вечером или останемся дома?». Эти разговоры вслух помогли понять истинные желания.

Со временем она поняла и собственные перспективы и взгляды, а определившись с ними, смогла намного легче высказывать свое мнение во всеуслышание. Если не хотите покупать игрушечную киску, можете делать то же самое перед зеркалом, советуясь с настоящей киской. Или же просто положить на нее руку и задать вопрос.

* * *

Именно поэтому подобные выдающиеся события происходят в жизни женщины, когда она вновь *включает* киску и *настраивается* на нужную волну. Восстановив связь, она становится неудержимой и непобедимой. Не через насилие и доминирование, но через постоянно повышающееся чувство значимости и реализации собственного предназначения. Эти чувства женщина познала, когда стала жить по собственному сценарию, руководствуясь собственными сокровенными желаниями.

Так можно довериться дереву, которое просто растет.

Укоренившись в собственной киске, женщина начинает стремиться ввысь. Только тогда она понимает, что может полностью доверять себе.

Начинает внимательно прислушиваться к своим желаниям и руководствоваться ими, как дорожной картой.

Ее нерешительность испаряется.

Она по-настоящему чувствует, когда стоит сказать «да», а когда — «нет».

Расслабляется и отдается во власть неизвестности, а не прокладывает себе путь по жизни через силу.

Знает, что любые препятствия ей по плечу, и понимает, что с каждой новой преградой она становится сильнее и получает возможность развития в новом направлении.

Она вновь обретает первозданную красоту независимо от возраста и внешности. Чувствует божественное начало во всем, особенно в себе самой.

Она подключается к своему внутреннему Навигатору.

Та самая жизненная сила, которой ей всю жизнь запрещали пользоваться, становится самым близким проводником и спутником; самым надежным и заслуживающим доверия аспектом жизни.

Звучит слишком неправдоподобно? Давайте проверим!

Я хочу предложить вам провести вместе со мной небольшое исследование. Пока читаете книгу, представьте себя той, кого я называю Исследовательницей удовольствия. Что имеется в виду? Просто вообразите, что эта книга — исследовательский проект. Эксперимент с собственными ощущениями. Попробуйте выполнить предложенные мной упражнения, даже если некоторые на первый взгляд кажутся странными (не стану лукавить — многие из них не просто кажутся, но на самом деле являются странными). Но не бойтесь нового и ни перед чем не останавливайтесь. В конце концов, вы ведь исследовательница. Своего рода ученая, эксперт по киске. Будьте готовы с головой окунуться в упражнение из одного только желания проверить, насколько благоприятны результаты. Пусть любопытство возьмет верх; проверьте точность собственных убеждений в начале пути и запишите результаты эксперимента. Что вам терять?

Давайте же поэкспериментируем. Первый этап исследования удовольствия. Я хочу, чтобы прямо сейчас вы задали ей вопросы:

Киска, дорогая моя, стало ли тебе легче оттого, что я уделяю тебе больше внимания?

Счастлива ли ты от нашего общения?

Довольна ли ты, что я дала тебе возможность высказаться?

Чувствуете ли вы ее ответ?

Подумайте о собственной киске. Да, обратите свои мысли к ней, к точке у вас между ног. (При одной мысли о ней в организме начинается обмен хорошими гормонами.) Что теперь чувствуете?

Возможно, легкую пульсацию.

Или даже более ощутимую вибрацию.

А может быть, просто легкость.

Теперь вы лучше осознаете свое тело.

Великолепное начало. За ним последуют новые этапы.

Ведь чем больше вы ей доверяете, тем больше она доверяет вам и чаще будет вмешиваться в вашу жизнь в нужные моменты. Не забывайте вести записи, как настоящая исследовательница. Записывайте в дневник свои вопросы и ее ответы.

Домашнее задание:
Программа реабилитации киски

Когда я впервые открыла для себя важность киски, то испытала некоторый стыд. Несмотря на то что умом я понимала ее ценность, мне не удавалось регулярно чувствовать ее. Я так долго была «мертвой» в этом месте, что теперь было нелегко проснуться.

Поэтому я разработала трехэтапную программу реабилитации киски, чтобы восстановить утраченный контакт. Считай это первым проектом в рамках исследования удовольствия.

Этап 1: Налаживание связи.

В первый день реабилитации установите таймер на телефоне, чтобы он срабатывал каждый час. Всякий раз, услышав сигнал, кладите руку на киску. Под одеждой или поверх — как удобнее. Держите так руку, по крайней мере 60 секунд, и в это время просто обратите внимание на нее и на свои чувства. Чувствуете ли тепло? Мурашки? Пусть она говорит с вами; обратите внимание, как один этот контакт успокаивает вас и помогает восстановить равновесие.

Этап 2: Ходите без трусиков!

Отказ от нижнего белья — еще один способ стать ближе со своей киской. Эта простая идея положила начало целой традиции ШЖИ под названием «Пятница без трусиков». Отметь этот еженедельный праздник в календаре. Это будет ваш маленький секрет — никто не должен знать. (Помните: все это — во имя исследования!) Вы почувствуете прилив энергии, жизненной силы и ощутите себя немножечко хулиганкой!

Этап 3: Регулярно здоровайтесь.

Положите зеркальце в кошелек и несколько раз в день поглядывайте на собственную киску. Приветствуйте ее словами: «Привет, красотка!» — и отмечайте ее реакцию. Вы увидите: ей нравится внимание, а уделяя его, вы и сами будете чувствовать себя замечательно. Каждый день начинайте со слов: «Доброе утро, красавица!» — и увидите, с какой легкостью и грацией пройдет день. Отправляясь спать, желайте ей: «Спокойной ночи, секс-бомба!» — и сладостно погрузитесь в царство сна.

Выполняйте этот комплекс упражнений по крайней мере в течение трех недель, и почувствуете перемену! Как прошел ваш первый исследовательский проект? Запишите это в дневник.

ПЯТЬ СТАДИЙ КИСКИ

В тот день я смогла пролепетать свое «да» Вере только потому, что включилась и настроилась на волну собственной киски. Именно из-за нее я отправилась в центр города, в район Сохо, где проходила демонстрация.

Любопытно, что я совсем не нервничала — хотя была взволнована и заряжена энергией, как лошадь перед скачками. К тому моменту путешествия в чувственность я хорошо знала свое тело, знала о способности чувствовать и всерьез вознамерилась пробудить и исследовать эти 8000 нервных окончаний. Я знала, как испытывать оргазм каждой клеточкой своего существа. Я натренировала тело — за плечами были в буквальном смысле тысячи часов сеансов поглаживания, и теперь я могла кончить от первого же прикосновения. Как никогда прежде, я доверяла собственной киске и ее способности испытывать удовольствие.

Поэтому в тот день знала, что готова, хотя никогда прежде не участвовала в демонстрации. Я знала, что умею кончать.

Знала, как это делать.

До этого я и не предполагала, какой глубокий духовный эффект это на меня произведет. Моя связь с божественной сущностью и умение испытывать оргазм победили природную робость и склонность к затворничеству, сделав меня жизнерадостным и чувственным существом, которым я всегда хотела быть.

Утратив связь — а через это прошли многие из нас, на протяжении многих тысячелетий, — мы теряем и доступ к источнику жизненной силы.

Но вы уже миновали первую ступеньку. Древняя, первобытная мудрость киски пробила стену нашей патриархальной культуры, она шепнула вам на ухо свой секрет, и вы услышали. Вам повезло.

Ведь она — величайший из неиспользованных природных ресурсов планеты, отвечающий за раскрытие творческого потенциала всего сущего.

Каждый из нас существует благодаря киске.

Пора прислушаться к той, благодаря которой мы живем. Пришло время отдать дань почтения той части нас, которой так долго незаслуженно пренебрегали. Время поклониться новому храму, вновь освятить так долго осквернявшийся алтарь и восстановить утраченную связь с сердцем и душой вашей жизни, сердцем и душой этой книги — киской.

Когда женщина впервые решается найти утраченную связь с киской, на ее пути встает несколько препятствий. Нас так долго учили игнорировать ее и обходить эту тему, что теперь сама мысль о том, чтобы поладить с собственной киской, кажется неприличной. Гораздо привычнее продолжать это обособленное от нее существование. Нам ведь не хочется рисковать собственной репутацией, правда?

По своему опыту могу сказать, что восстановление контакта женщины с киской включает в себя несколько стадий:

Стадия 1: Полное отвращение. «Фу, кошмар, какая гадость!» Все, что связано с киской, кажется отвратительным и мерзким — хуже, чем вынести мусор или убрать за собакой.

Стадия 2: Она надевает на себя мантию исследователя и в этой воображаемой мантии обретает присущие настоящему исследователю любопытство и образ мышления. На киску можно смотреть без приступов тошноты.

Стадия 3: Природное любопытство растет. Женщина становится увлеченным исследователем, которого интересует строение и манит сверкающая аура объекта под названием «киска», ее многообразие и разновидности. Она начинает подозревать, что если не изучит эти 8000 нервных окончаний, то никогда не познает до конца этот аспект женской природы.

Стадия 4: Она становится страстной почитательницей киски. Знатоком, если угодно. Начинает с гордостью исследовать ее ландшафт, архитектуру, потенциал, который дарит факт обладания центром клиторального удовольствия. Она понимает, что женщина, владеющая своей киской, становится хозяйкой собственной жизни. Коренным образом меняется и отношение к самой себе, а уверенность в себе взлетает до небывалых и неожиданных высот.

Стадия 5: Оргазм. Чистый и незамутненный. Так чувствовал себя Гюстав Курбе, когда писал «Происхождение мира». (Не знаете это произведение? Погуглите!) Или Микален Томас в момент создания «Рождения вселенной» (точно стоит загуглить!). Женщина видит, чувствует — пропускает через себя — благоговейный трепет. Она обретает силу портала в саму жизнь. Ее переполняют слезы благодарности и потрясения от того факта, что она родилась женщиной — живыми и дышащими вратами созидания. Она слышит гимн Генделя «Аллилуйя» и «Пусть небеса и природа поют» или песню Киа «My Neck, My Back». (Найдите слова в Сети, но — не на работе!)

В общем, я хочу привести вас к Стадии 5.

Хочу убедить довериться собственной киске. Довериться и прислушаться к внутреннему Навигатору.

Именно этому посвящена оставшаяся часть книги — и вся моя жизнь.

В тот день во время демонстрации со Стивом Бодански все изменилось еще круче. Мы объяснили аудитории из более сотни женщин и мужчин, что Веру увезли в больницу, а я согласилась выступить вместо нее. Еще пояснили, что я никогда раньше не участвовала в публичных демонстрациях, но уже более десяти лет изучаю феномен оргазма. Любой желающий мог вернуть деньги — но никто этого не сделал.

Тогда я разделась и легла на массажный стол, раздвинув ноги перед сотней зрителей, и в течение следующего часа Стив подарил мне мощный продолжительный оргазм. Это было потрясающе. Никогда еще я не испытывала подобных ощущений и столь сильного удовольствия. Все случилось с точностью до наоборот — совсем не так, как я представляла: киске понравилось внимание аудитории. Если подумать, я получила все, что ей так нравится: внимание, одобрение, благодарность, похвалу и удовольствие. Я испытывала непередаваемое ощущение связи с каждым живым существом и со всей планетой. Я была электрическим током, проводником, источником силы, ветром в деревьях, солнечным светом, океанскими волнами. Я была не только нитью в энергетической ткани вселенной, но и отдавала свою энергию. Я, которая еще несколько лет назад была самым отчужденным, оторванным существом, какое только можно представить. И вот я превратилась в разодетую в блестки тамбурмажоретку[1], шагающую впереди парадного оркестра киски. Я не просто стала звездой собственного шоу, но теперь глазами киски увидела, что всегда ею была. Вся предыдущая жизнь была лишь прелюдией к этому моменту. Богиня внутри освободилась.

Я делала это ради своей подруги Веры, но на самом деле — это она оказала мне услугу, помогла оказаться там, куда раньше я не могла попасть из-за стыда и страданий, перенесенных в процессе взросления, и теперь не было пути обратно. Я была свободна, и моя киска освободила меня. Моя благодарность не знала предела. Я была женщиной, оторванной от внешнего мира, от своего тела, от собственного имени. Но в тот день киска помогла мне восстановить связь настолько мощную, что я снова почувствовала контакт с внешним миром.

---

[1] Т а м б у р м а ж о р (с *фр.* tambour — барабан и major — старший) — главный полковой барабанщик во французской и некоторых других (австрийской, русской, шведской) армиях.

Ваша жаждет сделать то же самое. (Не волнуйтесь: следовать ее указаниям вовсе не означает оказаться с раздвинутыми ногами на массажном столе перед сотней незнакомцев. Это было мое приключение, а ваша киска сама найдет приключение для тебя.) Именно поэтому она заставила тебя взять с полки эту книгу. Она жаждет установить связь с вами — чтобы, в свою очередь, стать связующим звеном между вами и миром. Она назначает вас звездой, а не актрисой второго плана. Она хочет, чтобы вы почувствовали все свое

Она назначает вас звездой, а не актрисой второго плана.

великолепие, чтобы вновь засияли ярким светом, заполнив все пространство, которое она освободила для вас. Она хочет, чтобы вы познали революцию удовольствия, чтобы узнали, что все мы — сестры, все способны творить и что удовольствие не просто даровано нам от рождения, но является нашим порталом к Богине. Теперь она Великая Преобразовательница, и так было всегда, и в следующей главе я расскажу, что она умеет.

3

Великая преобразовательница

Понять вагину в полной мере — значит осознать, что она не только соразмерна с женским мозгом, но также — и это самое главное — является частью женской души.

Наоми Вульф

Итак, киска — источник нашего удовольствия, а удовольствие — источник нашей силы. И тем не менее каждый год, приветствуя новобранцев в «Школе женских искусств», я вижу класс из нескольких сотен женщин, уверенных, что в них все не так. Начиная с внешнего вида и самочувствия и заканчивая телами, доставшимися им при рождении.

Под влиянием мировой патриархальной культуры в женщинах формируется стойкая уверенность, что они неправильные и сломленные. На мой взгляд, причина тому — жестокое обращение в детстве. Я выросла в полной уверенности, что со мной что-то не так, и ужасно этого стыдилась. В возрасте двадцати пяти лет я попыталась решить эту проблему посредством терапии, самолечения и околоакадемического исследования — только эти инструменты пришли мне в голову. Но что бы я ни делала, улучшить самочувствие не удавалось. Я никак не могла заставить себя радоваться. Если бы меня спросили, в чем проблема, то и в мыслях не было бы связать это с издевательствами брата. Они настолько прочно вошли в раннее детство, что я перестала воспринимать их проблемой. Но именно с ощущением сломленности вставала каждое утро и каждый вечер ложилась спать. Я знала: меньше всего на свете мне хочется возвращаться домой и быть с семьей.

Я отчаянно пыталась пробудить в себе врожденную страсть, и в то же время во мне глубоко и безнадежно укоренилась уверенность, что это никогда не удастся. Ни при жизни, ни после.

Тогда я еще не понимала, что переживаю стадию «до». Видите ли, в жизни каждой женщины бывает «до» и «после».

До удовольствия. После киски.

Мое «до» началось с детства, полного насилия, плавно перешедшего в студенческие годы, когда я изо всех сил старалась адаптироваться в мировой патриархальной культуре, сгибаясь под тяжестью детской травмы. После окончания колледжа это переросло в отчаяние, мешавшее сделать хоть шаг к осуществлению желаний.

Я не знала почему. Я говорила себе, что мне некогда — и, по правде говоря, так и было.

Я была занята тем, что читала работы Карла Юнга, изучала феномен архетипов, читала о древней Японии и Древней Греции, знакомилась с трудами Джозефа Кемпбелла, Мерлина Стоуна, Марии Гимбутас, учила древнегреческий. И все записывала в дневники — мечты, чувства, мысли. У меня были ночные кошмары, я боялась темноты. И понятия не имела, чего боюсь, сидя в своей тихой и уютной студии.

Оглядываясь назад, я понимаю, что именно тогда вышли из строя мои механизмы, отвечающие за выживание. Вся жизнь до того момента сводилась к попытке выглядеть хорошо, скрывая невысказанную боль, раны и последствия жестокого обращения. Я не только не могла говорить о происходящем дома, но и вынуждена была сносить бремя разочарованности во мне родителей. Я не вышла замуж за еврея и не поступила в школу для медсестер. Они не одобряли актерскую карьеру, которую я избрала. Я не могла сделать нужные шаги по карьерной лестнице, потому что испытывала невероятный стыд и парализующую боль. Я не могла вынести, чтобы к моему неприятию себя прибавилось еще и их неодобрение. Терапия, казалось, только усугубила проблемы: теперь я знала, почему была сломлена и кого следовало в этом винить, но не было нужных инструментов, чтобы залечить рану.

Как следствие, я забилась под камень, спряталась в самом дальнем углу собственной пещеры.

И спасла меня... киска.

Вся жизнь до того момента сводилась к попытке выглядеть хорошо, скрывая невысказанную боль, раны и последствия жестокого обращения.

ТО, ЧТО УГОДНО БОГАМ

Поверьте, в тот момент она была последним, что я искала на свете. После расставания с парнем я разорвала все отношения и с ней. Несмотря на его искреннюю и сильную любовь ко мне, я просто не могла представить, как можно наслаждаться сексом с ним. После любопытной сексуальной разведки в первый год отношений начался обычный секс. Я выросла в патриархальной культуре и знала условия договора. Предварительные ласки — это для новичков, а обычный трах — это и есть настоящий секс для продвинутых. Эта мысль подтверждалась с каждой новой книгой о сексе, с каждым голливудским фильмом, где женщина стонала от удовольствия. Поэтому, когда приходило время очередного соития, я имитировала увиденное: резко прекращала предварительные ласки и всякий раз переходила сразу к делу.

И как бы походя разрушила нашу интимную жизнь.

Сам акт проникновения мне не нравился. Но вместо того чтобы прислушаться к киске и вернуться к чувственным ласкам, я решила, что что-то не так во мне самой. Я рассталась с этим удивительным, замечательным человеком из-за несоответствия собственных представлений о сексе реальности. Сначала думала, все дело в том, что я играла не за ту команду. Тогда попробовала встречаться с девушкой. Однако выяснилось, что отношения с женщиной не менее сложны, чем с мужчиной. И решила совсем завязать с сексом. Периодически я мастурбировала, но по большей части просто забила на тело.

Мне казалось, не было выхода из этого отчаянного и сломленного положения. И уж точно подумать не могла, что решение проблемы заключено в гениталиях. А потом записалась на курс основ чувственности и с головой ушла в собственное исследование удовольствия. По счастливому совпадению, именно тогда моя одиссея вышла на новый этап — «киска как спасение». Изучая древнюю мифологию и философию, я выяснила, что киска долгое время была в неофициальном крестовом походе. На протяжении тысячелетий в легендах самых разных народов она спасала мир от опустошения.

Так, я прочла о древнем синтоистском ритуале, который до сих пор ежегодно проводится в Японии. Во время этого священного действа танцующая жрица раскрывает свою киску, чтобы все собравшиеся могли ее увидеть. Руфус Кампхаузен в книге «Йони: Священный символ женской созидательной силы» пишет, что этот ритуал называется «кагура» или «то, что угодно богам». Ритуал — это дань памяти легенды об Аматерасу и Ама-но-Узуме. Аматерасу — синтоистская богиня солнца, «небесное сияние», важнейшее божество в японском пантеоне. Каждый император и императрица, включая нынешнего, ведет родословную от нее.

Согласно мифу, эта богиня солнечного света и жизни подверглась физическому и сексуальному насилию со стороны собственного брата — Сусаноо. Сусаноо, бог грома (также прозываемый «безудержным»), ураганом пронесся по небесным полям Аматерасу, ворвался в ее дворец и пронзил вульву Аматерасу шпинделем. Она испытала эмоциональное опустошение, гнев, депрессию, физическую боль, почувствовала себя преданной. Рана была настолько глубокой, что она покинула этот мир, не желая больше в нем жить, удалилась в пещеру и отказалась выходить.

При чтении этих строк мое сердце бешено колотится в груди. Меня поразила степень сходства между собственной историей и тем, что случилось с Аматерасу. Годы жестокого обращения брата, замалчивание и скрывание. Я чувствовала боль богини каждой клеточкой тела. Ее убежище было моим убежищем. Жестокость по отношению к ней означала и жестокость ко мне.

В ее отсутствие жизнь на земле стала увядать и умирать. Другие боги и богини поняли, какая над землей нависла смертельная опасность и что ей не выжить без дара Аматерасу. Они собрались у входа в пещеру и взмолились, чтобы та вернулась к человечеству.

Но Аматерасу не ответила на зов. Она была слишком сломлена и опустошена после нападения брата. Даже бог мудрости не мог найти решения проблемы. Один за другим боги и богини придумывали все новые способы выманить ее — но тщетно.

Наконец пришел черед Ама-но-Узуме.

Ама-но-узуме — «грозная самка небес» — открыла волшебную формулу, которая могла помочь выманить Аматерасу из дому. Как? Она просто собрала вокруг себя всех божеств — неподалеку от пещеры. А потом начала исполнять танец жизни. В момент вдохновения — вспомните явление киски Баубо перед Деметрой в греческой мифологии — она приподняла юбки и выставила свою священную киску («врата в небо» по-японски), чтобы ее видели все боги и богини. Раздался громкий взрыв радости и смеха, и все захлопали в ладоши. Из глубины пещеры Аматэрасу услышала шум. Она не понимала, как кто-то может веселиться и что-то праздновать. Ведь все живое умирало и на землю с небес опускалась тьма! Она выползла из пещеры посмотреть, что вызвало подобную реакцию.

Выйдя на свет, первым делом она увидела обнаженную киску Ама-но-Узуме. Аматэрасу немедленно испытала небывалую радость и экстаз танца. А исполнив танец, разве можно было вернуться в пещеру? Так на землю вновь вернулись свет и жизнь — и все благодаря явлению киски.

Священное в повседневном

Легенду об Аматэрасу и Ама-но-Узуме в Японии вспоминают каждый год — именно ей посвящен фестиваль Кагура. Из него и лежащего в основе мифа родился и современный ритуальный танец токудаси. Исполняют его в кварталах красных фонарей таких городов, как Киото, Осака и Токио. Танец не похож ни на какой другой. Это и не привычный стриптиз, и не бурлеск, и не пип-шоу в западном смысле этого слова, скорее, древняя легенда в современной интерпретации. Представьте себе небольшой бордель или танцевальный клуб и сцену, полную женщин в кимоно, надетых на голое тело. Йен Бурума в книге «Под маской» (*Behind the Mask*) пишет: «Девушки перемещаются к краю сцены, приседают и, прогнувшись назад настолько, насколько могут, медленно раздвигают ноги — всего в нескольких дюймах от смущенных лиц в переднем ряду. Аудитория... наклоняется вперед, чтобы получше рассмотреть это гипнотизирующее зрелище, этот магический орган, открывающийся в своей загадочной красоте. Женщины... медленно идут по кругу, зигзагом, друг за другом, мягко приглашая зрителей взглянуть поближе. Чтобы мужчинам было лучше видно, они раздают им увеличительные стекла и маленькие карманные фонарики, которые те передают из рук в руки. Все внимание приковано к этой точке женского тела. Эти женщины — не объект мужского вожделения, подвергающийся регулярным унижениям; напротив, они держат ситуацию под контролем, как богини и владычицы».

Мы считаем собственные тела и сексуальность чем-то постыдным и неправильным.

Эта шокирующая, почти что невообразимая традиция — единственный путь для древнего священного ритуала удержать за собой место в современной культуре. Почему? Потому что навсегда записали киску в объекты скверны и порнографии. Сегодня мы ничего не знаем о связи киски с исцелением. В нашем мире это просто ножны, созданные, чтобы использоваться мужчинами и служить для их удовольствия. Все равно, что справлять нужду в Святой Грааль. И поразительнее всего то, что женщины сами попались на эту наживку! Мы считаем собственные тела и сексуальность чем-то постыдным и неправильным.

В результате 5000 лет патриархального доминирования мы наблюдаем в современном мире небывалый уровень терроризма, войн, разрушений, коррупции и жестокости. А страны, где к женщинам хуже всего относятся, имеют самый высокий уровень насилия, жестокого обращения и общей нестабильности. Даже глобальное потепление — результат отсутствия женского начала, потому что всех учили отвергать все женское в себе, включая врожденную способность *чувствовать*. Каждая может игнорировать «неудобную правду», о которой говорит Ал Гор в своем фильме, потому что когда мы лишены способности чувствовать, легче закрыть глаза на тот факт, что земля нуждается в заботе и именно мы несем за нее ответственность.

Если отвергнуть киску, воцарится тьма и все живое умрет — в вашем храме, в вашем городе, в вашей стране и в мире. Но лишь один луч света киски вернет на землю свет и жизнь. Пора зажечь ее свет снова — как считаете?

ПОДКЛЮЧЕНИЕ К ИСТОЧНИКУ

В самом деле, именно киска исцелила богиню от отчаяния, в которое та погрузилась в результате насилия и жестокости брата. Разумеется, я сейчас имею в виду Аматерасу, но и себя тоже.

Курс, посвященный киске в университете Изобилия, помог мне восстановить силы, исцелиться от опустошающей боли и последствий насилия — настолько глубоких, что любая терапия была бессильна. Ничто другое не помогало. Ни чтение трудов Карла Юнга, ни изучение древних цивилизаций и языков. Только киске это было под силу, и только она смогла мне помочь. Примерно в то же время, после долгих лет одиночества, я познакомилась с хорошим человеком по имени Брюс, который вместе со мной посещал курс, и вышла за него замуж.

С другой стороны, я не просто оправилась, не просто хорошо себя чувствовала. Нет, киска через оргазм словно помогла познать себя — познать то, что было дано от рождения, как и всем женщинам земли. Я словно заново родилась, залечила все раны; мне вернули жизнь, которая была украдена и заменена опустошением. Я внезапно вновь ощутила связь с врожденным энтузиазмом, с той радостью жизни, которую испытывала маленькой девочкой. Восстановившись, захотелось рассказать о том, что узнала, всему свету. Так появился мой собственный курс по чувственности. Один за другим я разрабатывала учебные планы в надежде донести невероятную информацию до широкой общественности. Брюс, как мог, подбадривал меня идти вперед и искать свой путь учителя. Наконец я открыла «Школу женских искусств» — учреждение, посвященное делу Великой Преобразовательницы. А затем написала эту книгу.

Вначале было всего 12 учениц, и мы собирались у меня в гостиной. Но мало-помалу школа развивалась и росла, и я вместе с ней. С каждым новым открытым архетипом, с каждой новой разгаданной загадкой о женской природе, внесенной в учебный план, менялась и я сама. Вместе с ученицами мы становились сильнее, с каждой новой раскрытой гранью истории Божественной Праматери. Каждый аспект жизни, который еще не был «кискофицирован», теперь требовал полной переделки. Примерно в то же время мой брак распался — после 12 лет совместной жизни. Киска не признавала полумер и компромиссов, а я переросла эти отношения. Пора было переодеться во взрослое белье и научиться самостоятельно управлять собственной жизнью и компанией.

Неожиданным плюсом этой реформы была необходимость быстрого развития школы. Я испытывала одновременно ужас и приятное волнение — ведь и мне нужно было срочно расти. Я перевела занятия в другое помещение и составила подробную программу, рассчитанную на сотню участниц, а не на дюжину. Таким образом можно было донести свои идеи до гораздо большего количества женщин. Но принесет ли плоды этот гигантский скачок? Я чувствовала себя так, как, должно быть, Деметра, разбуженная Баубо, или как Аматерасу при виде киски Ама-но-Узуме, — ожившей и вдохновленной волшебным видением. В тот момент мне ничего так не хотелось, как открыть врата Аида и выпустить на волю тысячи Персефон. Несмотря на то что сама я познала силу киски и ее важность в жизни, я понятия не имела, каково это — собрать целый зал, заряженный этой силой. По мере того как каждая студентка росла и развивалась, эта сила множилась, а результаты, которые показывали девушки, выходили за пределы всех графиков.

Но ученые, конечно же, веками знали о силе киски. Так, историк-феминистка Риан Эйслер пишет, что наши предки в эпоху неолита и палеолита представляли женское тело как магический сосуд. По ее словам, их поражало то, что с рождением новой луны этот сосуд кровоточит, то, как из него волшебным образом рождается новая жизнь и как само оно производит молоко, чтобы питать потомство. Что уж говорить о том, как женщине одним только взглядом удается заставить мужской половой орган встать, а также дарить и получать сексуальное удовольствие. Предки верили, что киска наделена защитной и целительной энергией. Стоит показать ее дьяволу, как он мгновенно ослабнет и не сможет унести вас с собой. Киски защищали целые деревни от вражеских захватчиков, ужасных богов и диких животных. Древнеегипетские женщины показывали их на поле, чтобы отогнать злых духов и заставить урожай расти лучше и быстрее. Киски оберегали от зла и окружали положительной энергией как отдельного человека, так и целое общество. Есть даже образец пещерной живописи, датированный около 8000 до н. э., с изображением мощного энергетического потока, бьющего из женской киски и переходящего в руку охотника, ловящего добычу. Это показывает, что прародители знали, что это Богиня — или, как я называю ее, Верховная Киска на Небесах, — наделила охотника силой, позволившей ему поймать добычу. Они понимали, что лишь та, кто дарует жизнь, имеет право ее отнять.

В своей невероятной книге «История V» (*The Story of V*) Кэтрин Блэкледж цитирует каталонскую поговорку: *La mar es posa bona si veu el cony d'una dona* (что в переводе означает: «Море успокаивается при виде женской киски»). Жены рыбаков показывали их морю, перед тем как мужья уходили ловить рыбу, — чтобы волны были благосклонны, улов обильным и супруги вернулись домой целыми и невредимыми. Если же женщина хотела призвать бурю, достаточно было пописать в океанские волны. А вот женщины из индийского Мадраса могли унять шторм, показав тучам киску. В книге «Естественная история» (*Natural History*) историк I века Плиний Старший пишет, как при виде обнаженной женщины утихали грозовые бури, ветра, ураганы и молнии. Древний философ Плутарх рассказывает, как многочисленная группа женщин, подняв юбки, изменила исход войны. Персы проигрывали битву против войск мидийцев и уже собирались сдаваться. Но тут на пути встали женщины. Они обозвали мужчин трусами и обнажили киски. Разумеется, персы приободрились и выиграли битву. Кэтрин Блэкледж также пишет, что до XX века крестьянки в странах Западной Европы показывали свою киску на поле, приговаривая: «Вырастай до самой киски!» Так что силовое поле, заряженное кисками, мощнее, чем световой меч Люка Скайуокера.

В ходе исследования я с удивлением и восторгом обнаружила, что легенды о защите и преображении, на которые способна киска, существуют много веков и во многих культурах. На огромном участке земли было найдено более двухсот статуэток Венеры. Они были удивительно проработаны, с увеличенными вульвами и роскошной грудью, их можно было встретить где угодно, от Сибири до Франции и Италии, и в среднем им было от 10 000 до 30 000 лет. То есть 20 000 лет поклонения! Любопытно, что в тот период было создано лишь несколько скульптур мужчин. К тому же периоду относятся и наскальные гравюры и живопись с изображением вульв. Разумеется, предки чтили киску как священные врата в саму жизнь.

По всей Европе можно встретить замечательные каменные скульптуры на торцах зданий — даже церквей! — с изображением обнаженной женщины, демонстрирующей киску. Эти фигурки, созданные, чтобы отгонять смерть и зло, называются «шила-на-гигс», и еще они украшают фасады зданий в Англии, Франции, Шотландии и Уэльсе. Если воцарится равноправие, разве не понадобится нам хоть немного божественной защиты киски? Мне она точно не помешала бы. Поэтому вместе со студентками мы стали проводить эксперименты: слегка смачивали соком киски мочки ушей, отправляясь на собеседование, — и результаты были невероятными. Несколько капель сока перед свиданием? Для парня это похлеще дозы кокаина. Чтобы почувствовать прилив силы на прослушивании или на презентации, мы попробовали не надевать трусиков. Чтобы стать совсем пуленепробиваемыми, помимо отсутствия трусиков наносили временные татуировки, надевали экспресс-украшения и наклейки на свое секретное оружие: киску. К величайшему удивлению, мы обнаружили, что от подобных украшений она активируется. Для нее это как золотые браслеты для Чудо-женщины.

Все мои исследования за прошедшее десятилетие теперь отразились на собственном теле и разуме. Я поняла, что женщины — это гораздо больше, чем слабый пол, бледное подобие мужчин. Мы созданы не только чтобы производить потомство по заказу самцов. Я поняла, что женщины — чистый и незамутненный источник созидательной силы.

Киска стала моей высшей силой. Моей сверхспособностью.

Одна только мысль о ней помогала победить трафик. Когда нужно было найти идеальное место для парковки, я обращалась к ней за советом — и всякий раз находила, даже в самом сердце Нью-Йорка. Я обращалась к ней всякий раз, когда разрабатывала новую часть учебной программы, и получала невероятную отдачу, которая одновременно поражала и вдохновляла меня, а в классе все звучало как симфония. Оказалось, моя киска — не мягкая и пушистая, а самая настоящая хулиганка. До сих пор помню, как она сказала: «Немедленно разводись». У нее идеальное чувство времени, и без ее уверенности я ни за что не решилась бы на этот шаг. Проделав первые, почти что невыносимые, тяжелые шаги разведенной женщины, я наконец достигла этапа созидательного и искрящегося роста — как меня самой как женщины, так и моей компании.

Она твердо стояла на ногах, как бесстрашная небесная воительница, когда дочери исполнилось семь, а она все еще не умела читать. Именно киска подсказала, что нужно нанять специально подготовленных репетиторов и перевести ее из «прогрессивной» школы в лучшую школу Нью-Йорка для детей с дислексией. Более того, она помогла добиться того, чтобы дорогостоящее обучение было полностью обеспечено государством. Это киска указала мне верный путь.

Одна из студенток, Фрэн, решила проверить, способна ли киска работать на расстоянии. Они с мужем смотрели по телевизору футбольный матч, в котором «Сиэтл Сихокс» безнадежно проигрывали «Грин-Бэй Пэкерс». Она знала, что если «Сихокс» проиграют, муж будет в плохом настроении, и потому, приподняв юбку, обратила киску прямо в экран телевизора. И, как по волшебству, в последней четверти исход игры изменился. Было объявлено дополнительное время, и «Сихокс» хватило одного тачдауна, чтобы выиграть. После игры защитник сказал репортерам: «Бог велик!» И только Фрэн знала правду: Бог бессилен до тех пор, пока не придет Богиня и не разбудит его.

Да, каждая из нас обладает этой силой. Попробуйте сами и увидите.

ВАША КИСКА КАК АЛТАРЬ

Мне понадобилось пять лет практики, чтобы суметь сказать слово «богиня» с той же легкостью, что и «бог».

Попробуйте прямо сейчас.

Бог.

Богиня.

Какое из этих слов кажется более правильным?

Какое легче произнести?

Наблюдения — наше все. Мы готовы признать, что в материальном мире существует два пола, так почему бы им не быть и в мире духовном?

Весь вопрос в условиях. Вот почему современные женщины так часто сомневаются в себе и обесценивают сами себя. Нас всю жизнь учили прославлять мужское начало и низводить женское. Как следствие, мы разучились заботиться сами о себе. Иначе зачем 23 миллиона женщин добровольно делают косметические процедуры — от увеличения груди до липосакции и инъекций ботокса? Зачем бы им ложиться под нож хирурга или иглу косметолога, если не от убежденности, что в их теле что-то не так, что они отвратительны и невыносимы?

Осквернили бы мы алтарь, если бы признали, что он — священен? Не думаю.

Как нам вновь освятить мысли в этом женоненавистническом мире? Нужно начать с себя.

Йони Пуджа

Есть тайный индуистский обряд, проводимый по сей день, который называется «Йони Пуджа». В этом обряде жрица произносит молитву у алтаря киски. Каменное изваяние омывается пятью ритуальными жидкостями — молоком, маслом, водой, медом и йогуртом. Цель таинства — испросить Божественную Праматерь о милости: исцелении себя или близкого человека, помощи в деньгах, плодородии и т. п. По окончании молитвы просительница также выпивает жидкость в качестве причастия.

В ряде сект этот обряд приобретает еще более интересную форму, поскольку в нем участвует не каменное изваяние с чашей, но тело живой женщины — йогини. Просительница может погладить бедра и живот йогини, а затем оросить ее ритуальными жидкостями, которые, перед тем как выпить, смешает с собственными соками. Для некоторых ритуалов подходит и юная йогини, но в особо сложных ситуациях предпочтительнее более старшие и опытные. Божественная сила их кисок намного мощнее, ведь они годами накапливали знания и мудрость.

Когда я впервые прочла о ритуале Йони Пуджа, то была настолько потрясена самим фактом его существования, что захлопнула книгу и не открывала несколько месяцев. Слишком невероятным казалось то, что где-то женщин почитают до такой степени. А ведь как часто попадались мужчины, которые ждали, что я на первом же свидании упаду на колени и отдам дань почтения их члену — безо всяких церемоний! Сколько раз я была с мужчиной, который и не думал о том, чтобы уделить хоть немного внимания моему телу, но был уверен, что я стану поклоняться *его* алтарю? А ведь подобной позиции не существовало бы, если бы все женщины, с которыми он был до меня, не сделали бы все возможное для ее формирования и поддержки. Патриархальные традиции произрастают и держатся исключительно на наших предрассудках, укоренившихся до такой степени, что даже узнав существовании обряда почитания того, что в нашей культуре настолько обесценивается, мы инстинктивно отрицаем это.

А между тем нет ничего неправильного в поклонении киске — ведь это лоно самой жизни. Неправильным это кажется оттого, что мы к подобному не привыкли.

Чтобы понять весь ужас нашего положения, достаточно взглянуть на то, как происходят роды в западной культуре. Миллионы лет женщины доверяли собственному телу — и помощи других женщин — и спокойно рожали дома, а теперь стало совершенно нормальным ложиться в больницу. Мы отдаемся во власть врачей, которые прибегают к неестественным методам и каждые третьи роды проводят через кесарево сечение. Женщина лишена всякой власти над телом — она всецело отдана в руки медиков.

И это представляет собой гораздо большую проблему, чем может показаться. Почему?

Потому что в основе процесса рождения лежит легенда о власти и силе, о стойкости и несокрушимости, которым должна научиться каждая женщина. Будь то рождение ребенка, идеи или перерождение самой себя, — через него женщина обретает новую силу. Сам процесс вовсе не обязательно должен приносить удовольствие. Роды проходят в муках, поту и крови, сопряженные с неудобством и сомнениями. Но по ту сторону черты лежит та слава, которую не купить и не подделать. Для женщины, живущей под гнетом мировой патриархальной культуры, «комфорт» — это вручение собственной власти другим. Дискомфорт же — это то ощущение, которое возникает при переходе в новое измерение нашей власти. При принятии священности самого факта, что ты родилась женщиной.

* * *

Тело женщины создано, чтобы творить. Мы — творцы своих мыслей, поступков, намерений. Это священный сосуд, через который рождается новая жизнь. Это живой, дышащий алтарь. А что такое алтарь? То место, где встречается земное и небесное. Оно само зарождается здесь, на этой Земле, чтобы приветствовать все живое и создавать необходимую среду для священного. Это врата в мир и одновременно портал в другое измерение. Каждая обладает чем-то большим, чем просто внутренний Навигатор.

В результате чтения и персонального исследования я стала видеть в женщине живой, дышащий алтарь. Мы — то место, где земное и небесное сливаются воедино, творя новую жизнь. Нет ни одного человека на земле, который не был бы создан и взращён внутри живого алтаря, коим является женщина. Все мы знаем, что тело — это храм. Но к женщинам данное утверждение применимо вдвойне. Женское тело нужно почитать как священный алтарь, вознося на него жертвы, — только тогда жизнь будет по-настоящему праведной.

Что же питает священную сущность женщины?

Удовольствие во всех его проявлениях.

Удовлетворение всех пяти органов чувств через приятные ощущения и красоту.

Я обнаружила, что когда женщина начинает относиться к телу как к алтарю, она по-настоящему преображается. Уделяя ему достаточно внимания — принимая тёплые ванны с розовыми лепестками при свечах, — она словно подпитывает это ощущение святости. Подкрепляясь вкусной и здоровой пищей, приготовленной с любовью и вниманием, она поддерживает священное пламя. Продумывая внешний вид и одеваясь красиво, она заботится о лучшей части себя. Чем больше она поклоняется собственному алтарю, тем более уверенной, сильной и восхитительной она себя чувствует и тем щедрее становится к окружающим.

Телу женщины, как алтарю в святилище, требуется постоянный уход и внимание. Внимание к собственной одежде, волосам, внешнему виду — отнюдь не признак легкомыслия, потакания плохим качествам или безответственности. Наш священный долг — выглядеть и чувствовать себя самой красивой, только так можно восстановить связь с собственной священной сущностью и пролить на окружающий мир свой яркий свет. Почему? Пренебрегая тем священным, что есть внутри, мы не сможем активировать процесс включения. А когда мы выключены, недоступна и наша жизненная сила. Без нее мы ослабеваем. Когда сила и власть не в наших руках, значит, их присвоил себе кто-то другой. То есть мы во власти другого человека — партнера, начальника, родителя или общества в целом. В результате мы продолжаем чувствовать себя жертвой, а не героиней, обвиняем других, вместо того чтобы взять ответственность на себя. Роль жертвы — наша культурная норма. Именно так чувствуют себя женщины, воспитанные в патриархальных традициях. Нас не учили, что мы источник собственной силы и только от нас зависит наше эмоциональное состояние. Именно в этом заключается истина. И для осознания нужно восстановить собственное природное сияние. Вернув его, мы вновь принимаем в свои руки бразды правления собственной судьбой. Под влиянием удовольствия меняется и баланс химических веществ в организме, мы смещаемся на другую орбиту, где легче отбросить роль жертвы и стать героиней. Только включившись, можно перестать чувствовать себя неудачницей и стать творцом собственной судьбы.

Итак, теперь вы видите: забота о себе — ключ к силе. Невообразимой силе. Такой священной, такой глубокой, что в некоторых уголках мира, глубоко и тесно соединяясь с женским телом, приводит к просветлению.

Что же нужно, чтобы вернуться в это состояние?

КИСКОФИКАЦИЯ

Много лет я не только учила других женщин, но и сама училась ежедневно поддерживать связь со своей внутренней божественной сутью. Иногда это удается мне лучше, иногда — хуже. Легче всего пренебречь заботой о себе, любимой, когда обстоятельства выбивают почву из-под ног. В современном мире женщина нередко вынуждена сложить паруса, испугавшись собственной неправильности. Каждая должна быть целеустремленной и решительной, как воительница, чтобы побороть волну ненависти к самой себе, обусловленной традициями культуры, умаляющей нашу значимость и важность. Необходимо взять на себя недюжинные обязательства — обращаться с собственным телом как со священным алтарем; подпитывать нашу божественную сущность регулярными порциями удовольствия; возвести эту сущность в центр своей жизни — и таким образом изменить эту жизнь.

Женщина нередко вынуждена сложить паруса, испугавшись собственной неправильности.

Ведь чтобы относиться к себе как к Богине, нужно покончить с многовековой привычкой к положению жертвы. Она так глубоко укоренилась в нас, что стала почти незаметной снаружи и уж точно неосознанной.

Взять хотя бы мой пример: с раннего детства я держала свое мнение при себе. Побочным эффектом стало то, что я научилась молча негодовать оттого, что не получаю желаемого. Но разве кто-то говорил открыто, что я должна вести себя подобным образом? Конечно, нет. Я научилась этому, глядя на свою мать. А ее, в свою очередь, научила ее мать. В результате «наследственного» замалчивания я накрепко усвоила, что не заслуживаю уважения. Ведь если высказываю мысли вслух и требую того, чего хочу, значит, и я сама, и мое мнение ценно и заслуживает внимания. Для высказывания мыслей вслух нужно самой уважать их настолько, чтобы не бояться озвучить. Для того чтобы сделать возможной подобную трансформацию, мне понадобился ритуал любви к себе. Поначалу это и в самом деле был ритуал — приходилось чуть ли не заставлять себя заметить, а затем попросить то, чего я хотела и в чем нуждалась. Но со временем мировоззрение изменилось — а с ним и вся моя жизнь. Из маленькой и вечно унижаемой я вновь превратилась в источник природной силы, которым была от рождения.

Как женщине научиться самой ценить собственную красоту? Как начать поклоняться тому, что есть, и раскрыться навстречу грядущему? Как вновь освятить свой алтарь и начать делать это ежедневно?

Ответ прост: она должна кискофицироваться.

Именно так: кискофицировать каждый аспект жизни.

Кискофикация — это принятие ценностей киски и внедрение их в свою жизнь, забота и внимание к самой себе, за счет которых мир вокруг начинает казаться ярче и прекраснее. Ваш мир — это ваш храм, а ваше тело — его алтарь. А в храме важна каждая деталь. Когда в святилище царит хаос и алтарь разрушен, вы не можете чувствовать себя хорошо. Это ритуал, посредством которого вы сделаете каждый аспект жизни угодным Богине.

Заметьте: он вовсе не требует владения несметными богатствами. В изобилии должно быть только одно: положительное внимание. Именно это для киски — самый ценный капитал. А ведь мы так привыкли, что внимание к себе может быть только отрицательным: критикуем сами себя, обделяем теплом и лаской, сомневаемся в себе. Отрицательное внимание оскверняет наш алтарь. Но мы, женщины, так долго и с таким упорством уделяли себе это самое внимание, что перестали видеть проблему.

Как часто мы не желаем тратить на себя ни минуты лишнего времени, уделяя его целиком и полностью другим; мы отказываем сами себе во внимании. Кискофикация заключается еще и в том, чтобы найти время на мелочи (или даже важные вещи) для самой себя, лишь для того, чтобы вам стало хорошо. Освободить хоть немного места для себя, что бы вы ни делали. Быть может, для этого понадобится выбросить из шкафа все, что там есть, кроме одежды, в которой вы чувствуете себя сексуальной. Избавиться от всех старых, мешковатых вещей, оставив только красивые трусики, которые вам идут. Или модернизировать кухню, разобрать наконец папки с документами на рабочем столе.

Кискофикация — это сигнал тем частям тела и души, которые привыкли к тому, что вы не стоите внимания. Он звучит так: «Я важна, и у меня всегда есть время для себя самой». Это ритуал, который вы проводите, хотите этого или нет! Вы сражаетесь за удовольствие, а победа в этом сражении требует кискофикации. Понятно?

Каждый день я делаю какую-нибудь мелочь под знаменем кискофикации. Недавно я кискофицировала собственную сумку. Теперь вся косметика разложена по маленьким пакетикам; ключи — в специальном мешочке; телефон аккуратно сидит во внутреннем кармане. Всякий раз, когда я достаю кредитную карту или телефон, чтобы кому-нибудь позвонить, я и моя киска счастливы. Я отдаю сама себе дань почтения и внимания. Не знаете, как сделать это с собственной жизнью? Подумайте, что вам особенно приятно. То, что хорошо для женщины, хорошо и для ее киски, и наоборот. Я частенько кискофицирую аптечку, чтобы иметь нужное под рукой. Я раскладываю все по полочкам и знаю, где что лежит. Храню ватные палочки в маленьком серебряном стаканчике, чтобы они стояли прямо. Косметичка рядом с зеркальцем для макияжа; разные вкусняшки для тела — мыло с ароматом лайма, базилика и мандарина, а также дорогой лосьон. Что мне это дает? Когда я вхожу в ванную, мне там уютно и тепло, я не испытываю ни тяжести, ни опустошения.

Некоторые процедуры превратились в ежедневные ритуалы. Например, я принимаю ванну вместо душа, потому что это помогает лучше расслабиться и чувствовать себя прекрасной. Я использую соль для ванны с ароматом лаванды, потому что ее аромат мне нравится больше обычной. После втираю в кожу кокосовое масло — у него приятный запах и оно хорошо питает кожу.

Каждый день я танцую голой (или в каком-нибудь сексуальном белье) в гостиной, под любую песню, какую попросит душа. Так легче сбросить с себя утреннюю разбитость. Если я в плохом настроении, могу поставить Мэйси Грэй. Если в хорошем — Фаррелла. Если мне кажется, что меня никто не любит и я никому не нужна, я слушаю Люсинду Уильямс. Пропуская эмоции через все тело, я тем самым отдаю им дань почтения и чту себя как женщину. Мы созданы, чтобы чувствовать и воплощать эти чувства с любовью. Вместо того чтобы избегать эмоций — ведь именно этому меня учили в процессе взросления, — я выражаю их в танце.

После сажусь у своего алтаря и провожу небольшой ритуал благодарности. За несколько лет я собрала разные камушки и мелкие предметы. Я зажигаю свечу и беру в руки эти камушки (всего их 30 штук), один за другим. Потом кладу на место, всякий раз шепча слова благодарности Верховной Киске на Небесах за все, что она дала мне в этой жизни. Рядом лежит стопка клейких листочков, на которых можно писать желания. Я оставляю записки перед алтарем. Иногда достаю карманное зеркальце и приветствую киску: «Привет, красавица!» — просто чтобы она знала, что я чту ее и помню о ней. Я веду записи в дневнике, отмечая не только свои желания, но и желаемые чувства. Таким образом я концентрируюсь не только на намерениях, но и на душе.

Затем иду гулять с собакой. Во время прогулки звоню близкой подруге, и мы проводим весеннюю уборку — так я называю ритуал, во время которого высказываю вслух все беспокойства. Всего за час прогулки я тонизирую тело, привожу в порядок эмоции, активирую механизм благодарности, чувствую связь со своей божественной сущностью, избавляюсь от негатива и приближаю исполнение самых сокровенных желаний.

Видите, я вновь освятила собственный алтарь.

♡ *Домашнее задание:*
Весенняя уборка

Это задание придется выполнять довольно часто, чтобы освободить воображаемый шкаф от пыли, сора и всякой дряни, накопившейся от несбывшихся желаний и мечтаний. Если не делать этого — то есть не избавляться от старой одежды, которая вам больше не идет; вещей, купленных на распродаже и ни разу не надетых, старых и любимых, слишком заношенных, чтобы можно было показаться в них на людях, — в нем просто нет места для нового. Когда шкаф переполнен, даже не хочется ходить за покупками, потому что их попросту некуда класть. Может быть, у вас даже есть вполне милые вещички, о которых вы забыли. Или же те, которые когда-то были милыми, но пришли в негодность за ненадобностью.

Это упражнение поможет привести мысли в порядок, избавившись от старого и ненужного хлама, чтобы освободить место для новых желаний. Во время упражнения, вполне вероятно, захочется смеяться, плакать или вы испытаете приступ гнева. Любые эмоции — это хорошо. Можно выполнять упражнение в одиночку, разговаривая со стеной, а также с партнером или с небольшой группой друзей. На мой взгляд, эффективнее всего — с партнером. Следуйте инструкциям, и в результате появится чистый лист, на котором можно будет написать новые желания и стремления.

Для начала пообещайте друг другу, что все сказанное во время упражнения останется в тайне, — тогда вы сможете свободно высказывать желания. Пообещайте никогда не обсуждать это упражнение друг с другом. Затем сядьте друг напротив друга — в кафе или каком-нибудь уединенном месте. Одна Сестра-богиня (СБ) задает другой один и тот же вопрос в течение 15 минут. Вторая СБ отвечает. Потом меняются.

Например:

СБ1: Чего ты желаешь?

СБ2: Я чувствую, что хочу своего парня сильнее, чем он меня.

СБ1: Спасибо.

СБ1: Чего ты желаешь?

СБ2: Когда мы были вместе прошлой ночью, он отказался заниматься со мной сексом.

СБ1: Спасибо.

СБ1: Чего ты желаешь?

СБ2: Мне нравятся новые розовые туфли, которые я сегодня купила.

СБ1: Спасибо.

Эти ежедневные упражнения помогают мне сконцентрироваться и настроиться на благодарность, любовь и внимание. Кискофицировавшись таким образом, я раскрываюсь навстречу тому, что может принести новый день, подстелив мягкой соломки из любви к себе. Так я становлюсь менее уязвимой перед ежедневными испытаниями, с которыми сопряжены воспитание подростка, управление сложным и живым офисом, активная личная жизнь и прочие непредвиденные жизненные обстоятельства.

Но это еще не все. Каждый день я надеваю любимую одежду, даже когда просто сижу дома. Я нашла простой способ справляться с волосами, чтобы поддерживать их в идеальном состоянии. Я не трачу много времени на макияж — наношу капельку тонального крема и блеска для губ, подкручиваю ресницы и крашу их тушью. Все это легко, а в результате чувствую себя так, будто свечусь внутренним сиянием. Каждый шаг требует определенных усилий, но результат того стоит.

Еще я с умом подхожу к тому, что и как ем. Я стараюсь употреблять чистую и здоровую пищу (кроме дня, когда позволяю себе немного расслабиться), чтобы приложить максимум усилий к заботе о собственном теле. Быть может, важнее всего — то, *как я ем*. Я готовлю завтрак (как правило, это капуста и яйца) и сажусь в гостиной, предварительно сервировав стол фарфором и серебром. Стараюсь есть медленно, испытывая при этом благодарность. Принятие пищи, которая сама по себе дар Матери-Земли, и использование ее для питания нашего тела — священное действо. Мне стоит огромных усилий не торопиться, не отвлекаться на электронные приборы, в особенности если ужинаю в одиночестве, что при моем образе жизни случается довольно часто. Нелегко обращаться с собой как с Богиней. Это как крутить педали на велосипеде, поднимаясь в горку. Но, добравшись до вершины холма, откуда открывается головокружительный вид, понимаешь: все было не зря.

Каждой женщине под силу самой разработать сценарий собственной кискофикации. Вполне возможно, вы решите ухаживать за алтарем совсем иначе, не так, как я, но цель одна — в том, чтобы расчистить обширное пространство для приземления вашей божественной сущности, которая заполнит собой день, жизнь и тело.

🤍 *Домашнее задание:*

Кискофикация

Каким образом можно кискофицировать сегодня свою жизнь? Как вернуть себе красоту и отблагодарить судьбу за то, какой вы стали, и за то, какой родились?

Вот несколько идей для ритуалов от моих студентов:

• Убрать квартиру.

• Отменить планы, чтобы заняться собой.

• Провести незапланированное время с любимым человеком.

• Заняться творчеством.

• Заняться физическими упражнениями (танцами, йогой, и т. п.).

• Делать перерывы между различными видами деятельности.

• Есть здоровую и вкусную пищу.

• Высыпаться.

• Носить сексуальное белье под офисной одеждой.

• Пить много воды с лимоном.

• Носить одежду, в которой вы чувствуете себя сексуальной.

• Делать себе (или другим!) маникюр и педикюр.

• Ходить по дому в пижаме.

• Ежедневно медитировать.

• Медленно идти по тротуару, как по взлетно-посадочной полосе.

• Доставлять самой себе удовольствие (мастурбировать).

• Записывать благодарности.

• Читать позитивные книги и статьи.

• Наполнять дом ароматами и текстурами, которые вам нравятся.

• Принимать ванны.

• Составлять план утром перед выходом из дома.

• Делать то, что вам нравится.

Воспользуйтесь этими идеями, чтобы провести кискофикацию, или создайте собственные. Запишите в дневник, как эти шаги к обретению природного сияния помогают улучшить самочувствие.

Чем больше мы готовимся к восстановлению природной силы, тем лучше получится настроиться на нужную волну. А настроившись, будет проще включиться. Вновь зажечь сияние, дарованное Богиней. Когда женщина чувствует себя красивой, ухоженной, ее сияние становится ярче. Почему? Потому что когда счастлива киска, счастливы и *мы сами*. Ее яркая, преобразующая сила — известная человечеству на протяжении веков, но сегодня забытая, — вновь получает признание, принимается и почитается. Кискофикация — это не акт тщеславия или потворства дурным качествам. Заботиться о себе — значит служить божественному началу. Ухаживать за божественной сущностью, живущей в каждом человеке. Мы отдаем ей дань почтения, когда признаем собственную важность и красоту, а также важность и красоту собственной киски.

И именно об этом поговорим в следующей главе. Приготовьтесь к экскурсии в центр всего. К близкому и интимному исследованию звезды нашего шоу. Сейчас мы рассмотрим вблизи (а может быть, даже потрогаем) нашу киску, а также проведем урок на тему, которую всем нужно пройти, но лишь немногие пока имели возможность его усвоить. Предмет этот называется «Клитограмотность».

Клитограмотность

*Клятва киске: «Клянусь в верности своей киске
и делу Революции Удовольствия, за которое она
борется, а также 8000 нервных окончаний, созданных Богиней. Клянусь построить единое общество под знаменем удовольствия и всеобщей
клитограмотности».*

Мама Джина

Когда вы заблудились — и сами это осознаете, — то
понимаете, что нужно отыскать дорогу домой. Вы делаете важные шаги для достижения цели: спрашиваете
дорогу у прохожих, изучаете карту, включаете навигатор.

Но что если вы не знаете, что этот навигатор есть?
Он под рукой, но вы ничего о нем не знали?

Или хуже того: вдруг вы так давно блуждаете впо-
тьмах, что и сами забыли, что потерялись? Ведь так
всегда и бывает, и вот увидите — всегда будет.

Таково истинное положение женщин в настоящий
момент.

Мы так привыкли ненавидеть собственное тело, пре-
зирать пульсирующее сердце и душу нашей женской
сути — киску, что сами не осознаем возможность испытывать другие чувства. *Женщины не понимают, что
ненависть к самим себе — на самом деле ненависть к*

собственным кискам. Мы уверены: это чувство появляется, потому что с нами что-то не так. Даже в голову не приходит, что проблема кроется в чувствах и мыслях по отношению к ядру нашей женской сути, в самом факте ее отрицания. Ни одна женщина в здравом уме не свяжет привычное отношение к кискам и тот факт, что всего 22 из 197 глав государств в настоящий момент — женщины. А если бы даже и задались вопросом, почему всего в 21 случаях из 500 у руля крупных компаний США стоят женщины, киска в этом контексте даже не была бы упомянута. Мы ни за что не связали бы тот факт, что нас с детства учили видеть в собственных кисках нечто отвратительное и корень всех бед, с тем, что женщины занимают всего лишь 18% мест в конгрессе.

А ведь киска имеет к этому самое прямое отношение.

Мысли материальны.

Узость взглядов — это определенный образ мышления, который превращается в реальность. Так, зачастую кажется, что многие палестинцы даже не задаются вопросом, за что ненавидят израильтян, и наоборот. Просто так было всегда. А смена мировоззрения может навлечь угрозу на положение в обществе: близкие станут яростно возражать, если ваше мнение о противоположной стороне будет отличаться от их точки зрения. Вот и женщины оказались в той же ситуации.

Если я учусь ненавидеть себя и сомневаться в себе на примере собственной матери, то, чтобы продемонстрировать свою любовь, придется принять ее точку зрения. Иначе она решит, что я ее не уважаю. И вот я вынуждена ненавидеть себя, потому что люблю ее и хочу, чтобы и она любила меня.

Я принимаю эту злополучную эстафету и передаю ее своей дочери, а та — своей, и подобное отношение переходит из поколения в поколение. Я никогда не подвергала сомнению подобное мировоззрение, потому что оно прочно укоренилось во всех женщинах, что я когда-либо встречала. Женщины, словно вирус, распространяют сомнение и ненависть к самим себе, даже не осознавая заражения. Это как январская эпидемия простуды — кажется, что все больны.

Как излечиться от столь продолжительной культурной амнезии?

Как — цитируя поэта Голуэя Киннелла — «научить кого-то снова себя полюбить»? Как заставить женщину разглядеть в зеркале собственную врожденную и непреходящую красоту, если она даже не в силах смотреть на собственное отражение?

Посредством *клитограмотности*.

Таким забавным и легкомысленным термином я называю невероятно глубокий и важный процесс посвящения женщины в истинное знание неприкрытой правды о собственной киске и воспитание любви к этой правде. Цель — научить женщину тесному общению с киской каждый день ее жизни. Клитограмотность — это познание всех глубинных аспектов дара быть женщиной. Это усвоение уроков киски, которые она может преподать физически или иным образом, и воплощение ее истины в повседневной жизни, чтобы потом посвятить в нее партнеров и научить их играть на всех 88 клавишах нашего удовольствия. Только так можно по-настоящему освоить грамматику женского языка, языка Богини, языка нашего божественного начала.

Термин «клитограмотность» я впервые услышала 15 лет назад, от одной студентки по имени Ванесса. Она некоторое время встречалась с парнем, который, к ее вящему потрясению, знал в точности, как вести себя с ней и с ее киской. Она к такому не привыкла — почти все мужчины, с которыми она встречалась раньше, понятия не имели, как доставить ей удовольствие. Ванесса пришла в совершенный восторг и объявила своего благоверного «клитограмотным». Я же, в свою очередь, заметила: чем более «клитограмотной» становилась сама Ванесса, тем легче ей было достичь удовольствия и понять, что больше всего нравится ее киске, тем привлекательнее она становилась для мужчин, способных обращаться с ней подобным образом. Внешний мир отреагировал на произошедшую внутреннюю перемену.

Оказалось, клитограмотность должна начинаться с того, кто обладает киской.

Функция соответствует форме. Идеальные условия для процветания киски — те же, что нужны для процветания самой женщины.

Вы поймете смысл этого утверждения, когда поверите в то, что именно в киске заключена высшая сила. Именно она — источник глубочайшей интуиции, связи с невербальной, неподдающейся логике правдой. Она — место слияния нашего земного и небесного начал.

Она говорит с нами, шепчет: «Я знаю, что ты опаздываешь, но не садись в такси, поезжай на метро». А мы не слушаем, застреваем в пробке — и опаздываем на встречу.

Она с нами и в тот момент, когда нам предлагают отличную работу, которая украсит резюме. Но когда выходим из сверкающего стеклянного офиса, где проходило собеседование, она шепчет: «Нет, пожалуйста! Не делай этого! Я ненавижу это место». А мы велим заткнуться — потому что это, должно быть, лучшее предложение из всех, что нам могут сделать. Мы принимаем работу — и через три месяца подсаживаемся на антидепрессанты, гадая, почему не можем избавиться от гадкого ощущения внутри — ведь снаружи жизнь кажется такой потрясающей.

Она с нами и на свидании. У парня великолепные данные, но она видит дальше: «Здесь что-то не так. Надо отсюда сматываться». А мы не слушаем. И только через полгода, сменив три телефонных номера, наконец избавляемся от преследований.

Даже в царстве секса не слушаем.

Случалось ли вам когда-нибудь, оказавшись с кем-то в постели, испытать боль, но не прекратить половой акт, хотя она не утихала? Это киска пыталась предупредить, но вы не привыкли ее слушать. Гораздо привычнее слушать *его*.

Приходилось ли вам когда-нибудь останавливать партнера из-за навязчивой мысли: «Ласки слишком затянулись»? А ведь ей не зря требуется столько времени. Она хочет, чтобы вы насладились процессом сполна. Ей некуда торопиться. Она знает, что именно она — самая удивительная, интересная и замечательная. Знает, что лучшее времяпрепровождение для вас и партнера — это ласки.

Бывали ли вы когда-нибудь на свидании с человеком, который вам не особенно интересен, но с которым все равно переспали, потому что это показалось легче, чем сказать правду? Она хочет, чтобы вы научились говорить ее; она уверена: именно это важнее всего на свете, и именно поэтому никогда не оставляет вас в одиночестве и продолжает легонько дергать за рукав, даже когда вы всеми силами пытаетесь отмахнуться.

Пытался ли когда-нибудь ваш партнер произвести на вас впечатление своим мощным оружием и отыметь вас до тех пор, пока ваша киска не начнет гореть, как будто ее натерли наждаком, а вы все повторяли: «да... да... да...»? И снова она пытается сказать вам, что это ненормально, что вы не должны настолько пренебрегать своими чувствами. Она считает, что достойна защиты.

Мы не слушаем ее, а должны бы. Киске *виднее*.

Писательница Натали Энджер утверждает, что клитор — это самый настоящий мини-мозг.

Мы не слушаем ее, а должны бы. Киске виднее.

В книге «Женщина: Интимная география» (*Woman: An Intimate Geography*) она подробно рассказывает, как клитор получает информацию от сознания, бессознательного, гипоталамуса, новой коры головного мозга и периферийной нервной системы. Этот «мини-мозг» отслеживает любые сигналы, даже те, о которых вы не подозреваете. Он способен чувствовать, распознавать, угадывать. Можно обмануть эго, но не киску, которая видит насквозь.

Это ваш встроенный экстрасенсорный датчик, внутренняя путеводная звезда, божественная антенна. Не нужно звонить по горячей линии на номер 1-800-ЭКСТРАСЕНСОР, нанимать ангела-шептуна или обращаться к астрологу. Киска сочетает в себе все качества, и не только. Она может помочь сделать мудрый шаг, пуститься в следующее захватывающее приключение, броситься с головой в водоворот любви или страсти. Подключившись к высшей силе — вашей собственной Верховной Киске на Небесах, живущей внутри, — можно уверенно идти по жизни. Она хорошо вас знает, постоянно с вами и отдает все свое внимание. Прислушавшись к ней, вы не станете парковаться поздно ночью на пустынной парковке — потому что ей страшно. Вы дадите чудаковатому парню второй шанс — потому что он ее чем-то зацепил. Отвергнете предложение о работе в сверкающем стеклянном офисе — вроде того, о котором я писала выше, — и согласитесь на менее высокооплачиваемую работу в «Старбаксе», чтобы было время на написание первого романа, который в конце концов принесет больше денег, чем вы могли мечтать. Вы скажете любовнику, что вам нравится, и самое главное — что *не* нравится. Больше не будете полагаться на интуицию мужа или спутника, которые пытаются доставить вам удовольствие в постели, а возьмете инициативу в свои руки — ведь вы все изучили и теперь знаете, куда хотите прийти. Вы сможете показать партнеру, что доставляет истинное удовольствие киске, от чего она поет, а от чего стонет.

Иными словами, возьмете под контроль собственные чувства. Каким образом? Изучив тело. Теперь вы знаете, что заводит ее, а что, наоборот, выключает. Чувствуете, чего она хочет, и не боитесь экспериментировать. Вы доверяете ей настолько, что когда она говорит «довольно», можете остановить любовника на середине, если его член раздражает ее или вызывает неприятные ощущения. Так же, как зная собственные аппетиты, можете вовремя остановиться и не переедать, не заставляя себя есть через силу (ну разве только позволить лишний кубик шоколадки). Иными словами, вы стали клитограмотной.

♥ *Домашнее задание:*

Спроси у киски.

Киска — источник интуитивного знания, высшей силы, внутренней мудрости. Пусть это упражнение поможет ей вести вас.

Шаг 1: Подумайте о решении, которое собираетесь принять. Возможно, это важный шаг вроде смены карьеры или же нечто более повседневное, как выбор места для обеда.

Шаг 2: Положите одну руку на киску — под одеждой или над, как удобно. Прочувствуйте ее. Отметьте свои ощущения и запишите их.

Шаг 3: Установив контакт, шепните вопрос, обращаясь к ней. Можно произнести его вслух или же про себя. Например: «Киска, стоит ли мне идти на свидание с тем парнем с сайта знакомств?»

Шаг 4: Прислушайтесь к ответу. Да или нет? Что бы вы ни услышали — доверьтесь. И хотя бы ради эксперимента сделайте так, как она велит. Запишите результат.

Шаг 5: Завтра спросите совета по другому вопросу. Но на этот раз поступите с точностью до наоборот. Запишите результат.

В каком случае исход оказался оптимальным?

Запомните: мы проводим исследование удовольствия. Правильных и неправильных ответов не существует, как не существует плохих и хороших. Наша цель — открытие нового.

ЗАЧЕМ НАМ КЛИТОГРАМОТНОСТЬ

Клитограмотность — это мозг и пульсирующее сердце женщины, живущей в современном мире, совокупность всего нереализованного потенциала, удовольствия и силы. В настоящий момент весь мир погряз в поклонении члену. И даже если женщина не имеет отношений с каким-то определенным или вовсе новичок в этой игре, большинство мужчин без зазрения совести требуют всего, что душе угодно, и сами диктуют правила. Женщинам никогда не дозволялось рассматривать, исследовать, трогать, изучать какой-либо из аспектов собственного тела или души, не говоря о том, чтобы экспериментировать с ними. Нам можно лишь симулировать Белоснежку или Спящую Красавицу то есть просто лежать в надежде, что принц знает свое дело. Мы зорко следим, чтобы дети получили права и только потом садились за руль, но мало кто слышал о мамах, которые учат дочерей самостоятельно получать удовольствие, или о папах, объясняющих сыновьям, как вести себя с киской. А если о чем-то не слышим, скорее всего потому, что это считается ужасным.

Все мы, женщины, приняли некий кодекс стыда. Мы учимся кончать, глядя на то, как это делают мужчины, чувствуя себя ущербными, потому что киски не срабатывают так быстро и очевидно, как члены. Мы принимаем мужскую модель поведения за стандарт и, как следствие, видим самих себя и собственные желания в корне неправильными и незначительными.

Если бы мы следовали правилам клитограмотности, наша жизнь сложилась бы совсем иначе.

Не было бы жестокости, насилия, потому что мир поощрял бы нас за глубокие чувства и внимание к реакциям окружающих.

Когда мы живем в гармонии с другими людьми, то не можем причинить им вреда. Клитограмотность учит настраиваться на волну друг друга, а не выключаться и изолироваться.

Продукты порноиндустрии были бы совсем другими — они были бы разработаны с целью удовлетворения женщины наравне с мужчиной.

Количество сексуальных сцен с проникновением в голливудских фильмах существенно сократилось бы — иногда в них затрагивали бы тему удовольствия. Женщины могли бы открыто выражать мысли, а мужчины слушали бы.

Женщины были бы вольны выходить из ситуаций, в которых их права ущемляются, в которых им причиняют боль или игнорируют.

Мать-Землю почитали бы, а не оскверняли.

И так можно продолжать до бесконечности...

Тело женщины дарит жизнь, а мы все равно спорим с ним. Мы ненавидим кровь, запах, влажность, лохматость, ярко-красный цвет, то, как она включается и выключается и как функционирует в целом. Мы стыдимся священной созидательной сути, средоточия божественной женской силы.

Клитограмотность состоит в том, чтобы донести до женщин и мужчин невообразимое величие киски.

Как и в случае студентки Ванессы, мы не можем убедить общество в целом в необходимости холить нас и лелеять до тех пор, пока сами не начнем это делать.

Она важна не только в спальне. Понимание базовых принципов удовольствия чрезвычайно важно для здоровья женщины в целом. Почему? Потому что каждая часть тела не менее чувствительна, чем та, в которой расположено 8000 нервных окончаний. То, что хорошо для клитора, хорошо и для самой женщины. Воспринимайте его как некую инструкцию к женщине. Если пользоваться неправильно, он перестанет работать. Если же ценить его, он раскроется навстречу.

Так же женщина. Если хотите понять, как она устроена, просто усвойте принцип работы киски — он тот же самый. Когда женщине причиняют боль, она отступает

Женщины вынуждены регулярно терпеть боль, потому что не знают: удовольствие — привилегия, данная от рождения.

и сжимается; если ее уважать и заботиться, она расцветает. Мужчины знают, как важно защищать свое хозяйство, потому что когда по нему бьют — это больно. Но женщины не могут защититься. Нас никогда не учили тому, что для киски больно, а что приятно. Нашей культуре просто нет до этого дела. Женщины вынуждены регулярно терпеть боль, потому что не знают: удовольствие — привилегия, данная от рождения.

Лично я считаю, что заботиться о клитограмотности каждого ребенка не менее важно, чем научить его читать.

Она учит девочку настраиваться на нужную волну, относиться к себе самой как к сокровищу, холить и лелеять в условиях культуры, где ей скорее внушат ненависть к себе, чем любовь. Любовь к себе — это самозащита. Ненависть же делает девушек и женщин уязвимыми перед лицом любых форм неуважения, внутреннего и внешнего. А мальчиков и мужчин учит относиться к женщинам с почтением и вниманием.

Итак, добро пожаловать на урок знания клитора. Присаживайтесь, расслабьтесь и получайте удовольствие от своего первого занятия.

ПРАВИЛА
КЛИТОГРАМОТНОСТИ

Клитограмотность начинается с измерения нашей собственной температуры. Только это не та, которая измеряется градусником, а уровень включенности. Именно уровень возбуждения является измерительным прибором, лакмусовой бумажкой, детектором лжи. Киска включается тогда, когда соблюдаются и уважаются правила женского начала, и выключается от обесценивания и неуважения — со стороны других людей или даже самих себя.

Занятия в «Школе женских искусств» я начинаю с того, что спрашиваю женщин, от чего выключается их киска. Ответы студенток — просто фантастика. Они знают: она не терпит спешки, сжимается от критики, криков и/или издевок. Если унижать ее достоинство, она совершенно выключается. Ненавидит угрозы и игнор. Замыкается в себе при малейшем признаке неодобрения.

— А от чего включается? — спрашиваю я.

На этот вопрос ответить труднее. Мы, женщины, знаем, что неприятно киске, но не то, что доставляет удовольствие. Почему так? Ответ прост: нам просто не говорили, что их возбуждает. Члены? О них-то все известно. Мы изучили уровень их давления, скорость, ощущения, читали книги на эту тему. А как же собственный центр удовольствия? Ему мы посвятили совсем мало времени.

Вот почему первая тема курса — удовольствие. Мы проводим исследование и делаем домашнюю работу, анализируем, от чего она раскрывается и начинает переливаться всеми цветами радуги. И открытия, которые мы сделали, поистине революционные. За долгие годы преподавания я выяснила, что для включения киски нужно совсем немного ингредиентов, но любой, кто желает доставить женщине удовольствие, должен знать их досконально. Какой бы сложной ни казалась киска, кнопки ее просты. Следуйте этим инструкциям — и будете щедро вознаграждены удовольствием.

Правило клитограмотности №1:
Киска любит признание, похвалу, восхищение
и благодарность.

Она обожает, когда ее хвалят. В особенности если делают это прямо. Особое удовольствие испытывает, когда любовник, разведя ноги в стороны, шепчет ей милую чепуху, вроде: «Твоя киска такая горячая! Какая она красивая. Мне нравится цвет твоих губ». Благоговейный взгляд также заводит. Ей нравится, когда ее божественную сущность отмечают и почитают. Таким образом женщина может подключиться к своему источнику энергии и помочь партнеру найти свой.

Чтобы доставить ей еще большее удовольствие, партнеру нужно лишь отметить вслух ее меняющийся цвет — более насыщенный розовый, красный, пурпурный; нежный блеск смазки, который волшебным образом проступает меж ее складок, по мере того как растет возбуждение. Сказать о естественном увеличении клитора, когда вы включаетесь. Подобные простые проявления внимания вдохновляют и заряжают энергией.

Киску даже не нужно трогать, чтобы она возбудилась. Если возлюбленный напишет вам послание, как его возбуждает одна мысль о вашей киске, то не обязательно дочитывать его до конца, чтобы она увлажнилась. Даже если он в Питтсбурге, а вы — в Непале. Киски так любят удовольствие, что сама мысль о нем приятна.

Правило клитограмотности № 2:
Она ненавидит критику, спешку, крики
и недостаток внимания.

Киски весьма чувствительны. Они улавливают негатив даже на другом конце переполненной комнаты. И если почувствуют ваше недовольство или недовольство партнера, то немедленно замкнутся. Это крайне важно, потому что от киски не скрыться. Ни вам, ни любовнику. Если вы втайне беспокоитесь, что слишком медлите и киска должна бы уже быть готова, она просто перестанет что-либо чувствовать. Если он осмелится поторопить вас или ее или чем-либо выкажет нетерпение или скуку, она и вовсе выключит свет и закроет лавочку.

Если любовник заинтересован только в собственном удовольствии и совершенно невнимателен к ней, она разозлится и потеряет всякое желание включаться и раскрываться перед ним. Причина столь высокой статистики сексуальной дисфункции в современном мире (43% среди женщин и 31% среди мужчин) в том, что, по большому счету, всех нас учили, что секс сводится к проникновению. Большинство мужчин понятия не имеют, как заставить клитор петь, — и в итоге женщина теряет к ним всякий интерес. Всего немного клитограмотности — и сколько браков можно было бы спасти! Понимаете, к чему я веду?

Правило клитограмотности № 3: У кого киска — у того и власть.

Таким образом, мир здоровых отношений держится на счастье самой женщины, а не партнера. Почему? Потому что, когда он ставит ее на первое место, она делает все, чтобы *он* был счастлив. Если же киска несчастна, все пропало, отношениям конец.

Всем знакомы подобные отношения, все через них проходили. Мы знаем, что ничего уже нет, а пара все не расстается, и так тянется годами. Каждый глубоко неудовлетворен спутником, испытывает нехватку формальдегида. Если вы в подобной ситуации и не хотите уходить, выход только один: прислушаться к киске и поговорить. Необходимо изменить ситуацию и сказать партнеру правду. В противном случае он оставит вас или вы умрете от тоски — или то и другое вместе.

Начинает и заканчивает отношения киска, а не член. Киска *контролирует* его. Она может сделать так, что он встанет даже на другом конце переполненной комнаты — от одной только встречи взглядов. Попробуйте ради любопытства. В следующий раз, когда увидите мужчину, который вас заводит, подумайте, какой он вкусный и как ваша киска наполняется соком от одного его вида. Проследите, не ответит ли он инстинктивно. (Кстати, подобный эксперимент вовсе не обязательно должен заканчиваться преследованием. Иногда бывает забавно просто, кхм, воздвигнуть памятник самой себе — и двигаться дальше.)

Когда киска счастлива и включена, мужчина в ответ предлагает ей идти дальше и глубже. Если же она несчастна и выключена, он в конце концов уйдет. Единственный двигатель отношений — счастливая киска. А единственный человек, в чьих руках лежит ее счастье, — это *вы*. Партнер не умеет читать мысли. Он или она не знает, чего хочет ваша киска. Нужно самой исследовать удовольствие и показать ему или ей дорожную карту.

Мой любимый по-прежнему со мной, после стольких лет, потому что знает, как сделать мне приятно. Главная его цель — чтобы я была счастлива, и он постоянно совершенствуется в этом искусстве, чтобы не терять свежести и задора. Я искренне благодарна и плачу ему тем же — в тысячекратном размере. Но единственная причина, по которой он это делает, в том, что моя киска всегда рада его видеть. Киски — благодарные и чрезвычайно щедрые существа, а щедрость женщины действует на мужчин как магнит.

Правило клитограмотности № 4: Она никуда не торопится — и не зря.

Непостоянство женского оргазма — это дополнительная возможность, а не проблема. Она не торопится, потому что некуда. Чувственная игра для нее не сводится к желанию забеременеть или боязни приближения климакса. Это воплощение контакта, близости, улучшения ее духовного и эмоционального состояния, наполнение жизни энергией удовольствия. Ее цель не кончить, а завестись и настроиться на волну.

По словам Натали Энджер, задача клитора — «мотивировать его владелицу взять под контроль собственную сексуальность». Почему? Потому что лучше всего он работает, когда ты относишься к нему с любовью, почтением и уважением, прислушиваешься к его желаниям. Чтобы наши клиторы пели, мы сами должны петь. Мы не можем лежать в постели, как Белоснежка, в ожидании принца, который нас разбудит. Клиторы призваны показать, что мы — живые, активные, чрезвычайно чувственные существа. Нужно познать свой инструмент, чтобы потом показать другим, как играть самим и как играть на нас. Необходимо выучить язык клитограмотности, чтобы потом научить ему других. И как только мы превратимся в женщин, способных требовать того, чего хотим, в постели, мы сможем требовать этого и во всех остальных местах. В прямом смысле — от спальни до переговорной комнаты.

Клитограмотность и оргазм

Клитограмотность можно рассматривать как в широком, так и в очень-очень узком смысле. Я имею в виду, разумеется, ту самую точку, где сосредоточены наши 8000 нервных окончаний, самое сердце киски, повелителя удовольствия: клитор. Необходимо понять, как удовлетворить эту чувствительную точку, относиться к ней с уважением и почтением — и тогда между вами и вашим телом возникнет крепкая и нерушимая связь.

В целом это чрезвычайно чувствительный орган, но ученые университета Изобилия в результате многолетних исследований открыли точку, которая отличается особенной чувствительностью: это верхний левый сектор. Он постоянно жаждет удовольствия и в своей щедрости снова и снова одаривает им женщину.

Я лично подсчитала, что за двадцать лет исследования процесса удовольствия испытала 10 000 часов оргазма. И почти всегда мои упражнения затрагивали этот конкретный сектор. Приступив к тренировкам, я пребывала в полной уверенности, что умею получать оргазм. Для меня это означало, что я могу достигать пика удовольствия — того самого мимолетного, но крайне приятного момента так называемого «чихания гениталий». И мне этого вполне хватало. Я и не знала, что есть нечто большее. Между тем я не могла сказать, что интимная жизнь приводила меня в восторг или полностью удовлетворяла. По правде говоря, она была довольно запутанной и полной недомолвок. Не то чтобы в тот момент меня это сильно беспокоило, тогда я мало знала, насколько важен оргазм.

А потом началось обучение в университете Изобилия, и за несколько весьма грамотно спланированных занятий мозг буквально взорвался от осознания масштаба и диапазона эмоций и ощущений, которые можно испытывать. Я научилась летать, как бабочка, жалить, как пчела, парить, как комета, изливаться, словно река, полная густых, тягучих, золотисто-медовых потоков ощущений. Мое тело испытывало то же, что, должно быть, чувствовала Кири Те Канава, исполняя арию «О Mio Babbino Caro». Я видела Бога/Богиню. Я ощущала собственное божественное начало. Я исторгала сладострастные крики, перемежающиеся рыданиями от осознания, как прекрасна жизнь, мое тело и какое это счастье — иметь его и жить. Я чувствовала одновременно эфемерность и вечность человеческого бытия.

Клитор способен дарить бесконечное множество ощущений и эмоций.

До того момента, пока я не ощутила все величие и мощь тела, я не могла жить полной жизнью в маленькой человеческой оболочке. Божественная сущность вошла и овладела мной в тот момент, когда я научилась кончать, и только тогда я познала всю богатую палитру цветов, нанесенных щедрой кистью на холст моей жизни. Эта новообретенная способность сделала меня творцом собственной жизни, а не просто ее субъектом. Безграничная природа оргазма позволила в полной мере осознать и свои безграничные возможности.

«ПОДЪЕМ» И ОРГАЗМ

Вокруг самого понятия «оргазм» существует немало путаницы.

Как правило, этим термином обозначается кратковременный процесс восхождения на горную вершину. Подъем сопровождается неким всплеском. С другой стороны, сам клитор становится весьма чувствительным — даже слишком — к любому прикосновению.

В процессе тренировки чувств я пробовала различные типы оргазма. Я училась расслаблять тело, одновременно стимулируя клитор, в результате чего испытывала один за другим ощущения восхождения, которые так и не оканчивались «подъемом».

А ведь я уже выяснила: что хорошо для киски, хорошо и для самой женщины. Верхнего предела удовольствия, которое она способна испытать, не существует. Чем богаче гамма ощущений, тем больше она захочет подарить партнеру. Чем сильнее переполняют эмоции, тем более щедрой она становится. Клитограмотная, кискофицированная и полная удовольствий жизнь означает возможность расширить гамму испытываемых ощущений, как это сделала я в ходе собственного чувственного развития. В конце концов, прислушиваясь к киске, можно вознестись на вершину удовольствия, а также сделать счастливыми других.

Большинство женщин в современном мире избирают определенную модель поведения, потому что ничего не знают о чувственных аспектах и о жизни в целом. Веками женщинами пренебрегали. Удовлетворение наших потребностей никогда не было для общества первостепенной задачей; наш голод никто не пытался утолить. Но вместо того чтобы научиться утолять его самостоятельно, мы перестали обращать на него внимание. Ценой этому стал высочайший уровень раздраженности в обществе, а платят ее современные мужчины и женщины. Голод не способствует воспитанию хороших манер.

Вот почему клитограмотность так важна. Приумножая гнев, нам ни за что его не победить. Только разделив — сначала печаль, а затем удовольствие.

Когда я приглашаю мужчин на лекции, то рассказываю обо всем, что они так долго хотели знать о женщинах — и о кисках. Однажды пришел один из продюсеров программы «Поздний вечер с Конаном О'Брайаном». Некоторое время спустя он признался, что после лекций позвонил матери и спросил ее:

— Мама, почему ты никогда не рассказывала мне о клиторе?

— А ты не спрашивал, — ответила она.

Мы живем в мире, где мужчины понятия не имеют, чего по-настоящему хочет женщина, — и это серьезная проблема.

Я долго была под впечатлением от услышанного — ведь это прекрасное отражение существующего в обществе парадокса. Он состоит в том, что даже когда мужчины хотят узнать больше о женском теле и о том, что им приятно, мы не можем дать эту информацию, потому что в культуре она считается неважной и ненужной. Мы живем в мире, где мужчины понятия не имеют, чего по-настоящему хочет женщина, — и это серьезная проблема. С другой стороны, женщины сами не знают, что держат в руках ключи от сказочного королевства. Представьте взросление девочки с мыслью, что каждая часть ее тела — до самого клитора, чье единственное предназначение, задуманное природой, — имеет значение. Представьте, если бы мальчики, вырастая, знали в точности, как устроены женщины, как функционируют их тела и отличие от мужчин. О, насколько изменился бы мир!

Киска — наш основной приоритет, термометр, высшая сила.

Мы не доверяем ей, потому что не знаем ее.

Но это скоро изменится.

Итак, доставайте карманное зеркальце — сейчас отправимся на экскурсию.

ЭКСКУРСИЯ ПО ВАШЕЙ КИСКЕ

По большому счету мы, женщины, намного больше знаем о мужской анатомии, чем об устройстве собственного тела. Гетеросексуальные женщины гораздо чаще держат в руках член, чем ласкают киску (в том числе собственную). Как следствие, большинство всю жизнь сравнивает киску с пенисом, считая первую ущербной. Мы недоумевали: что с ней не так?

Почему она не возбуждается быстрее и не набухает сразу же, как он?

Почему непредсказуема, капризна и непостоянна?

И ведь мы были правы: *она не такая, как пенис*. Она играет совсем за другую команду. И сейчас я устрою вам экскурсию.

Можно повторять за мной или просто следить за иллюстрациями. Если решите делать, как я, возьмите карманное зеркальце и найдите укромное местечко. Аккуратно разденьтесь и с помощью зеркальца изучите, как удивительно и прекрасно устроена ваша киска.

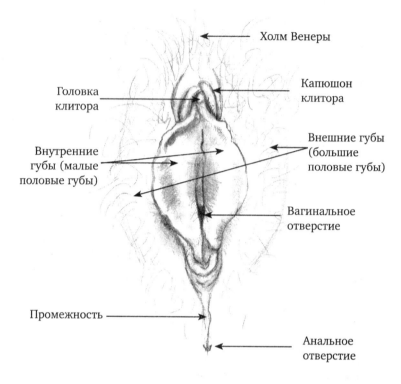

Холм Венеры

Капюшон клитора

Головка клитора

Внешние губы (большие половые губы)

Внутренние губы (малые половые губы)

Вагинальное отверстие

Промежность

Анальное отверстие

Первым, что вы увидите, будет холм Венеры, или лобковое возвышение. Как его узнать? По нежному, блестящему, кудрявому покрытию: лобковым волосам (если, конечно, вы не бреетесь или не делаете восковую эпиляцию — в этом случае волос намного меньше или они отсутствуют. Но лично я предпочитаю густую растительность. Я женщина, и хочу выглядеть соответствующе, и не позволю, чтобы порноиндустрия диктовала, как поступать).

Внешние, или большие, половые губы также покрыты лобковыми волосами, которые не только служат этому участку защитой, но и, в свою очередь, крайне чувствительны. Попробуйте поднести руку на несколько сантиметров к губам, а затем легонько коснитесь лобковых волос. Вы ощутите, как она начинает заводиться. Это необходимо отметить. Мы не просто хотим знать, для чего нужны те или иные части тела, но и какие ощущения они дарят. Чем больше вы знаете о своем инструменте, тем эффективнее сможете им пользоваться.

Знали ли вы, что вот эта киска, на которую вы сейчас смотрите, — самая настоящая экосистема? Вопреки патриархальной пропаганде она умеет самоочищаться. Ей не нужна помощь извне, чтобы оставаться чистой и свежей. Более того, каждый месяц — безо всякого напоминания — она проходит овуляцию и менструацию. Потом закрывается — также с удивительной пунктуальностью — на менопаузу, продолжая самоочищаться посредством секреций, выделяемых вагинальными стенками.

ЦИКЛЫ ЖЕНСКОГО ОРГАНИЗМА

Циклическая природа киски нужна не только для продолжения рода, но и для синхронизации с естественными ритмами женского организма. Так, за три — пять дней до овуляции происходят внутренние процессы, когда созидательная способность тела обращается вовнутрь. В эти дни ты можешь испытывать сильное желание засунуть что-нибудь между ног — даже дверную ручку. За пять — семь дней до менструации начинается фаза, когда организм более обращен вовне, жаждет коммуникации. Женщина чаще всего высказывает вслух тревоги и беспокойства, может взрываться от гнева, плакать, смеяться, или и то и другое. Она будет говорить, что накипело. Во время менструации, а затем и овуляции ее тянет на углеводы. Идеальным блюдом станет пицца с трюфелями, далее спагетти болоньезе, а на десерт — брауни и мороженое. Потом вымыть тарелки и повторить.

Однажды я ради эксперимента несколько месяцев во время менструации и овуляции каждые четыре часа устраивала себе оргазм. В результате мне почти удалось избавиться от постоянного чувства голода и существенно сократить судороги. Почему? Потому что в эти «горячие» дни тело словно встает на дыбы, наполняясь сексуальной энергией. Подобный скачок совершенно незаземленной сексуальной энергии приводит к резким и неожиданным перепадам настроения. Вот мы довольны и всех любим, а в следующую минуту нас все бесит и злит. Такие «американские горки» для женщин — обычное дело, но в этот период они выражены особенно ярко.

Это явление — тумесценция — не хорошо и не плохо: оно просто есть. Клитограмотная женщина постарается обуздать эту энергию и самостоятельно решит, направить ее на получение оргазма, физические упражнения, уборку дома, поглощение углеводов или на кого-нибудь прокричаться. Когда она осознает, на каком этапе цикла находится, то может сама направить тумесцентную энергию на достижение оргазма и удовольствия. И тогда чувствует прилив творческих сил и производительности. Если же не клитограмотна, то наличие цикла будет ее только раздражать, а энергия — игнорироваться. Результатом может стать раздражение, гнев, депрессия, плаксивость, неуверенность в себе и/или сонливость. Клитограмотная женщина никогда не испытывает негативные эмоции по поводу наличия цикла — она просто умеет извлекать из него пользу.

* * *

Менструация не всегда считалась тяжким бременем, как в наши дни. Кэтрин Блэкледж пишет, что в Древнем Египте носили амулеты из красного камня, символизировавшие менструальную кровь верховной богини Исиды. Ее сила передавалась каждому, кто носил амулет. В итальянской Калабрии женщины хранили несколько капель собственной менструальной крови в бутылочке, которую повсюду носили с собой. Найдя кандидата в мужья, женщина тайком от него капала ее в еду, таким образом навечно привязывая его к себе. Звучит безумно? А что, если вы и в самом деле обладали подобной силой?

Продолжим экскурсию и познакомимся еще ближе. Раздвиньте пальцами большие половые губы. Если удобнее, нанесите немного смазки. Вам откроется роскошный ландшафт, цвета потрясут. Возможно, вы даже лишитесь дара речи — так бывает, когда пытаешься описать закат по телефону. В этой палитре могут быть нежно-персиковый, кораллово-розовый, насыщенный красный. Плавный переход от лавандового к темно-пурпурному, цвету молочного и горького шоколада, и наконец — к угольно-коричневому, со всеми промежуточными оттенками. Прекрасными, богатыми, великолепными.

Внутренние, или *малые, половые губы* расположены сразу за внешними. В некоторых случаях они проглядывают из-за внешних. А бывает, высовываются весьма заметно. Натали Энджер называет внутренние губы «изысканным оригами из плоти». Они могут быть разного размера, формы и текстуры — у каждой женщины они прекрасны по-своему. Обратите внимание на блестящее покрытие. Оно там не случайно: губы покрыты сальными железами, выделяющими воскообразную субстанцию под названием «кожное сало». Оно не только красиво, но и функционально, поскольку защищает киску от инфекций и болезней.

Теперь мягко раздвиньте пальцами внутренние губы — и увидите вагинальное отверстие. Это самая чистая часть тела. Отверстие источает сладковато-терпкий аромат, очень напоминающий свежий классический йогурт.

Легонько проведите пальцем по верхней части вагинального отверстия в направлении севера — там и будет клитор. В некоторых случаях найти легко, но иногда он скрывается за клиторальным капюшоном — это анатомическое сокровище, заключающее в себе, как я уже говорила, 8000 нервных окончаний, созданных исключительно для удовольствия. Когда клитор находится в состоянии покоя — не испытывает сексуального возбуждения, — капюшон накрывает его, как уютное маленькое одеяльце. Когда же он возбуждается и восстает, то наливается кровью. По мере того как клитор набухает, капюшон сжимается. И вот он уже раскрывается, готовый к контакту. Гениально, правда?

Там расположена самая высокая концентрация нервных волокон, больше чем в любой другой точке человеческого тела. Больше, чем на кончиках пальцев, губах или языке. А вы ведь знаете, как они чувствительны! Более того, в нем вдвое больше нервных окончаний, чем в головке пениса. Этим объясняется то, почему парни иногда действуют вдвое грубее, чем нам хотелось бы: во всем их теле нет настолько чувствительного органа.

Клитор — совершенно непрактичная часть тела, сам ничего не «делает», в отличие от мужского «коллеги», который эякулирует, испускает мочу и испытывает удовольствие. Но клитор не участвует ни в мочеиспускании, ни в менструации, ни в эякуляции. Он существует *исключительно для удовольствия*. Он не атрофируется после менопаузы и всегда будет с тобой, готовый перенести в следующее приятное приключение.

С виду может напоминать небольшой комочек. Можно и вовсе его не заметить. Но каким бы он ни был, знайте, что скорее всего вы видите его корону. 8000 нервных окончаний уходят глубоко в тело, где их не видно. Можете думать о клиторе как о вилочной кости, ведь «корона» находится именно там, где встречаются две ее половинки. Затем стержень раздваивается, и каждое окончание отходит в глубину, к вагинальному каналу. Знаменитая «точка G» — на самом деле никакая не «точка»: это часть основания клитора, простирающаяся до самой вагины. Если вставить палец в вагину и повернуть, как часовую стрелку, на отметку «12 часов», «3 часа», «6 часов» и «9 часов», то почувствуете и другие точки, каждая из которых подарит разные приятные ощущения. Но все же самая притягательная — клитор.

МЕСТО, МЕСТО И ЕЩЕ РАЗ МЕСТО

Клитор — это место средоточия оргазма, который не происходит от простого поглаживания внутренних и внешних губ или вагинального отверстия, он сосредоточен в клиторе. Можно испытать его и по-другому.

«Вагинальные» не исключение, а являются результатом стимуляции основания клитора через стенки вагины. Но сам оргазм — исключительно заслуга клитора.

Насколько близко расположена корона вашего клитора к вагинальному отверстию? Она находится именно там? Или на несколько сантиметров выше? Расстояние между вагинальным отверстием и клитором может варьироваться на дюйм или больше. Если клитор расположен слишком близко к отверстию, испытывать оргазм во время полового акта гораздо легче. Но если дальше, то он не так близко соприкасается с членом

Всего 20% женщин достигают оргазма в результате одного лишь проникновения.

вашего парня во время проникновения. В этом случае вашему клитору нужно другое внимание и другая стимуляция. Запомните: всего 20% женщин достигают оргазма в результате одного лишь проникновения. В ШЖИ мы не считаем это целью, поэтому если вы казнили себя за то, что не кончаете во время соития, пожалуйста, прекратите.

Лично у меня клитор находится не очень близко к вагинальному отверстию — отчасти поэтому я решила заниматься тем, чем сейчас. Как я уже говорила в предыдущей главе, мы с первым молодым человеком целый год экспериментировали с телами друг друга, прежде чем перейти к соитию как таковому. О, что это был за год! Потом мы и в самом деле перешли к активным действиям — и на этом этапе я предупредила, что он не должен ничего делать, только трахать меня, потому что была уверена, что в этом и заключается «секс». Внезапно интерес к процессу улетучился, и на смену пришло некомфортное чувство, что со мной происходит что-то ужасное.

Оказывается, подобное ощущение весьма распространено: я постоянно слышу об этом от студенток. О том, как они чувствуют ущербность, потому что никогда не кончают от одного только проникновения. Наша культура внушала модель оргазма, которая работает для мужчин, но не для женщин. Ведь мужские тела не похожи на женские. Они могут завестись от одного только вида женского тела или даже от мысли. Член у него становится твердым, и он готов к сексу. Но у большинства женщин все иначе. Мы заводимся медленнее. Нам нужно больше внимания и ласк перед непосредственным проникновением. Разница та же, что между кошкой и собакой: щенок ластится ко всем, ему нравится, когда его чешут за ухом; кошкам же нужно больше времени, чтобы присмотреться. Им нравится, когда их завоевывают. Вот и вам нужно научиться вести себя осторожнее, чтобы ваша киска замурлыкала. Каждая киска уникальная, как и каждая женщина. А самое интересное — это находить индивидуальный подход! Внимательное отношение — залог удовольствия от нее и для нее.

Но нас этому никто и никогда не учил. Наоборот, студентки признаются, что сами спрашивают партнеров, хороши ли они в постели и нравится ли им вообще заниматься сексом. Могу вас обрадовать: если подобные мысли хоть раз приходили в голову, вы в хорошей компании. Мари Бонапарте, коллега Зигмунда Фрейда, тоже задавалась такими вопросами. Исследовав феномен женского оргазма, она пришла к выводу, что женщины, у которых клитор расположен на расстоянии более 2,5 сантиметра от вагинального отверстия, «фригидны». Это неспособность получать оргазм во время секса в миссионерской позе. Не желая быть среди тех, кому он недоступен, Бонапарте сделала операцию по смещению клитора ближе к вагинальному отверстию — и не один раз, а *дважды*. Но не помогло. Тогда Бонапарте обратилась к Фрейду, чтобы тот нашел решение проблемы. В ходе разговора была произнесена его знаменитая фраза: «Величайшим вопросом, на который никто до сих пор не ответил и на который я сам до сих пор не могу ответить, несмотря на тридцатилетний опыт исследования женской души, является вопрос: «Чего хочет женщина?»

И нам предстоит дать ответ на этот вопрос. Здесь и сейчас.

Бедняга Фрейд так и не смог на него ответить, потому что женщины и сами не знают, чего хотят. Только взгляните на нас: на меня, на Мари Бонапарте и на миллиарды женщин, которые на протяжении многих поколений думали, что с ними что-то не то, потому что их тела работают не так, как мужские!

Я сама дисквалифицировала себя в нежном возрасте 19 лет, лишь потому, что была уверена: только мужская модель поведения единственно верная.

Расставшись со своим молодым человеком, который всего лишь хотел сделать меня счастливой, я не знала, куда прибиться. Может, я лесбиянка? Или бисексуальна? Или асексуальна? Я знала: со мной что-то не так, — но не знала, что именно. И решила, что вообще не буду вступать в отношения до тех пор, пока не выясню.

Это стало навязчивой идеей, моим спецзаданием. Я и не понимала, что тогда нужна была клитограмотность и что книгу о ней придется написать самой.

ЧЕГО ХОЧЕТ ЖЕНЩИНА

Так чего же хочет женщина? Фрейд не знал ответа, но у него не было и возможности пообщаться с сотнями женщин, которые каждый год проходят через «Школу женских искусств». Он не проводил многомесячные беседы на тему их интимной жизни, устройства тел, не спрашивал, что доставляет им удовольствие. А я, к счастью для тебя, имела такую возможность и теперь могу ответить на этот извечный вопрос.

При прочих равных женщины хотят испытать *оргазмический экстаз*.

А испытав единожды, жаждут его снова и снова. Больше и сильнее.

Но это невозможно, если постоянно заниматься сексом только в миссионерской позе. Ни для женщины, ни для самого мужчины.

Достичь лучшего результата можно только при смене позы и самих приоритетов, чтобы секс не сводился только к эякуляции и продолжению рода. Когда цель полового акта между двумя людьми — сексуальное удовлетворение, то меняется и игра целиком, и ее правила. Меняются роли, коэффициент удовольствия повышается, а само оно распределяется более равномерно.

Для этого необходима уверенность в себе, которая возможна только с обретением клитограмотности. Женщина, умеющая расслабляться и получать удовольствие, как и заложено природой, обретает и уверенность в себе на глубоком, клеточном уровне. И я сейчас говорю не только и не столько о сексе, а об оргазмическом удовольствии. И под этим термином подразумевается не то, что мы привыкли называть оргазмом, то есть не «физическое и эмоциональное ощущение, переживаемое на пике сексуального возбуждения, обычно в результате стимуляции полового органа и сопровождающееся у мужчин эякуляцией».

Кстати, разве это не любопытно и не показательно, что во всех словарных определениях оргазма в пример приводится именно мужской, а не женский?

А ведь данный процесс происходит совершенно иначе. У них есть нечто под названием «венозное сплетение» — то есть тугой пучок вен, по которым в орган поступает и выходит кровь. В момент эрекции мышцы древка сжимают венозное сплетение, в результате чего кровь приливает, но не идет дальше. Когда мужчина кончает, мышцы расслабляются, кровь отливает, и член становится мягким. После наступает «режим ожидания», длящийся 20 минут — рефрактерная фаза, — после чего он снова может испытать оргазм.

В клиторе нет никакого венозного сплетения, кровь свободно проходит через этот участок, что делает возможным множественные оргазмы без необходимости входить в рефракторную фазу.

Мы постепенно приходим к мысли, что мужчины находятся в постоянном поиске удовольствия. Но тогда зачем именно женщинам дан орган, существующий только для того, чтобы дарить блаженство? Мужчины, которые могут испытывать по три-четыре оргазма за ночь, чувствуют себя повелителями вселенной. Но ведь многие женщины умеют кончать сотни раз за ночь (если испытываете оргазм один-два раза — с вами тоже все в порядке).

А как же продолжение рода? Для беременности нужно, чтобы кончал именно он — даже если это просто предэякуляция. Но женский оргазм не нужен. Похоже на ошибку природы?

Может, да, а может, и нет.

Может, подобное устройство не просто так и мы должны извлечь из него ценный урок. Понять нечто прекрасное и важное о самих себе.

Понять, что каждой женщине самой природой дана способность испытывать удовольствие.

Для этого не обязательна какая-то логичная и практическая причина.

Она может — и должна! — испытывать удовольствие ради удовольствия как такового.

Через чувственное удовольствие женщина получает возможность восстановить доступ к источнику силы. Оргазм же нужен для реализации истинной сущности. Благодаря ему женщина получает возможность испытывать глубокие чувства, а не искать поверхностный контакт. Она наслаждается глубиной и широтой диапазона своих эмоций, как смеха, так и слез. Подключается к своей божественной сущности (которую не найти ни в церкви, ни в храме) — той самой, которая больше ее, которая все знает и способна созидать. Найдя эту связь, она получает возможность познать и всю правду о себе самой, ведь теперь она научилась себе доверять. Ей больше не нужно, чтобы кто-то посторонний подтверждал ее «нормальность». Женщине, которая не познала «включение», может казаться, что ее переполняет негатив. Включившись, она начинает испытывать неподдельные чувства, перестает ощущать себя жертвой и бояться отрицательных эмоций, признавая, что и они являются частью ее безграничной эмоциональной палитры.

Оргазм активирует механизм самопознания, высшую силу и глубочайшую истину и помогает не свернуть с избранного пути. Ни один мужчина не в состоянии пробудить ее подобным образом. Клитограмотность — это путь, по которому нужно пройти самой, вместе с сестрами. Женщины должны учить друг друга раскрывать оргазмический потенциал. Ведь если пытаться учиться у мужчин, чьи тела попросту устроены иначе, то мало чего добьемся. А ведь именно этим «малым» и довольствуется большинство современных женщин.

Для развития собственной чувственности женщине необходимо взять под контроль собственное удовольствие. А это сложный механизм, не просто кнопка «вкл», которую достаточно нажать. Если женщина умеет управлять собственной сексуальностью, контролировать и управлять решениями, а это значит заниматься сексом с тем, кто нравится, и когда ей хочется, она добьется положительных результатов. Со временем и с опытом качество интимной жизни улучшится. Секрет качественного секса — в умении настраиваться на одну волну, чувствовать свое тело и делать так, чтобы и партнер был настроен на волну вашего тела и умел чувствовать собственное.

Важное примечание: киска работает лучше, когда хозяйка знает ее, когда провела тщательное исследование и изучение. Киска хочет расправить крылья во весь размах — только ради тебя. Женщины, умеющие испытывать в спальне мощный продолжительный оргазм и достигшие пика собственной власти и силы в жизни, по-настоящему познали себя, установили контакт со своими кисками и поняли, что им нравится. Если пренебрегать ею — не трогать, не гладить и не исследовать самостоятельно, — разве можно ожидать, что она возбудится и активируется в полную силу в присутствии другого человека? Пока не наладите связь, можно и не знать, насколько мощный оргазм вы способны испытывать.

На эту тему написано множество замечательных книг. Среди моих любимых: «Долгий и мощный оргазм» (*Extended Massive Orgasm*) Стива и Веры Бодански, «Анатомия женского возбуждения» (*Women's Anatomy of Arousal*) Шери Уинстон, «Медленный секс» (*Slow Sex*) Николь Дэдоне и «Женщина: Интимная география» (*Woman: An Intimate Geography*) Натали Энджер.

Если вы спокойно сядете и выполните все упражнения из этой книги, то примерно за месяц достигнете существенного прогресса в увеличении продолжительности и интенсивности оргазма. Если чувствуете в себе смелость, можете записаться на курс по развитию чувственности. Подробная информация — в разделе «Дополнительные ресурсы» в конце этой книги.

Еще есть совершенно невероятный сайт, пожалуй, лучший из всех, что я видела, — он называется OMGYes (www.omgyes.com). Его создали Лидия Даниллер и Боб Перкинс (а также группка гениальных айтишников) — двое друзей, которые заметили, что в Сети не существует ничего подобного в области информации о киске, и решили это исправить. Подписка платная, но оно того стоит — ведь там представлено несколько десятков видеороликов, в которых женщины демонстрируют различные приемы ласк для кисок. Лучшая находка — интерактивный экран, посредством которого можно отработать техники и получить рекомендации по совершенствованию.

Я сама опробовала замечательный курс по оргазмической медитации от Николь Дэдоне — владелицы компании OneTaste. Кроме того, эксперт по сексу Джайя ведет потрясающий цикл частных уроков, а также предлагает множество полезных книг и роликов. Писательница Шери Уинстон ведет великолепный курс, а Лейла Мартин разработала серию отличных онлайн-программ.

Итак, после обретения клитограмотности — то есть осознания собственной правильности, освоения механизма получения удовольствия и оргазма, — что ждет вас *за пределами* спальни? Каковы побочные эффекты для женщины, познавшей свое тело во всех подробностях, знающей, чего она хочет, свободной и вольной диктовать условия? Она обретает смелость, жажду жизни и даже некоторую долю высокомерия. Берегись, мир! Эта женщина привносит страсть и огонь во все аспекты профессиональной и личной жизни. Ее голос услышат, с мнением будут считаться, она сможет свободно выражать свою точку зрения. Именно она встанет у руля общества, ведь теперь вновь восстановлена связь с божественным началом. Эта женщина — пример для любой, кто захочет реализовать собственное предназначение.

5

Путь куртизанки

*Мало завоевать — нужно
еще уметь соблазнить.*

Вольтер

Спустя несколько лет после пробуждения моей уснувшей было чувственности я вместе с тогдашним мужем Брюсом учредила компанию под названием Relationship Technologies[1]. Мы проводили занятия для женщин и мужчин, исследуя основы клитограмотности. Методики на курсе при университете Изобилия изменили мою жизнь. Хотелось поделиться этим даром со всеми.

Вскоре после начала курсов я родила дочь — Мэгги. К своему удивлению, обнаружила, что и без того крепкая связь с источником силы, расположенным в моей киске, стала еще крепче. Никогда в жизни я не чувствовала такого прилива жизненных сил и радости, как в день рождения Мэгги. И мне нравилось осознание столь мощной созидательной силы, заключенной в теле. Это будоражило и возбуждало, я чувствовала, будто бы древняя мощь пробуждается во мне. Я поняла, что внутри заложено больше, чем я могла представить. В тот момент я осознала: мое тело знает, как творить жизнь, как

---

[1] Технологии отношений (*англ., прим. перев.*).

давать ее новому существу, как кормить, и не только. В тот день у руля был не мозг, а моя киска.

В последующие дни, держа дочь на руках, я ощущала, как во мне просыпается глубокое чувство ответственности, мощный прилив любви и привязанности к этой новорожденной малышке, а вместе с ним и огромная ответственность за всех девочек и женщин, которые живут сейчас и которые появятся завтра. Мне хотелось помочь им построить мир, в котором женщину принимали бы такой, какая она есть. Мир, в котором можно было спокойно пригласить в дом Богиню, которую я познала еще ребенком.

И важно было знать, что я делаю для этого все возможное.

Я хотела научить женщин включать внутреннее сияние и силу так же, как и я. Хотелось помочь им завестись, настроиться на нужную волну собственной безотказной красоты и силы. Благодаря возобновленному контакту с киской я смогла с еще большей самоотдачей посвятить себя этой миссии. Теперь мне не мешала врожденная робость и ощущение собственной неправильности. Я была хозяйкой своей киски, а значит, и собственной судьбы. Тогда я понятия не имела, каким образом смогу изменить мир женщин, но была твердо намерена это сделать.

ПУТЬ КУРТИЗАНКИ

Первая подсказка пришла, когда я кормила грудью — в буквальном смысле. Мэгги было всего несколько недель, и я изо всех сил пыталась найти удобную позу. В первые дни кормления мне было невероятно больно, и все же я была настроена решительно. Чтобы как-то отвлечься от неприятного ощущения жжения в груди, я включила телевизор и неожиданно попала на фильм под названием «Честная куртизанка». Эта историческая картина основана на реальных событиях и рассказывает о жизни молодой венецианки по имени Вероника, вынужденной оставить любимого человека, потому что у ее семьи нет денег на приданое. Перед ней встает выбор: уйти в монахини или стать высококлассной проституткой (или, по-другому, куртизанкой).

Когда Вероника понимает, что в монастыре ей обрежут волосы, то нехотя выбирает жизнь куртизанки. Позже узнает, что, сама того не подозревая, продолжила дело матери. Та тоже была куртизанкой — элитной проституткой, обслуживавшей венецианский двор XVI века, а до нее — ее мать. По традиции, сложившейся в роду, мать начинает обучать Веронику искусству дарить удовольствие.

В одном из эпизодов, помогая дочери принимать ванну, она произносит слова, которые в тот день, словно стрела, пронзили мое сердце: «Чтобы дарить удовольствие, ты должна познать удовольствие».

В этот момент для меня словно зажглась тысяча свечей. Я вновь перенеслась в ту ночь, много лет назад, когда в качестве домашнего задания для курса чувственности устроила себе ночь блаженства. Фильм был подтверждением моего собственного открытия: именно удовольствие помогает женщине вновь подключиться к источнику божественной силы. И еще я узнала, что это знание когда-то передавалось от матери к дочери, и именно среди куртизанок. Я поняла, что и сама в ходе развития чувственности открывала искусство куртизанки. Я научилась извлекать удовольствие из таких простых процессов, как потребление пищи, принятие ванны, прогулки, подбора гардероба, позволяя себе случайно встречаться взглядом с мужчиной. И в конце концов, прикасаясь к его телу. Глядя на то, как мать обучает дочь искусству получать удовольствие от всего, я поняла, что хочу и сама приобщиться.

Я проделала нелегкий путь и за много лет смогла наконец признать, что научиться включаться и получать удовольствие — для женщины сродни священнодействию. И все же во времена куртизанок — то есть в XVII—XIX веках, главным образом на территории Италии, Англии и Франции — это искусство широко практиковалось. Куртизанок обучали дарить удовольствие, потому что это повышало их ценность; перед женщиной, которая обрела силу и наладила контакт с божественным началом, невозможно было устоять. Она становилась священной — прямым проводником к Верховной Киске на Небесах. Однако эти традиции и опыт потеряны для современных женщин. С приходом феминизма мы получили возможность учиться и работать. А между тем, добившись равноправия с мужчинами, мы утратили огромную часть *женской* природы.

Фильм «Честная куртизанка» помог мне понять, что этим утраченным элементом в женском образовании является чувственность и умение дарить и получать удовольствие, а также — осознать, чего стоит отсутствие этого умения. В тот момент мне стала понятна и причина, по которой студентки Гарвардской школы бизнеса не поднимают руки на занятии, а героини книги Линды Бабкок и Сары Лашевер «Женщины не спрашивают» (*Women Don't Ask*) не требуют справедливой оплаты своего труда. Причина в том, что женщины привыкли критиковать себя и сомневаться в себе, а не формировать среду для чудесного кокетства, возведенного куртизанками в настоящее мастерство.

Я решила восстановить нарушенное равновесие и основала школу для женщин. Академию куртизанок, адаптированную к современной реальности, где я могла бы учить их не *профессии* как таковой, но ее глубокой философии: древнему искусству быть женщиной. Именно истории женщин, познавших включение и научившихся жить лучше, вдохновили нас последовать их примеру. Многим на моих мероприятиях поначалу бывает нелегко понять разницу между куртизанкой и проституткой. Ведь и те и другие брали деньги с мужчин. Иногда плата включала секс, но гораздо чаще мужчины платили за одно удовольствие быть в компании куртизанки, вдохновляться ее красотой. Именно роль, которую они играли в обществе, и была главным отличием: они были хранительницами красоты, удовольствия и возбуждающей энергии. Иными словами, отвечали за сохранение священного женского начала. Существует огромная разница между проститутками, которые спали с мужчинами за деньги, и куртизанками, которые брали плату, но взамен возвращали его к жизни, унося в другое измерение, или же проводили священный духовный и чувственный ритуал, помогая вновь обрести душевное равновесие.

ДОБРО ПОЖАЛОВАТЬ В «ШКОЛУ ЖЕНСКИХ ИСКУССТВ»

Казалось, куртизанки из прошлого решили завербовать меня в свои ряды, а теперь и вас. Книги об их традициях и искусстве удивительным образом попали ко мне в руки, и я внимательно их изучала. Особенно интересные подробности конспектировала, нумеровала приемы, применяла на практике. Среди их добродетелей были такие качества, как чувство времени, красота, дерзость, яркость, грациозность и умение флиртовать. Каждая история куртизанки начиналась с мощного, почти что сбивающего с ног разлома, из которого она волшебным образом могла извлечь пользу, обратив в собственное невообразимое величие. И я собиралась поступить так же, вознамерилась стать не просто куртизанкой: сама себя я, ничуть не стесняясь, назначила Предводительницей Куртизанок. Я ведь уже взяла на себя ответственность за обучение женщин, страдающих коллективной временной амнезией, — тех, кто забыл о своей красоте, силе и великолепии. Как молодая мама, я решила взять имя Мама Джина. Как директор академии куртизанок, я собиралась заставить женщин достичь таких высот удовольствия, о которых они не смели и мечтать. Я знала, что придется периодически подталкивать их против воли. Ни одна — даже я сама — не осознавала невероятную важность удовольствия в жизни человека. Я решила назвать новую школу «Школой женских искусств Мамы Джины». Первое занятие я провела спустя несколько недель после первого просмотра «Честной куртизанки» — прямо у себя в гостиной. Всего 12 учениц, но все было впереди.

Мне хотелось во всем придерживаться сюжетных линий прочитанных мною и взятых в качестве учебного материала книг, а потому я стала рассказывать о том, как стать современной куртизанкой. Не освоить профессию саму по себе, а взять на вооружение приемы и хитрости и применить их на практике в собственной жизни. Куртизанки были теми самыми женщинами, которые в период почти что невообразимого подавления и ущемления женских прав не стали жертвами неуверенности в себе и попыток лишить их самостоятельности. А все потому, что сами решали, когда включаться — как в контексте секса, так и в более широком смысле удовольствия в целом; они смогли повернуть это подавление в свою пользу. Стать выше, а не подчиниться. Именно в них я увидела новую модель женщины, какой она могла бы стать ради себя и других женщин. И откровенно говоря, во мне самой уже начали происходить эти перемены.

Так, я узнала, что куртизанки могли притягивать к себе все, что пожелают. Я решила проверить, способна ли сама на это. Что будет, если я начну руководствоваться желанием и влечением, а не соображениями практичности и здравым смыслом?

Во мне начало пробуждаться древнее знание, и я внимательно прислушалась. Я поняла, что куртизанки играли по совершенно другим правилам — за пределами логики. Я знала, что нужно отбросить привычное ощущение собственной незначительности. Если я хотела стать куртизанкой, нужно было подняться на ступеньку выше и стать самостоятельной личностью. Я решила сделать выбор в пользу сияния, а не сомнений. Куртизанка обладала этим врожденным знанием: она знала, что жизнь — священна. Заряженная этой силой, она могла вернуть к жизни не только себя саму, но и всех, кого встречала.

В течение следующего года, прошедшего в условиях интенсивного обучения, практики и преподавания, я узнала, что существуют определенные «инструменты».

Некоторые способности, которые они развивали по мере необходимости, но которые произрастали из врожденной силы женщины. Я стала зарисовывать их для студенток — анатомия куртизанки, но также и женщины в целом. Представьте себя на месте этих выдающихся женщин, о которых я узнала, и приготовьтесь к глобальным переменам в жизни, которые начнутся внутри и затронут внешний мир.

ОНА ПРИТЯГИВАЕТ ТО, ЧТО ЗАХОЧЕТ

Чему меня в первую очередь научили куртизанки? Силе желания. Если женщина чего-то хочет, одной силы желания достаточно, чтобы это что-то заполучить. Разумеется, я захотела тут же проверить справедливость этого утверждения, решив, что теперь буду руководствоваться своими желаниями. Моей наставницей в деле стала Клеопатра. Когда собственный брат сверг ее с трона, она тайком отправилась ко двору Юлия Цезаря, спрятавшись в свернутом ковре. Оказавшись там, она соблазнила императора и убедила стать своим сторонником — помочь вернуть трон Египта, принадлежавший ей по праву. Эта история, где главной движущей силой стало желание, на протяжении 2000 лет служила источником вдохновения.

Если же поискать более свежие примеры, можно вспомнить Сару Бернар, которая мечтала стать великой актрисой. Будучи дочерью куртизанки, она направила всю силу своего жгучего желания на то, чтобы добиться международного признания и обожания. Результатом стала невероятная жизнь, полная славы и приключений. Я решила: «Если эти легендарные женщины сумели добиться своего — смогу и я!»

Перво-наперво предстоял самоанализ — ведь для осуществления сокровенных желаний нужно было понять, в чем они состоят. Тогда-то я заметила: стоило хорошенько представить, как я могла притянуть желаемое. Достаточно было мысленного образа, чтобы суметь воплотить задуманное. Я стала относиться к этому процессу как к технологии и постоянно отрабатывала и совершенствовала методики достижения желаемого.

В то время я читала «Игра в жизнь и ее правила» (*The Game of Life and How to Play It)* Флоренс Сковел Шинн. Эта небольшая книжица, написанная почти 100 лет назад, целиком посвящена способности мыслей материализовываться. По мнению Сковел Шинн, если выкопать ямку и подготовить почву для посадки семян, они вырастут «под сенью благодати и совершенства». Эта книга наполнила меня надеждой, которая в тот момент была так нужна — ведь меня переполняли самые разные желания.

Хотелось, чтобы моя маленькая школа для женщин разрослась; хотелось научить миллионы по всему миру включиться и вновь обрести силу, принадлежащую им по праву. Хотелось выяснить, кто такая Мама Джина, и устроить вместе с ней веселую жизнь. Хотелось жить в красивом месте, писать книги и путешествовать. Хотелось попасть на телевидение и рассказать женщинам об их величии. Хотелось стать звездой разговорного жанра и выступать по всему миру. Подружиться со знаменитостями и разными влиятельными людьми. Создать сообщество и сестринство — ведь я узнала: чтобы жить полной жизнью и ощущать поддержку, эти два элемента важнее всего. Мне хотелось построить красивый дом для себя и семьи. Хотелось романтики, поэзии и головокружительного секса; воплотить в жизнь свое предназначение, каким бы оно ни было, как делали это куртизанки в стародавние времена.

Тогда я понятия не имела, как этого добиться, но надеялась, что древнее знание поможет. И училась, внимательно читала книги и по мере сил применяла полученные знания на практике.

СОЗДАНИЕ ОБРАЗА

С появлением Мамы Джины возник и вопрос: что она будет носить? На инстинктивном уровне я знала: мне нужна некая знаковая одежда. Разумеется, в поисках идей обратилась к куртизанкам. Они всегда носили красивые платья и украшения. Чарльз Фредерик Уорс, британский модельер, который жил в Париже и считался отцом высокой моды, придумывал наряды не только для императрицы Евгении, но и для прекраснейших куртизанок своего времени. Подобно современным кинозвездам, они с риском для собственной репутации в мире моды позволяли мастеру в полной мере реализовать творческий талант.

Не останавливала их даже бедность — что для меня было хорошо, ведь и у меня не было денег. Куртизанки славились тем, что были законодательницами моды, причем для их уникального и неповторимого стиля вовсе не обязательно было обладать несметными богатствами. Каждая вырвалась в сказочный мир посредством капитала иного рода, который я вознамерилась освоить. Одной из моих первых подруг стала Эмильена д'Алансон — знаменитая куртизанка Прекрасной эпохи. Белокурая и румяная Эмильена выступала в «Фоли-Бержер» с собственным цирковым номером. В этом номере вместе с ней участвовали покрашенные в розовый цвет кролики, наряженные в платьица из гофрированной бумаги, имитировавшие ее собственное. Я отметила про себя дерзкий юмор и недюжинную храбрость. Еще одной находкой стала другая величайшая куртизанка всех времен — Мари Дюплесси, чья жизнь легла в основу оперы «La Traviata». В возрасте 15 лет она работала помощницей шляпницы, но плата была слишком скромна, и на нее нельзя было прожить. Однако девушка научилась одеваться, красиво причесывать волосы, избавилась от деревенского выговора и стала говорить, как дама из высшего общества. Однажды после работы она стояла, дрожа и умирая от голода, на мосту Пон-Неф, возле лавки, где жарилась еда, и вдыхала чудесный аромат. Была середина зимы, а она уже несколько месяцев мерзла и голодала. Другая на ее месте впала бы в отчаяние, обозлилась на весь мир, чувствуя себя жертвой обстоятельств, приведших к такой нищете. Но не Мари. Она стояла на мосту, полная надежды и желаний, представляя, какую вкусную жареную картошку продают в лавке. Представьте: в этот момент по мосту шел молодой человек, который увидел ее и купил ей пакетик картошки. Она с жадностью набросилась на еду, а когда подняла глаза, его и след простыл. Спустя несколько лет этот самый молодой человек встретил Мари в «Опера» — на этот раз на ней было изысканное платье и украшения и ее вел под руку граф Эдуард де Перрего. Женщина была полна энтузиазма, который помогал идти вперед и не пасовать перед непростыми жизненными обстоятельствами.

Вооружившись этими уроками, я отправилась к своему другу-гею Пьеру, который держал комиссионный магазин и был экспертом в своем деле. Денег на шикарный образ у меня не было, а вот желания так выглядеть — хоть отбавляй. Пьер позволил мне перемерить весь ассортимент в пределах 25 долларов, и вскоре мы нашли идеальную китайскую пижаму из розового шелка. Розовый шелк! Это же мечта куртизанки! В магазине на Сохо я нашла веер из перьев в тон всего за 10 долларов и такого же цвета боа — за 5. Ни дать ни взять — тетушка Мэйм! Наряд мне идеально подошел. Пример куртизанок научил меня не бояться привлекать внимание. В течение всего года на каждое занятие я надевала эту пижаму, выступала в ней на публике и позировала для СМИ. Так совершенно незаметно розовый цвет стал цветом униформы нашей школы. И хотя сегодня для живых выступлений я с удовольствием покупаю дизайнерские вещи — а некоторые дизайнеры даже шьют их специально для меня, и совершенно бесплатно! — я по сей день с благодарностью вспоминаю ту розовую пижаму и частенько надеваю розовые боа на мероприятия, организуемые в школе, — в память о том, с чего все начиналось.

ОНА ПОДНИМАЕТСЯ ВСЕ ВЫШЕ

Куртизанки были не просто содержанками, а настоящими звездами. Выдающимися личностями. Почетными гостьями. Сопровождали королей, императоров, регентов, государственных деятелей. Служили музами художникам, скульпторам и писателям. Были своего рода яркой обложкой людей, о которых писали в газетах, заголовки о них не сходили со страниц модных журналов, их общества искали артисты и писатели. Они были предметом внимания и обожания публики, главными знаменитостями своего времени.

А между тем великими куртизанками не рождались, а становились. Нужно было самой создать и поддерживать имидж. Его составляющими были ум, глубокое знание себя, дерзость, воображение и безграничный запас энергии для включения. Но пожалуй, главным элементом характера была стойкость.

Куртизанкам приходилось прокладывать себе путь из самых низов. У них не было ни благородного происхождения, ни состояния, ни поддержки, ни богатых родственников, на которых можно было положиться, ни других возможностей. А когда знаешь, что у тебя в рукаве всего одна карта, это дает определенное чувство свободы. У бедных женщин не было другого выбора: либо в монастырь, либо в куртизанки. Это открытие потрясло и взволновало меня. Ведь и у меня ничего не было — так что этот путь идеально мне подходил. Мне нравилось осознание, что подобное скромное положение было *преимуществом*. Таким образом у куртизанок появлялся естественный стимул сдвинуть внутреннюю парадигму и превратить свое незавидное положение из поля битвы в площадку для игры.

По мере погружения в их мир я все отчетливее понимала: они смотрели на помехи совершенно иначе, чем мы. Препятствия только сильнее раззадоривали их, делая игру интереснее. Я решила относиться к своему финансовому положению так же. Вместо того чтобы брать со студентов скромную плату, когда я только начинала лекции, я дерзнула и установила весьма дерзкий тариф — с гарантией возврата. И настроилась на то, что результаты будут лучше, чем кто-либо (даже я сама) мог представить. Было страшно и одновременно волнительно — в особенности потому, что сфера коучинга только зарождалась и большинство клиентов не знали, чего ожидать. Но каждый достиг в ходе обучения невероятного прорыва и потрясающих результатов. Возвращать деньги никому не пришлось.

Этот шаг от жертвы к куртизанке стал величайшим прыжком в прошлое, какой я когда-либо совершала. Я слышала о людях, которые стойко выдерживали испытания, — и это само по себе было намного лучше, чем постоянно жаловаться на горести и испытания (последнее было моим наследием). Но извлекать из жизненных неурядиц пользу? Превратить череду непреодолимых препятствий в победный гимн? Встретить даже самое неблагоприятное стечение обстоятельств как дар небесный? Вот это было по-настоящему интересно.

Куртизанки решили найти в своем приключении источник силы и сияния, несмотря на тернистость пути. И мне предстояло научиться этому в ходе воспитания чувственности. Помню, как однажды я жаловалась, что мой партнер слишком грубо ласкает мой клитор. Он перестал это делать, но мой наставник посоветовал пересмотреть свою точку зрения. Включиться и полюбить его ласки, какими бы грубыми они ни казались. Относиться к ним так, будто бы это последние ласки в моей жизни. И тогда я поняла: если стану воспринимать это ощущение по-другому, то начну получать удовольствие. Прежде я не знала, что обладаю подобной силой. Именно ей, как я узнала позже, обладали и куртизанки.

Куртизанка была свято убеждена в собственном совершенстве и в том, что ее жизнь — идеальна. Удовольствие было для нее путеводной звездой, помогавшей не сбиться в пути. Радость — компасом. До того момента, даже пройдя курс по основам чувственности, я и не подозревала, что включение обладает подобной силой.

ВКЛЮЧЕНИЕ — ОСНОВНОЙ ПРИНЦИП ЕЕ ЖИЗНИ

Разумеется, к врожденной способности включаться, присущей куртизанкам, необходимо относиться с равной долей любопытства и смекалки. Куртизанка начинала жизнь с нуля, а во многих случаях и с отрицательных показателей, — и на избранном пути ей предстояло многому научиться. Задачей было скрашивать досуг мужчин из самого высшего общества, а потому она обязана знать застольный этикет и уметь вести светскую беседу. Ей нужно было учиться читать и писать, играть на музыкальных инструментах, уметь поддержать разговор о политике и литературе. А самым потрясающим было то, что им предстояло освоить все эти навыки в то время, когда большинство женщин были лишены свободы и права владеть личной собственностью или распоряжаться деньгами и не имели доступа к образованию. Куртизанкам приходилось сделать совершенно беспрецедентный шаг вперед и вверх, практически без примеров для подражания. В результате они обладали тайным знанием, которое передавалось исключительно между женщинами их ремесла: искусством быть женщиной.

Благодаря ему женщина могла бросить вызов обстоятельствам, стать выше их и создать принципиально новую модель существования. Секретом для достижения было умелое сочетание женских добродетелей — грации, красоты и очарования — с умом и артистизмом, которые только усиливались благодаря ее умению включаться при любых обстоятельствах. Куртизанки заряжались силой чувственного огня, силой жизни. Источником этой силы была киска.

Автор замечательной «Книги куртизанок» (*The Book of the Courtesans*) Сюзан Гриффин пишет о восхитительной скульптуре «Женщина, ужаленная змеей», представленной в музее д'Орсе. Модель, позировавшая для этой работы, Аполлония Сабатье, извивается в экстазе, укушенная змеей (да, это метафора). Знаменитый поэт Чарльз Бодлер, одурманенный ее чарами, написал о Сабатье такие строки:

> *Твои черты, твой смех, твой взор*
> *Прекрасны, как пейзаж прекрасен,*
> *Когда невозмутимо ясен*
> *Весенний голубой простор.*

Своим ярким сиянием Сабатье вскружила голову Бодлеру и пробудила страсть в скульпторе. Когда женщина включена, она на пике силы. Она может остановить мужчину взглядом, малейшим жестом, одним своим присутствием. Куртизанка — это женщина, которая обрела внутренний огонь и связь со своим божественным началом. Включена ли она или нет — это видно по внешнему виду: когда женщина выключается, внутренний свет меркнет, и даже внешняя красота не заменит его. И наоборот: женщинам с совершенно обычной внешностью — какой обладали большинство куртизанок — внутренний огонь освещал путь, словно тысяча свечей.

Включение — как волшебство. Как магический эликсир, благодаря которому куртизанки становились чудесными существами. Чудо это заключалось не только в их облике, но и в умении вновь возвращать к жизни. Утонченная и изысканная, куртизанка была способна вновь пробудить жажду и радость жизни во всех, кто ее окружал. Каждая женщина обладает подобным потенциалом — возвращать смысл жизни самой себе и близким, когда она вновь обретает врожденную силу и свечение. Я знала, что хочу — нет, просто обязана — поделиться этим опытом и знаниями с женщинами, которые придут в «Школу женских искусств».

ОНА ВЫБИРАЕТ КРАСОТУ

Куртизанки любили или, скорее, боготворили красоту. Им нужны были красивые дома, украшения, платья и ощущения. Подобно драгоценности в бархатной коробочке, эти женщины инстинктивно чувствовали, что красота преумножает силу.

Когда-то красота считалась священной. В теперешней культуре она рассматривается как пассивное достоинство — случайный результат хорошей генетики. Но не для куртизанок. Чаще всего они не отличались природной красотой, напротив, создавали ее сами, посредством кропотливого труда, упорства и мастерства.

Я решила, что тоже так смогу. Сама я никогда не считала себя красавицей, но с того момента решила изменить свою точку зрения. А чтобы еще больше укрепиться в решимости, я стала читать о женщинах, которые уже встали на этот путь. Начала наблюдать за иконами стиля, вроде Дианы Вриланд, которая не была классической красавицей, но обладала безупречной осанкой и великолепным чувством стиля. Когда она говорила, от нее невозможно было отвести глаз. Еще я наблюдала за великими актрисами кино 30-х и 40-х годов, поражаясь тому, как Мэй Уэст, будучи уже немолодой и не худенькой, смогла играть бок о бок со сногсшибательными актерами первого плана, причем все они были в нее безнадежно влюблены. Я подражала их неспешной походке, манере оглядывать самих себя в зеркало, довольных отражением. Тому, как они держали осанку или выбранную позу, будто бы ждали, что их заметят.

Я вдохновлялась тем, как итальянская куртизанка Нана медленно и тщательно прихорашивалась перед выходом в свет. Вместе с матерью они несколько месяцев работали над ее образом, втирая в кожу особые кремы, чтобы подчеркнуть изысканную белизну. Волосы были зачесаны поверх широкополой шляпы, чтобы высветлить их на солнце и одновременно защитить светлую кожу. Вслед за ней я начала каждый день принимать ванну, а не просто душ; втирать в тело лосьон, чтобы кожа была мягкой; завела привычку смотреться в зеркало и подмигивать самой себе — это помогало мне чувствовать себя более уверенной. Каждый день я читала вслух новое стихотворение, чтобы вдохновиться.

О да, я сделала выбор в пользу красоты — внутренней и внешней.

Если я всерьез вознамерилась создать этот культурно-провокационный образ, превратиться в Маму Джину и посвятить жизнь тому, чтобы научить женщин включаться, мне нужно приличное здание, где я смогу развивать свою школу и повышать уровень профессионализма. По счастливой случайности мы жили на первом этаже такого здания. Как раз в то время арендаторы с верхних этажей съезжали. Это было идеальное пространство для школы — трехкомнатная квартира, где было место и для новорожденной девочки, и для заведения. Пришлось платить втрое больше обычного, а ведь мы и так едва наскребали каждый месяц. Это было ужасно. Неправильно. Совершенно нелогично. Но я ведь была куртизанкой, а потому спросила себя: как бы она поступила на моем месте? Стала бы действовать практически, дождавшись, пока сможет позволить себе переезд? Да ни за что. Она ловила бы момент. Поэтому мы с Брюсом поскребли по сусекам, выгребли все до единой монетки, добавили пожертвования от близких друзей, щепотку надежды, толику молитвы — и внесли залог.

Изучая традиции древних культов богинь, я узнала, что в качестве святилищ часто использовались пещеры. На входе нередко изображали киску, а бывало, делали сам вход в виде нее. Я решила, что распишу вестибюль школы в виде гигантской вульвы. Моя подруга и ученица Мерил Ранцер вызвалась добровольно выполнить заказ. Светильник в верхней части был выполнен в виде клитора, а стены расписаны потрясающими розовыми, пурпурными, персиковыми и красными оттенками. Поверх краски мы нанесли слой прозрачных блесток, изображающих смазку. Все, кто входил и выходил из здания, получали возможность загадать желание внутри киски (разумеется, человечество знало с незапамятных времен: любое желание, загаданное внутри ее, сбудется).

Едва на стены школы нанесли последний мазок, как газета «Нью-Йорк Таймс» прислала репортера посмотреть, что творится в школе. После статьи школа стремительно понеслась вперед, словно скаковая лошадь на старте в Бельмонте. Мое фото напечатали на передовице раздела «Стиль», а затем посыпались десятки предложений о написании книги. Моя собственная история была живым доказательством: теории куртизанок работают!

ОНА ВОЗВЫШАЕТ САМА СЕБЯ

Я знала где-то глубоко на клеточном уровне: эта школа станет огромной. И пусть тогда в классе было всего 12 женщин, я знала, что наступит день, и их будет сотни, если не тысячи. Я знала: нужно подготовить почву и декорации. Я заметила: все директрисы учебных заведений имеют между собой что-то общее — и это «что-то» был большой портрет ее самой в кабинете. Поэтому решила, что мой портрет станет необходимым шагом к реализации образа директора академии куртизанок.

Одна из моих клиенток, Каролин, была известной портретисткой, мы договорились о бартере: я проведу для нее интенсивный курс, а взамен она напишет мой портрет, который я повешу над камином.

Лишь накануне того дня, когда я должна была позировать, я задумалась, что же надену. Гора мамских джинсов и маек для кормления повергла меня в панику. Я позвонила лучшей подруге Марси, которая тут же поняла намек и объявила: «Мы едем в Bergdorf!» А надо сказать, что в то время я была в некотором роде хиппи, хотя и претендовала на роль директрисы академии куртизанок. Но я никогда прежде не слышала о Bergdorf Goodman и не знала, что это был один из самых дорогих бутиков Нью-Йорка. На другое утро Марси ввела меня в его роскошные залы. Никогда в жизни я не видела ничего прекраснее этой шкатулки с драгоценностями. Каждый предмет был идеально подобран и идеально представлен на витрине. Само здание было великолепно — мрамор и хрустальные люстры. Атмосфера в точности такая, какую я искала в церкви, — внушавшая священный трепет и благоговение. Если бы за вход нужно было платить, я бы с радостью это сделала. Марси отыскала консультанта, которая немедленно отвела меня в примерочную и стала приносить вещи для примерки. Марси отмахнулась от штанов и блузок, попросив принести вечерние платья. Тогда консультант снова исчезла и вернулась с платьем Mary McFadden — прекраснее я в жизни не видела. Лиф был выполнен из золота, перьев и пены, клюквы и серебра, с глубоким вырезом. Нижняя часть была отделана шелком Fortuny, в изысканном сочетании с перьями и морской пеной зеленого цвета. Алхимия пришла в действие в тот момент, когда я застегнула молнию. Поглядев в зеркало, я вдруг отчетливо увидела Маму Джину. Я была ей и видела творение рук своих: я сама была этим творением.

А потом увидела ценник.

Внезапно меня бросило в пот, в жар, закружилась голова. Я почувствовала, как из примерочной исчез весь кислород. Это платье было билетом в мир моих грез и желаний, пропуском к тому, чем я хотела стать.

И стоило 6000 долларов.

А мы с Брюсом наскребали на аренду.

Едва консультант вышла из примерочной, как Марси рассказала, как поступают богатые женщины. Оказалось, они покупают платья, носят вместе с ценником, а на следующий день возвращают. По ее словам, это вполне устоявшаяся практика, и мне не следовало стесняться и испытывать неловкость. Можно надеть его сегодня вечером для портрета, а завтра вернуть в магазин.

Все равно что взять редкую и ценную книгу в библиотеке, а не купить в магазине. Ужас не покинул меня, но стало полегче. Я должна была сиять во что бы то ни стало, а это платье делало меня новым человеком. Нет больше робкой и замкнутой Реджины — в этом платье я превратилась в легендарную Маму Джину. Я позвонила Брюсу объяснить причину странных перемещений средств на двух кредитных картах (на них было так мало денег, что пришлось разделить расходы). К моему удивлению, Брюс отреагировал не так уж плохо. Я судорожно сжала платье ценой в 6000 долларов и понесла его через все нью-йоркское метро, к студии художницы. Весь этот бесконечный вечер я просидела неподвижно, пока Каролина молча писала мой портрет, но в голове роились мысли. Улыбнуться? Или принять импозантный вид? Как выглядеть красивой, когда я совершенно не уверена в будущем? Ответов на вопросы я не знала. Шли часы. Она все рисовала. Я подложила бумажные платочки в подмышки, чтобы платье не пропиталось потом. В конце этого бесконечно долгого дня она наконец пригласила меня по ту сторону мольберта, чтобы показать портрет. Я ожидала увидеть буйство красок — зеленого, цвета морской волны, синего, блесток...

Но вместо этого увидела лишь контуры своего лица и зеленовато-синие глаза.

Оказалось, она даже не начала выписывать платье. Я и подумать не могла, что для портрета понадобится позировать дольше одного вечера. На следующий день Каролина уезжала в Испанию, следующая встреча должна была состояться не раньше, чем через две недели. Не успела я запаниковать, как снова раздался звонок от Брюса. Он хорошенько подумал и решил, что если мне так нравится платье, мы его оставим. Он понятия не имел, чем за него платить, но хотел, чтобы я взяла его.

Это был романтичный, но безрассудный жест. А ведь эксперимент и заключался в том, чтобы во всем руководствоваться собственными желаниями. С другой стороны, как я могла согласиться на подобное? И позвонила Пьеру, чтобы попросить совета.

— Реджина, ты никуда не отдашь платье, — немедленно заявил он. — Пусть оно станет частью тебя. Сейчас пойдешь и купишь к нему туфли, серьги, ожерелье и красивое белье. В следующий раз, когда нужно будет позировать, вызовешь такси до центра города, сядешь в него в этом платье. И должна будешь научиться входить и выходить из машины в вечернем платье. Пусть оно научит тебя быть Мамой Джиной. Пусть поможет войти в твой новый образ.

Я знала, что он прав. Как хорошая куртизанка, нужно выглядеть эффектно, чтобы обеспечить себе более высокое место в этом мире.

Нужно выглядеть эффектно, чтобы обеспечить себе более высокое место в этом мире.

И как многие куртизанки, о которых я читала, я собиралась откусить больше, чем могла прожевать. Ежемесячная аренда помещения, 6000 долларов за платье, предварительные расходы... Я едва не утонула. Кредитную карту временно заблокировали. Несколько лет я жила по графику платежей, пока не выплатила всю задолженность с процентами. Но те возможности, что открылись, с лихвой оправдали этот прыжок с обрыва без страховки. Как я и мечтала, через несколько лет школа прославилась, превратившись в предприятие с многомиллионным оборотом. В этом-то и состоит чудесная сила женщины, которая поднимается ввысь, несмотря ни на что. Когда мы боремся за идеалы своей божественной сущности, возводя их превыше навязываемых нам ценностей мировой патриархальной культуры, то вновь обретаем смысл жизни. Подобная перемена произошла не только со мной, но с тысячами женщин, прошедших через ШЖИ. Глоток вдохновения всегда стоит потраченных денег.

ОНА УМЕЕТ ЭПАТИРОВАТЬ

Чем больше я читала о куртизанках, тем отчетливее понимала: они по-настоящему устанавливали собственные правила. В те времена, когда большинство женщин вынуждены были, словно рабыни, подстраиваться под нормы общества, куртизанки проявили истинную находчивость и талант. Ведь женщины того времени обладали гораздо меньшей свободой, чем мы сейчас, и уж точно никогда не были финансово независимы, обеспечением всегда занимались мужья и отцы. Женщина не могла ни владеть имуществом, ни приобретать что-либо свое. У нее не было возможности учиться. Единственным предназначением было привлечь мужа, главным активом — зависимость.

Куртизанки же имели власть, были независимы и образованны. У них было право владеть собственностью и распоряжаться собственными деньгами (неудивительно, что именно их пример вдохновил более поздние движения борцов за права женщин). Учитывая культурный контекст, их поведение было поистине дерзким и шокирующим.

Одна из моих любимых историй — о двух парижанках: Каролине Отеро (или Каролине Прекрасной) и Лиане де Пужи. Они по-дружески соперничали, соревнуясь в силе, красоте и благосостоянии. Когда две красавицы появлялись в обществе, между ними шла негласная конкуренция за первенство.

Важно понимать: когда обворожительная куртизанка выходила в свет, движение замирало. Все хотели посмотреть, что на ней надето. Она в своей коляске, запряженной лошадьми, в изысканном платье и богатых украшениях представляла великолепное зрелище.

Парижская опера Пале Гарнье была для них излюбленным местом, ведь там, как нигде больше, они могли блеснуть красотой. Ко входу вела величественная лестница, переходящая в не менее великолепную залу и террасу с видом на город. Для воздыхателей были предусмотрены отдельные кабинки с дверцами, где можно было уединиться среди толпы зрителей, пришедших посмотреть оперу или балет.

В тот знаменательный вечер Отеро — с ног до головы в бриллиантах, рубинах, сапфирах и изумрудах, инкрустированных в тиары, ожерелья, серьги, браслеты на руках и ногах, а также кольцах на каждом пальце — произвела настоящий фурор. Де Пужи вошла вслед за ней и была сама сдержанность — с простым бриллиантовым ожерельем. Однако незаметно для соперницы следом вошла служанка, неся поднос с красной бархатной подушечкой, а на ней — огромную груду сверкающих драгоценностей. Она притворно унизилась в глазах соперницы, но по пятам шло все ее несметное богатство. Оцените остроумие, чувство юмора, умение смеяться над собой, легкость! Никогда в жизни мне не доводилось видеть подобный пример среди женщин моего времени. Это был не просто эпатаж ради эпатажа — проявление тонкости ума и дерзости, достойных восхищения. Это была дань почтения всем женщинам, на каждой ступени социальной лестницы Парижа.

Подобное дерзкое и вызывающее поведение — побочный эффект гармонии женщины с собственной чувственностью. Хозяйка киски становится хозяйкой собственной судьбы. А когда ты сам себе хозяин, можно рискнуть: быть веселой и изобретательной. Чего не скажешь о женщинах в современном мире! Сердце разрывается от того, как мало у нас пространства для фантазии и игр. Мы всегда готовы осудить и раскритиковать сами себя, кажемся сами себе неправильными *только оттого, что являемся женщинами*. Мы вынуждены сносить нападки и унижения за малейшее несоответствие мужским стандартам. Куртизанкам удалось пробить брешь в этой стене, с гордостью и достоинством заявив о собственной женской природе. Но это удалось им в первую очередь потому, что они почувствовали соответствующее желание в обществе. Их потребности, вызывающее поведение, великолепие и умение добиваться желаемого помогли им стать тем, кем они были, — и сделали их неотразимыми в глазах мужчин.

Домашнее задание:
Отработайте умение эпатировать

Пример куртизанок — это вызов каждой из нас и приглашение к более дерзкому и смелому поведению и образу жизни. Эпатаж для женщины, как кислород. Чтобы отдать дань почтения наследию, я стараюсь на каждом живом выступлении перещеголять саму себя в экстравагантности. В прошлом году я открыла программу выходного дня в Майами въездом на белой лошади в марокканском седле. В «Школе женских искусств», на занятиях выходного дня, меня на плечах, в паланкине, вносят несколько сексуальных мужчин. А иногда я подражаю любимой рок-звезде, исполняя какой-нибудь хит. Чем задорнее — тем лучше.

А на что вы готовы сегодня, чтобы дерзко и уверенно заявить о себе? Надеть все ожерелья из шкатулки, а не только одно? Отправиться на работу в лучшем платье и туфлях? Или украдкой надеть самое соблазнительное белье под рабочую одежду?

На наших занятиях по Мастерству мы делаем одно упражнение, в рамках которого каждая женщина должна отправиться в самый дорогой магазин в своем районе и примерить самые экстравагантные наряды. Это может быть шуба, какое-нибудь сногсшибательное белье, кольцо с бриллиантом за $400 000 или платье за $6000. Смысл упражнения не что-то купить, а почувствовать, от каких вещей вы вспыхиваете ярким светом. Самое главное — понять, что помогает включиться и пробуждает желание эпатировать. Почему бы не попробовать сегодня?

УДОВОЛЬСТВИЕ ДЛЯ НЕЕ — КАК КОМПАС

Я часто устраивала студенткам совместную поездку в Париж. Мы отправляемся туда, чтобы соприкоснуться с родиной куртизанок. Я прочла столько историй, какую роль в их жизни сыграл театр Пале Гарнье, поэтому непременно хотела, чтобы все мои продвинутые студентки прошли по его великолепной лестнице.

Когда я в первый раз ступила на порог здания, у меня перехватило дыхание от красоты. Словно куртизанки открыли волшебный портал сквозь время и приветствовали меня на своем бессмертном игровом поле. Ошеломленная, я поднялась по элегантной изогнутой лестнице. Всюду, куда хватало глаз, стояли великолепные скульптуры в изысканных альковах. Второй этаж был еще красивее, чем первый. Меня ослепил блеск золотых люстр, причудливых резных колонн, огромный камин, масштабная фреска на потолке с весьма чувственным сюжетом. Я почти что слышала, как шелестят пышные юбки платья, пока я медленно и величаво шествую по залу. Это место создано, чтобы пробуждать в женщине самый утонченный аспект ее естества: внутреннее сияние.

На втором этаже я увидела десятки узких деревянных дверей, ведущих в частные ложи. Мне отчаянно захотелось попасть в такую — потрогать мягкие стулья, обитые красным бархатом, увидеть оперный зал изнутри. К несчастью, в тот день он был закрыт для посетителей, потому что шла репетиция балета.

Я ощутила внутри странную решимость: я должна увидеть оперный зал! Настоящую куртизанку не остановит какое-то там правило! Я сгорала от желания. В поисках входа мы с подругой Барб заметили двух молодых охранников на балконе. На весьма ломаном французском я объяснила, что нам очень хотелось бы хоть на секундочку пробраться в частную ложу и посмотреть оперный зал. Сначала они ответили *non*, но мы не отступали, пустив в ход все чары.

— Не будете ли вы так любезны, *s'il vous plaît? Juste un petit moment?*[1]

Они посмотрели на нас, потом переглянулись, заговорщицки улыбнулись, и один велел зайти через пять минут.

Oui! Très bien![2]

Спустя пять минут эти два охранника — внезапно показавшиеся еще моложе и красивее — пригласили нас пройти за одну из узеньких деревянных дверей. И вот мы оказались в роскошной ложе, откуда была видна сцена. Зачарованные, смотрели мы, как по ней порхали десятки танцоров, репетируя вечерний спектакль. Эту

---

[1] Пожалуйста, на минуточку? (*фр.*)

[2] Да, очень хорошо! (*фр.*)

сцену увековечил на своем полотне Дега, тот самый спектакль, премьеру которого посещали герцоги, герцогини и короли. Но, как я уже знала из своего исследования, тайными звездами сцены, написанной Дега, были куртизанки.

Должно быть, во мне и в самом деле было что-то от куртизанки, потому что, к моему удивлению, один из охранников проводил меня к закрытой части ложи. Там он взял мое лицо в ладони и поцеловал — сначала нежно, затем глубже. Потом он прижался ко мне, и я ощутила бедром его твердый член. В момент страсти он прислонил меня к стене, нечаянно задев выключатель и осветив кабинку. От включенного света активировалась сигнализация, переполошив всех вокруг. Танцоры на сцене замерли, а ребята и мы с Барб выскочили из частной ложи. Оказавшись в центре толпы немецких туристов, мы осторожно юркнули в магазин подарков. А знаете, что самое интересное? Два героя каким-то образом нашли нас на улице, проследили за нами и упросили выпить с ними чего-нибудь.

Оба годились мне в сыновья. Но какая разница? Ведь я была окутана волшебной пылью куртизанок, а когда они следуют за своим желанием, они вечно молоды и соблазнительны.

ФЛИРТ ДЛЯ НЕЕ — ДУХОВНАЯ ПРАКТИКА

Моя любимая история из книги Сюзан Гриффин — о куртизанке по имени Женевьева Лантельм, фаворитке медийного магната Альфреда Эдвардса. Его жена, Мися Серт, по понятным причинам чрезмерно ревновала супруга к любовнице. Однажды даже пришла к Женевьеве, чтобы попросить ее прекратить встречи. Но и она не устояла: после того как дворецкий проверил Мисю на наличие оружия, Женевьева околдовала ее своими чарами и гостеприимством. Сначала спросила, может ли чем-то помочь. Застигнутая врасплох, женщина что-то пробормотала про мужа. Куртизанка заверила, что на самом деле он ее не интересует, и сделала предложение. «Дорогая, — сказала она, — вы можете забрать его на трех условиях. Я хочу жемчужное ожерелье, что на вас, один миллион франков — и вас».

Мися тут же сняла ожерелье и протянула его, заявив, что миллион франков прибудет к Женевьеве в дом через несколько дней. В тот момент, когда женщина вернулась в отель, ее ждал конверт. Там было ожерелье и записка на ярко-розовой бумаге: «Я решила забыть о деньгах и вернуть ожерелье, — писала Женевьева. — Остается только третье условие: вы».

О, как я люблю эту историю! Это идеальная иллюстрация преображающей силы флирта. Ревность между женой и любовницей чаще всего сопровождается гневом, горечью и желанием отомстить. Должно быть, обе испытывали весьма сильные эмоции. Вообразите степень отчаяния и храбрости Миси, решившейся прийти домой к любовнице собственного мужа! И одновременно представьте Женевьеву, изо всех сил старающуюся сохранить трезвый рассудок и одновременно занять место жены!

Эта встреча для обеих могла бы окончиться плачевно, если бы не остроумный и сильный ход Женевьевы. Бросая вызов, она убивала одним махом нескольких зайцев. С одной стороны, предлагала сестринское сотрудничество, одновременно пуская в ход великолепные чары включения посредством места их встречи. Сотрудничество, основанное на чувствах и уважении, вместо конкуренции, — подобная модель отношений между женщинами внутри патриархальной культуры была практически беспрецедентной. В тот момент Женевьева повела себя с Мисей не как с низшей по положению женщиной, пришедшей с просьбой оставить ее на своем месте, но как с равной. Вызывающим предложением показала, что считает Мисю способной получить все, что пожелает. Если бы в то время женщины могли бросить перчатку и вызвать соперника на поединок в остроумии, Женевьева одержала бы блестящую победу. Мися, в свою очередь, могла бы превратиться из проигравшей в игрока. Для этого всего-то нужно было последовать примеру Женевьевы: повернуть внутренний рычаг и просто *включиться*.

На тот момент это был вопрос желания: кто из них больше хотел Альфреда. Или им достаточно было бы его делить? Одно точно: победила бы та, чья киска горячее. Так всегда и бывает.

Флирт — это не только развлечение, но и весьма эффективная с духовной точки зрения стратегия. Когда женщина флиртует, она на пике силы. Ничто не может сбить ее с пути. Она пребывает в состоянии столь яркого сияния, что может сама делать жизнь разнообразной и интересной, используя подручные средства. Когда мы флиртуем, всё и все вокруг внезапно кажутся идеальными. Однако большую часть времени никто этим не занимается. Мы делим мир на правильное и неправильное — подобную модель существования предлагает мировая патриархальная культура. Однако в состоянии флирта жизнь кажется женщине возможностью для расширения собственного влияния. Жизнь — это игра, где нет победителей или проигравших, лишь разные ощущения, каждое из которых основано на глубочайшей истине — желании. А волшебный эликсир, служащий горючим флирту, — собственная активированная энергия.

Склонность к флирту заложена в самом женском ДНК. Да-да, именно так: вы рождены для этого. Это один из даров, которые мы получаем вместе с 8000 нервных окончаний, предназначенных для удовольствия. Неужели вам никогда не случалось попасть во власть очарования маленькой девочки в коляске, стоя в очереди в супермаркете? А кто не терял голову при виде чьего-нибудь

Когда женщина флиртует, она на пике силы. Ничто не может сбить ее с пути.

щенка? Флирт — не что иное как *наслаждение самим собой*. Так, словно весь мир — игровая площадка, будто мы дети на карнавале. У флирта нет цели. С ее появлением он превращается в соблазнение, и тогда это работа, тогда это ремесло. Но когда нет цели, мы всецело находимся во власти собственных желаний, не будучи при этом связаны обязательствами. А так уж вышло, что это лучший (и единственный) способ получить желаемое. Внезапно мы чувствуем себя свободными и наслаждаемся даром быть женщинами.

Я была одержима флиртом и чувствовала, что это — моя сверхспособность. Вскоре после выхода статьи в газете «Таймс» меня пригласили на шоу «Поздний вечер с Конаном О'Брайаном». Я решила, что единственный способ держаться спокойно в этой ситуации — флиртовать с того момента, как переступлю порог студии, и до конца. Я знала, что ощущение удовольствия — единственное лекарство для успокоения нервов. И еще знала: в тот самый момент, как я начну флиртовать, я стану суперзвездой.

А еще знала, что очень хочу стать их постоянным гостем, я жаждала этого всеми фибрами души.

Прислали служебную машину, что мне безумно понравилось, отвели собственную комнату для переодевания, где кроме прочего были закуски, напитки и подарки. Репетиции не было — лишь последнее напутствие продюсера, который посоветовал не отклоняться от тем, которые мы договорились затронуть, и *никогда и ни за что* не спрашивать Конана о его личной жизни.

Я танцевала под живую музыку — за кулисами. Подмигнув парню, раздвигавшему занавес, я прошла на сцену в своем взятом напрокат платье и новеньких совершенно шикарных балетках от Prada. Я флиртовала и вовсю веселилась с Конаном. И в самый подходящий момент разыграла самую дерзкую карту — ту самую, которая всегда была ключом к успеху куртизанки: я нарушила главное правило Конана — спросила его не только *о личной, но и об интимной жизни.* Разумеется — ведь я была настолько возбуждена, — вопрос вызвал всеобщий смех. Смеялись все — даже Конан. Этот дерзкий поступок позволил стать соучастницей и игроком, а не очередным ребенком из многоквартирного дома.

В следующие годы мое желание осуществилось. Шесть раз меня приглашали на шоу — неслыханно! Большинство знаменитостей приглашают раз в год, перед запуском нового проекта. Меня же пригласили просто потому, что Конану было приятно мое общество.

Изучение традиций куртизанок пригодилось!

ОНА НИКОГДА И НИ ЗА ЧТО НЕ ОТСТУПАЕТСЯ ОТ СВОЕГО ЖЕЛАНИЯ

Быть может, самая важная вещь, которой я научилась у куртизанок, — никогда и ни за что не отступать от своих желаний. И стала замечать, что у желаний — свой жизненный цикл, и очень важно соблюдать сроки исполнения самых сокровенных. Ведь пунктуальность — наше все. А у куртизанок чувство времени было в крови. Наглядный пример тому — Коко Шанель. Она тоже была ею. Коко родилась в 1883 году в бедной семье. Благодаря вниманию и поддержке богатого покровителя, Этьена Бальзана, перед ней распахнулись все двери. Став его любовницей, она познала роскошь и новые возможности. Будучи независимой и талантливой, открыла шляпную мастерскую и начала создавать собственные модели головных уборов.

Спустя несколько лет она встретила любовь всей своей жизни — Артура Кейпела. Он помог ей открыть собственный модный бутик в Париже. Результатом выбора Шанель в пользу свободы и творческого самовыражения, а также непревзойденного чувства стиля, стало освобождение женщин от удушающих корсетов. Удивительное чувство времени! Она обратилась к обществу, и мир женской моды откликнулся, — это продолжается по сей день. Сила желания Шанель была столь мощной, что отличительные черты ее стиля — нитка жемчуга, стеганая сумка, маленькое черное платье — по сей день невероятно популярны среди модниц. На заре карьеры Шанель просто делала шляпы. На то, чтобы найти собственную нишу и основать сверхуспешный бренд с мировым именем, ушли годы. Вначале она просто использовала приобретенные в юности навыки швеи — и не остановилась, пока не стала самым успешным предпринимателем в мире.

В тот момент я начала замечать — а в конце концов и твердо уверовала, что Верховная Киска на Небесах взяла меня под свое крыло. Она решила объединиться со мной и другими женщинами, чтобы помочь осуществить мечты. Моя миссия состояла в том, чтобы помочь раскрыть их, помочь разгореться их пламени и приложить все усилия не давать им отвлекаться от намеченной цели и достичь ее посредством своих созидательных способностей — или магии.

Никогда и ни за что не отступать от задуманного — одновременно самое простое и самое сложное из правил куртизанок. Простое — потому что нужно просто поставить перед собой цель и насладиться мыслью о ней, как бы долог ни был путь к достижению. Вам приятно от желания, и это чувство вытесняет из головы неприятное осознание, что вы еще не добились своего. Вас будоражит сама мысль о нем, что, в свою очередь, генерирует мощный энергетический вихрь притяжения. Все вокруг начинает работать на осуществление этой задумки. Остановить вихрь можно лишь через недовольство тем фактом, что у вас до сих пор нет желаемого, или сомнением, что оно когда-нибудь будет. Поддаться последним — значит залить водой огонь желания.

Сложность же состоит в том, что, раскрываясь навстречу желаниям, мы принимаем и необходимость полностью измениться и перестроиться. Желание — это некое промежуточное пространство между вами и чем-то большим. Каждая женщина — легенда, ларец, чья крышка плотно закрыта. Но жить полной жизнью под закрытой нельзя. Легенду нужно воплощать в жизнь — только так можно способствовать эволюции мира.

Живя по заранее написанному сценарию, мы никогда не реализуемся в полной мере. Только прислушавшись к собственным желаниям и осуществив их, следуя им, словно дорожной карте, женщина сможет реализовать свои уникальные, феноменальные таланты. Каждая из нас — неповторимый голос, который должен услышать мир. А ключ к раскрытию индивидуального таланта — верность цели и готовность отстаивать всеми фибрами души значимость и важность ваших желаний. Все, что вы хотите, важно и имеет глубокое значение не только для вас, но для всех. Все мы ощущаем на себе мощное воздействие лучезарной силы женского желания, когда одинаково страшно сдаться и сделаться выше. Намного страшнее, чем оставаться в привычной маленькой скорлупе. Это как захватывающее приключение, когда пускаешь коня галопом через пустыню неизвестности, навстречу исполнению желаний. Но вместе с тем нет более действенного способа вновь почувствовать себя живой.

В процессе развода с Брюсом я решила, что верну ему и подаренное во время предложения кольцо. Адвокат, который мне помогал, был не согласен: он знал, что у меня нет денег, а за него можно было легко выручить несколько тысяч долларов. Но я была неумолима. Вложив кольцо ему в руку, я твердо заявила, что намерена вернуть его Брюсу, тем самым освободив в своей жизни место для настоящей, легендарной любви. Мне хотелось, чтобы это место занял мужчина, способный увидеть мою истинную суть, полюбить со всеми достоинствами и недостатками, чтобы именно он надел мне кольцо на палец. Просто знала: если сохраню кольцо, никогда не смогу в полной мере раскрыться навстречу настоящему чуду.

Тогда я еще не понимала, что, даже став куртизанкой — и поклявшись не предавать своих желаний, — я не смогу дать стопроцентной гарантии счастливого конца. Желания живут своей жизнью, иногда нужно пройти через полное саморазрушение, чтобы затем вновь собрать себя по кусочкам и идти к намеченной цели. Я и в самом деле расчистила пространство для легендарной любви, а вместе с тем — и для самых раздирающих и переворачивающих душу ощущений, которые мне когда-либо приходилось переживать и которые до того момента я не могла даже представить. Я освободила место для опустошающего, переломного состояния, через которое должна пройти каждая женщина, чтобы затем стать такой, какой всегда мечтала.

6

Разлом

Вольна не верить всем, пытаться
Ложь с истиной смешать в одно,
Но можешь ты не сомневаться
В том, что и мне любить дано.

Из письма Гамлета к Офелии

Реализация собственных желаний — приключение, не имеющее равных. Здесь нет ни ремней безопасности, ни страховочных сетей. Давая клятву во что бы то ни стало осуществить задуманное, вы словно сами просите об этом, хватаете за руку Верховную Киску на Небесах и просите ее *разрушить вас до основания. Сделать вас иной.* Просите *разбить на осколки* текущую версию себя, чтобы затем *собрать заново* и стать той, кем вам суждено стать от рождения. Это часть жизненного цикла, который подразумевается самой женской природой. Как сменяют друг друга времена года — за зимой всегда приходит весна, солнце сменяется луной, а свет — тьмой, — так меняются и женские тело и душа. Каждой из нас темная ночь в душе нужна не меньше, чем яркий свет.

Это явление я называю одним словом: «разлом».

Слово это имеет тот же корень, что и «сломленный», «ломаться», «ломка» — и именно так мы чувствуем себя в этот момент. Он может произойти в результате опустошающей потери — развода, смерти любимого человека, увольнения; или же какой-либо катастрофы — войны, пожара, изнасилования, наводнения, тяжелой болезни. Как ни странно, иногда нас ломают и приятные, чудесные события, в результате которых в нашей жизни воцаряется хаос, — например, рождение близнецов, повышение по службе, получение важной роли в спектакле на Бродвее.

Разлом — естественный этап жизни и логичное последствие исполнения желаний. Ведь получив то, что мы хотели, приходится попрощаться с тем, что имели. Даже если это «что-то» нам не нравилось, мы привыкли. Скажем, вы жаждете новых отношений. Когда

Как ни странно, иногда нас ломают и приятные, чудесные события, в результате которых в нашей жизни воцаряется хаос.

вы наконец кого-то встречаете и влюбляетесь, одинокой жизни приходит конец. Но один лишь факт осуществления желания — вовсе не гарантия ничем не замутненной радости. Вместе с ней есть ощущение потери, глядя на то, как привычная жизнь уходит в прошлое. Чтобы идти дальше в роли счастливой половинки счастливой пары, нужно хоть недолго оплакать прежнюю одинокую жизнь. Но в мире, где властвует патриархальная культура,

мы, женщины, утратили способность переживать перелом. Всю жизнь стараемся выглядеть хорошо, не проявлять сильных эмоций, изо всех сил сохранять целостность того, что имеем, несмотря на то что мир грозил в любой момент разрушить это и разбить на кусочки. Мы не хотим никому показывать свою темную сторону, не хотим, чтобы кто-то знал, какая буря бушует у нас в душе. Мы свято верим, что страсть — это плохо и неправильно, что наши сильные эмоции только расстроят окружающих. И потому пытаемся скрыть чувства, не дать им вырваться на волю. Как следствие, не умеем по-настоящему доверять собственным эмоциям и боимся рискнуть и осуществить самые сокровенные желания. Мы предпочитаем зону комфорта: жить так, как диктует мировая патриархальная культура, вместо того чтобы рискнуть и стать прекрасными, созданными из сырого мяса и свежей крови, способными испытывать похоть, жажду жизни и настоящие, неподдельные эмоции.

Сама я прошла через очень резкий перелом.

Ибо — и это неудивительно, учитывая все вышесказанное, — желание было весьма мощным.

Я хотела не что иное, как легендарную любовь.

Не просто какую-нибудь посредственную ванильную историю — но настоящую легенду.

У меня были ребенок, роскошный особняк в Нью-Йорке. Я была Главной куртизанкой «Школы женских искусств». У меня было все, о чем только может мечтать женщина. Не считая развода с Брюсом и страстного желания *любить по-настоящему*. Больше мне ничего не было нужно. Легендарная любовь. Я мечтала о ней много лет — ведь в браке никогда не испытывала ощущения истинного единения.

Мне казалось, что я способна на все, лишь бы достичь задуманного. Тогда я еще не знала, что желание приведет меня к мощнейшему разлому в жизни.

ЛЕГЕНДАРНАЯ ЛЮБОВЬ

Некоторых людей просто встречаешь на своем пути, других посылает тебе сама Судьба. Таким стал для меня доктор Тиитус Зигмар.

Впервые я заметила его на открытии выставки. Тогда я была замужем, а моя дочь — совсем еще младенцем. С первого взгляда я поняла, что передо мной — величайший человек из всех, кого я когда-либо встречала. Он был коллекционером произведений искусства, меценатом, венчурным инвестором, гением и важнейшим игроком на мировой арене. Поэтому для меня стало огромной неожиданностью то, что его заинтересовала моя деятельность. Похоже, и я сама, и моя совсем еще неоперившаяся ШЖИ казались ему по-настоящему важными. Тогда я не чувствовала себя *настолько* значимой, но втайне надеялась, что он окажется прав.

Следующие несколько лет Тиитус не раз приглашал меня на разные благотворительные мероприятия, ужины и так далее. Всякий раз при моем появлении его лицо озарялось. И хотя тогда наши отношения не были близки, он мог подхватить меня и закружить, словно маленькую фею. Я была в совершеннейшем восторге как от него, так и от его умения жить на широкую ногу. Он обладал сознанием европейского человека, бесстрашно ориентировался в мире инвестиций и экономики. При этом речь и движения были неспешными и сдержанными. Он состоял в комиссиях нескольких музеев, был щедрым покровителем искусств, будто король, и сам был неизменно окутан ореолом экстравагантной красоты. Его лофт площадью более 3000 квадратных метров был заполнен бесчисленными произведениями искусства. Коллекция столь обширная, что ему приходилось менять произведения каждые полгода, чтобы успеть полюбоваться каждым из них. Он приглашал меня на званые ужины для 40 приглашенных, каждый из которых, казалось, был лауреатом Нобелевской или Пулитцеровской премии.

Даже внешне он был огромен: рост 183 сантиметра, крепкий, с большими синими глазами. Но в этом теле жила нежная и ранимая душа. За этим великим человеком я немедленно разглядела маленького одинокого мальчика и почувствовала жгучее желание его защитить.

И в то же время он пугал меня — такой успешный и состоявшийся, такой потрясающий.

После расставания с Брюсом Тиитус был первым мужчиной, пригласившим меня на свидание. Теперь я была свободной, и чувства обострились до предела. Никогда прежде я не думала о нем в подобном ключе. Он всегда казался мне Великим человеком. Слишком прекрасным, совершенным, чтобы я могла хотя бы представить его своим любовником или молодым человеком. Но когда он позвонил, в душе будто бы заиграли скрипки.

Моя *прекрасная дама* вышла на свидание с этим человеком. Она могла позволить убрать руку с руля и позволить другому вести себя. Эта дама была ухоженной, причесанной и щедрой к другим людям. Все это я почувствовала, услышав его голос. Он разглядел во мне то, чего до него не видел ни один мужчина.

Ужин с Тиитусом был настоящим приключением. Вкусную еду и хорошее вино он ценил не меньше великих произведений искусства. Деньги расходовал с умом. Мы пили «Домен де ля Романе-Конти Монтраше Гран Крю» под закуски и «Шато Марго» — под главное блюдо. По окончании ужина за нами приехали два лимузина — один за мной, другой за ним, — и меня доставили домой целой и невредимой. Так сексуально!

Мы жили в разных мирах: он уже стоял на вершине лестницы, а я только карабкалась наверх. Спустя месяц после первого свидания он спросил, не нужны ли мне ключи от его особняка в Саутгемптоне, чтобы приехать на выходные. От одного этого предложения у меня перехватило дух. Тогда я еще не вполне оправилась после развода, случившегося год назад, и с трудом вставала на ноги. Он знал, что я мать-одиночка, но понятия не имел об испытываемых мною финансовых трудностях. Я была не просто сломленной. Когда мы с Брюсом были еще женаты, я совершенно не разбиралась в вопросах денег и подумать не могла, что мы не платим налоги. После расставания я получила полную опеку над дочерью — и стала единственным обеспечителем долга размером в $250 000. Я твердо решила выплатить все до последнего пенни, а также обеспечить дочери поддержку и безбедную жизнь. Тогда я понятия не имела как — знала только, что обязательно найду способ.

Двухдневная передышка была как раз тем, в чем я нуждалась, к тому же я никогда не была в Саутгемптоне. Я не знала, как он прекрасен, роскошен, великолепен — и как дорого там жить. Дом Тиитуса, который он арендовал у фонда Роя Лихтенштейна, был великолепным особняком, занимавшим участок в несколько гектаров огороженной частной территории с потрясающим видом, бассейном и собственным выходом на пляж. Я и представить не могла настолько величественное и роскошное место.

Гуляя вокруг этого потрясающего дома, я невольно обнаружила его музыкальную коллекцию. Я заметила, что почти все произведения в собрании были трагическими: Эдит Пиаф, Билли Холидей, итальянская опера. Интересно, почему этот великий человек слушает только душераздирающую музыку? Ведь подобная коллекция — это отражение души. В тот момент он открылся мне в новом свете. В нем сочетались величие, возвышенная печаль, роскошь, щедрость и умение давать свободу действий.

В детстве у меня была коробка с самодельными куклами, и я любила играть с ними под кроватью. В своем воображении я отправляла их в захватывающие приключения, спасала от смертельных опасностей, пробуждала от волшебного сна, следила за их королевскими путешествиями. После знакомства с Тиитусом и разговора с ним я вновь достала эту коробку. Он сказал, что наши детские игры — это тоже искусство. Я была тронута и потрясена тем, как легко ему удалось убедить меня в ценности и священности этой коробки. Открыв ее, я с удивлением обнаружила, что каждая кукла похожа на какого-то моего знакомого из реальной жизни. Там были и мой бывший муж, и моя дочь, и несколько близких друзей... и сам Тиитус. Я поняла, что те игры воображения в детстве вовсе не были играми. Это были желания, которые теперь начали сбываться. Я восприняла это как знак от Верховной Киски на Небесах. Быть может, то, что я обнаружила Тиитуса в коробке старых игрушек, было знаком, что он станет моим суженым — моей легендарной любовью.

Когда я вошла в его дом, познала щедрость, оказалась в постели, поставила свою зубную щетку в один стакан с его, то ощутила, как вся заполняюсь одним-единственным словом: «да».

Да — Тиитусу. Да — его дому. Да — этому человеку, этому приключению. Да — его музыкальной коллекции, да — Саутгемптону, да — его робкой улыбке, да — любви к нему, которую я уже чувствовала. Да — он будет моим. Да — он уже мой. Я чувствовала, что это Верховная Киска на Небесах дает мне шанс познать то, о чем я так долго мечтала: легендарную любовь с великим человеком.

Когда я была подростком, у нас была домработница Вилма, которая меня и вырастила. Она рассказывала мне о своей жизни в Вирджинии, где с восьми лет собирала табак на плантациях. Еще рассказывала, как ее мужа увела женщина, которая добавила ему в еду несколько капелек своей менструальной крови. Эта история долго не давала мне покоя, а с тех пор, как я узнала о силе киски, и вовсе завладела моими мыслями. Это была история о величайшей силе, у которой лучше не становиться на пути.

Я решила, что нужно действовать, и призвала на помощь силу киски — и всю память предков, от Древнего Египта до Вирджинии XX века, — чтобы торжественно заявить о своих правах. Я обошла весь дом Тиитуса и капнула каплю сока из своей киски на все, что находилось на его территории — вплоть до зубной щетки. К концу этих выходных я больше не была гостьей, а стала полноправной хозяйкой особняка.

НЕПРИСТОЙНОЕ ПРЕДЛОЖЕНИЕ

Однажды за ужином, спустя несколько недель, я сказала ему:

— Тиитус, мы ведь с тобой давние друзья, правда?

— Да, Реджина.

— Я думала о нас. Пора бы нам стать любовниками.

Он уронил вилку. Помолчал. Наконец посмотрел мне прямо в глаза, и лицо его расплылось в улыбке:

— Отлично, я согласен. Замечательно!

Он решил, что будет здорово вместе поехать в Сан-Бартелеми, снять два номера в отеле и познакомиться поближе. Мне идея понравилась.

Но он так и не позвонил.

Наконец я сама набрала и прослушала сообщение автоответчика. Снова и снова. Я была в панике. Прошел месяц, два. Я переживала целую бурю эмоций. Испытывала бешенство и тревогу. В одну минуту ненавидела его, а в следующую — беспокоилась, не случилось ли чего-то страшного. Наконец я оставила ему сообщение, в котором говорила, что была бы благодарна, если бы он просто ответил, что передумал быть со мной.

После этого он позвонил. Извинился и объяснил: оказывается, его здоровье было в серьезной опасности — у него со спины должны были удалить меланому, и он не хотел, чтобы я волновалась.

Через несколько недель, миновав стадию свиданий, мы перешли к серьезным отношениям. Я была с ним в минуты кризиса, сидела у постели в Мемориальном онкологическом центре имени Слоуна-Кеттеринга, присутствовала на всех осмотрах и процедурах, пока он не вышел из больницы — без рака. Для меня было огромной честью — даже привилегией — пройти вместе с ним этот путь.

Через несколько недель, за ужином в Four Seasons, я призналась, что безумно его люблю. Сказала, что уверена: наши отношения предначертаны судьбой. В тот вечер после ужина мы возвращались домой не в отдельных машинах, а в одной. И впервые поцеловались на заднем сиденье лимузина.

Никогда прежде я не испытывала таких ощущений, как во время отношений с Тиитусом. Будто был он, была я, а потом появился некий третий организм — *мы*. Никогда еще мне не доводилось ощущать настолько сильное единение. Оно было практически осязаемым. Словно место во времени и пространстве — и очень красивое место. Как стоять под метеоритным дождем ночью — вокруг темнота, над нами звезды, и весь мир вокруг мерцает вспышками яркого света. Будь это музыкальным произведением — оно стало бы оперой. Симфонией. С плавными движениями, страстными ариями, боем цимбал и нежными струнными переливами. Будь это поэзией... да что я говорю? Это и была поэзия. Я осуществила заветное желание сердца: нашла легендарную любовь. Мне больше незачем было надеяться, стремиться к ней, желать и ждать. Я воплотила ее.

Спустя несколько недель мы поехали выбирать подарок мне на день рождения в ювелирный магазин на главной улице Саутгемптона. Мы увидели кольцо с великолепным крупным розовым турмалином в ореоле из бриллиантов. Он сказал:

— Настоящее кольцо Мамы Джины. Тебе нравится, дорогая?

— Да, — прошептала я. — Очень.

— Заверните, — велел он консультанту, даже не взглянув на ярлычок с шокирующей ценой. Я была поражена — не только тем, что он купил это невообразимо прекрасное кольцо, и не только потому, что он был со мной, любил меня, не потому, что сбылась моя мечта. Кольцо, которое я пообещала себе после развода, красовалось у меня на пальце. И надел его человек, который любил меня и которого я любила.

Никогда прежде я не любила никого так сильно и никогда так отчетливо не осознавала, что пришла к этой цели благодаря внутреннему Навигатору.

До этого я всегда считала, что безнадежна во всем, что касается отношений. Я испытывала растерянность или же чувствовала, будто гонюсь за кем-то или что угодила в ловушку. Или — что форсирую события. Или ощущала собственную беспомощность и не видела выхода. Теперь все было по-другому. Мне было спокойно, и в то же время я испытывала приятное волнение; я была расслаблена и чувствовала себя сексуальной, умной, уверенной в себе. Это был неиссякаемый источник, сложная и интересная задача. Я будто существовала одновременно в вечности и в сегодняшнем дне. Это было гламурно и просто, свежо, здорово! От этого ощущения сводило рот, как от свежих лимонов, и в то же время оно утоляло жажду, как вода.

И я была чертовски благодарна за него.

КРУШЕНИЕ

Я была в доме Тиитуса в Хэмптонс со своими подружками. Нам было весело, хотя в глубине души я испытывала разочарование: Тиитус тоже должен был быть с нами, но ему пришлось срочно вылететь в Лос-Анджелес по работе. Мы, однако, все равно пошли на пляж, а потом решили принять участие в занятии по танцу у шеста. Я узнала, что этот невероятный танец помогает женщинам любого возраста, телосложения и формы совершенно по-новому выразить женственность. Натанцевавшись к 9 вечера, мы решили выпить «Пинья колады» и покурить. Мы как раз подъезжали к заправочной станции, чтобы купить сигарет, когда зазвонил телефон. Это был Тиитус. Я взяла трубку и тут же принялась обвинять его, что он звонит лишь, чтобы узнать, как прошло занятие по танцам.

Но он молчал. Потом спросил: может быть, я не готова к серьезным новостям?

«Конечно готова», — ответила я, внутренне холодея.

Оказалось, его сын, 30-летний Никлас, играл в пляжный волейбол где-то в Лос-Анджелесе и решил быстро нырнуть в океан. Нырнув, он задел песчаную косу и сломал шею. Никласа увезли в больницу, и Тиитус ехал туда же.

Положив трубку, я поняла, что должна ехать к нему.

Друзья немедленно отвезли меня домой. Я попросила их присмотреть за дочерью, составила план работы на неделю и стала готовиться к отъезду. Друзья разъехались, а моя дочь Мэгги забралась ко мне в душ, чтобы попрощаться, и мы разрыдались.

Первая неделя в Лос-Анджелесе была невероятно тяжелой, но в то же время мы все еще чувствовали себя командой и вместе разруливали проблему. Но дни сменялись неделями, и мы мало-помалу стали отдаляться друг от друга. Тиитус не хотел, чтобы я бывала с ним в больнице. Он сказал, что я для этого слишком сияющая и счастливая. И что его бывшая жена и девушка Никласа Джейи не хотят меня видеть. Так что пришлось дожидаться его в отеле и изо всех сил поддерживать и утешать. Казалось, он вечно зол, раздражен и рассеян — как был бы и любой на его месте. Его заботило только скорейшее выздоровление Никласа.

Для меня места не осталось. Я это понимала, и все же мое сердце было разбито. Всего несколько недель назад я была для него центром вселенной, а теперь мне запрещалось даже помогать. Пора было возвращаться в Нью-Йорк. Оставить любимого и вернуться к дочери и своей компании.

Спустя несколько недель умер мой отец — после 10 лет медленного угасания из-за деменции. Я почти не ощутила эту потерю — настолько была раздавлена потерей сказочно-волшебной жизни с Титусом. Какое-то время он еще продолжал общаться со мной, все сильнее раздражаясь, а потом оборвал все концы. Я понимала, этот человек переживает тяжелый период, и все же не могла избавиться от чувства опустошения и ярости.

Я злилась на Верховную Киску на Небесах — за то, что она пролила на меня свой свет, а затем так безжалостно выбросила на обочину.

К весне отношения пошли на лад, но это было уже не то. Когда мы начали встречаться, я чувствовала себя подростком, едва касающимся земли, была ослеплена им, его домом, его благополучием. Тем, что он проявляет неподдельный интерес. Теперь же в моем сердце будто звучала трагичная ария из «Тоски» Пуччини.

Наша жизнь была как кино, а саундтреком была музыка из коллекции Тиитуса. Трагедия. Разбитые сердца. Потеря. Даже когда он обнимал меня или готовил для меня ужин, я осознавала: его мысли где-то далеко. Весь следующий год я пыталась вернуть его, а он отдалялся. Жил в основном в Лос-Анджелесе, я — в Нью-Йорке. Изредка мы виделись, но все его мысли занимало выздоровление Никласа. Я испытывала попеременно бешенство, ярость и безумную благодарность за встречу с ним. Мне хотелось, чтобы моя любовь исцелила его; хотелось, чтобы мы нашли спасение в объятьях друг друга. Но внутри его как будто захлопнулась какая-то дверь, и я не могла пробиться сквозь нее. Не понимала, но продолжала пытаться.

Потом все закончилось.

Я была в Лас-Вегасе с лучшими друзьями, когда зазвонил телефон. Тиитус должен был поехать вместе со мной, но в последнюю минуту отказался. Звонила его домработница, Лили.

Тиитус умер.

Я взвыла, как дикий зверь.

Умер? В голове не укладывалось. Я могла только рыдать.

Это было полное крушение всего.

Каким-то образом удалось пережить последующие несколько дней.

Потом я вылетела на панихиду в Лос-Анджелес и рыдала сильнее, чем кто-либо из присутствовавших. Я связалась с врачом, чтобы выяснить, как это произошло. Когда он узнал, что умирает? Врач ответил, что Тиитус знал, что меланома вернулась, еще в прошлом году, но не захотел продолжить лечение. Ни химиотерапии, ни облучения — он хотел уйти на своих условиях.

Так, значит, Тиитус знал и не хотел утягивать меня за собой в бездну. В эти последние несколько месяцев он намеренно отдалился, чтобы оградить меня. Он вовсе не разлюбил меня — как раз наоборот.

РАЗЛОМ

Горе охватило все мое тело, сердце и душу.

Я не могла пошевелиться — настолько оно было велико. И не могла избавиться от этого ощущения. Я не помнила себя, не понимала, почему Верховная Киска на Небесах покинула меня. Никогда прежде я не испытывала ничего подобного. Я прошла через тяжелый развод; расставалась с любовниками; даже пережила выкидыш на позднем сроке. Я думала, что уже познала трагедию и опустошение. Но теперь погрузилась в такую пучину отчаяния, какой никогда еще не знала. Маленькая девочка, испытавшая в детстве жестокое обращение, нашла утешение в объятиях Тиитуса. Куртизанка, пробудившаяся во мне, нашла вдохновение в его постели. Голодная художница обрела тихую гавань благодаря его богатству. Мать-одиночка ощутила всю мощь и поддержку совместного воспитания детей. Я думала, он станет для меня наградой за всю боль и страдания, за все испытания, через которые я прошла. Я думала, что знакомство и любовь к нему станут счастливым концом моей истории. Он ведь был моей легендарной любовью, всем, чего я желала, о чем мечтала и к чему стремилась. Мужчина, в чьих объятиях чувствовала себя дома.

До смерти Тиитуса я и не знала, что такое разлом. Никогда еще я не чувствовала себя такой потерянной, оторванной от мира, преданной Богиней. Как могла Верховная Киска на Небесах так со мной поступить? Я испытывала то гнев, то невыразимую печаль, то проклинала звезды. Что мне делать с этой легендарной любовью — с историей, которая окончилась совсем не так, как я представляла?

Умом я понимала, что любовь закончилась, но телу требовалось время. Оно как будто жило в замедленном ритме — все так же оборачиваясь в тоске, когда я проезжала мимо его района; все так же испытывая острую боль при мысли о его смерти; едва дыша, когда по радио передавали некоторые песни.

Какая-то часть меня не хотела идти вперед. Было рано. И я пошла у нее на поводу. Она должна была научить меня чему-то такому, что полностью подавило бы мою волю. Ей было плевать на сроки и на траур, хотелось сесть на землю и рыдать, пока не иссякнут все слезы.

В детстве я не могла себе этого позволить.

Я никогда не плакала: ни когда меня бил брат, ни когда подростком подверглась изнасилованию. Никогда.

А вот теперь рыдала. Я позволила телу решать.

Горе было столь велико, что я не в силах была его побороть — только слушать. И слушала свое опустошенное маленькое тело.

Ему хотелось физически испытывать эту печаль по несколько раз в день. И я позволила. Танцевала. Рыдала. Двигала бедрами и грудью. Выгибала спину, вращалась вокруг шеста на занятиях, — и рыдала.

Тело жаждало массажа. И я подчинилась.

Ему хотелось носить черный бархат — я полностью облачилась в черное.

Вместе мы отправились туда, куда я всегда боялась ходить: в то измерение, где жила невидимая снаружи боль, разрывавшая сердце. Я словно вернулась к той странице, на которой закрыла эту книгу — столько лет назад. В детстве не было надежных объятий, не было места, где я могла быть собой. И я затыкала рот, стараясь быть сильной. Этого требует мировая патриархальная культура и поддерживающие ее мужчины: быть предсказуемыми, надежными и абстрагироваться от истинных чувств.

Но теперь, пережив невообразимую потерю, я обрела его. Дар разлома. Этот дар — в возможности испытать такую боль, какой мы не могли себе позволить.

В этот момент боль становится частью тебя.

Потому что желала. Потому что любила.

Тиитус был ответом на долгие мольбы моего тела. Я думала, что жажду любви этого человека. Но взамен получила боль — столь сильную, что она вновь помогла мне найти свое истинное «я». Чувствовалась связь с каждой женщиной, поверженной на колени ощущением полного опустошения. А потом я вновь получила доступ к источнику природной мудрости женского начала. И научилась быть такой, какой меня создала природа.

Я думала, что пришла в жизнь Тиитуса, чтобы избавить его от страданий и привести к свету. Но оказалось в точности наоборот. *Я появилась в его жизни, чтобы он мог сломать меня и заставить познать свою темную сторону, прикоснуться к ней, почувствовать ее и овладеть ей.*

СИЯНИЕ В ОПУСТОШЕНИИ

Со следующего месяца я возобновила курс Мастерства. Рассказала нашу с Тиитусом историю. Вместе со мной студентки пережили всю эволюцию наших отношений. Первый цикл лекций по Мастерству я написала в объятиях Тиитуса, лежа в гамаке на заднем дворе его дома в Саутгемптоне, так что скрыть, что творилось внутри меня, было невозможно. Я сама обеспечила себе столь мощное опустошение, что оно сломало меня. Я думала, моя легендарная любовь спасет меня от всех невзгод и превратностей судьбы. Но теперь пришлось учиться самой себя спасать. Нужно было, чтобы совокупная тяжесть наших отношений и его смерти вытеснила девичьи мечты, — только тогда я смогла наконец повзрослеть и стать такой, какая я сейчас.

Сегодня я благодарю Богиню, что она так все устроила.

Без потери его могущественной фигуры я никогда бы не поняла, зачем так упорно и долго боролась за свою «Школу женских искусств». Я отдавала собственное сердце и душу, чтобы другие женщины смогли найти источник собственной силы, чтобы их голоса зазвучали громче, а сами они засветились ярким светом. Я делала это потому, что сама была не в состоянии найти дорогу к источнику.

Именно благодаря масштабу трагедии я смогла в полной мере осознать сходство пути женщины, сияющей ярким внутренним светом, и куртизанки. Именно через мое горе я со всей ясностью увидела наследие куртизанок — путь от разлома к восстановлению, к возрождению, снова и снова, на протяжении всей жизни.

В руках куртизанки я нашла волшебный ключ, который был так нужен, чтобы дать волю собственной печали, — желание стать творцом своей судьбы.

Творцом, а не жертвой.

Каким бы мощным, сокрушительным и глубоким ни было это опустошение. Потому что и куртизанка нашла источник собственной энергии, смогла включиться, взяла на себя ответственность за каждый шаг своего пути.

Все мы знаем женщин, которые считают: именно их начальники, мужья, детство и нехватка денег или образования виноваты в отсутствии у них желаемого. Я начала понимать: причиной подобного образа мыслей явля-

Когда ощущение разлома не находит выхода, не проходит через все тело, оно оборачивается депрессией и злостью. И женщина умирает изнутри.

ется то, что эти женщины не прочувствовали этап разлома. Когда ощущение разлома не находит выхода, не проходит через все тело, оно оборачивается депрессией и злостью. И женщина умирает изнутри.

Я выросла в мире, где женщины не имели доступа к собственной силе. Еженедельно, каждую пятницу, на протяжении 18 лет я видела, как Вилма, нахмурившись, часами сидит за кухонным столом, в плотно застегнутом пальто, в ожидании, пока отец выплатит ей жалованье. Он работал допоздна и не думал ни о ее графике, ни о личной жизни, ни о времени. Я видела, что мама никогда не просит у отца то, что хочет, а только горько жалуется и ненавидит, когда он поступает по-своему, а не так, как говорит она. Я выслушала тысячи женщин, и все говорили: «Нормальных мужиков не осталось — потому я до сих пор одна» или: «Мне приходится делать эту работу, хоть я ее и ненавижу, потому что пока я не могу найти другую».

Когда женщина не находит выхода из отчаяния и желания идти дальше, она отворачивается от дара жизни. Свет ее меркнет, сияние тускнеет.

ЧЕТЫРЕ «О»

Нелегко сделать шаг навстречу сиянию — особенно если переживаешь разлом. Женщин, которые могли бы послужить нам примером, пока не так много. Зато слишком много тех, кто бредет вслепую, спотыкаясь о четыре «О»:

• Отчужденность *(я по-прежнему не понимаю правил и не вписываюсь в окружающую реальность; я изгой)*

• Осуждение *(я осуждаю себя, всех и вся)*

• Опустошение *(я пережила огромную потерю, внутри меня пустота, и я до сих пор не пришла в себя)*

• Отчаяние *(я пребываю в таком унынии и угнетенности духа, что просто не чувствую связи с внешним миром)*

Мы берем пример с других женщин и вслед за ними движемся в сторону четырех «О», еще больше отдаляясь от источника собственного сияния. Установка на отчужденность, осуждение, опустошение и отчаяние настолько прочно засела в головах, что мы даже не воспринимаем этот шаг как результат выбора.

За долгие годы преподавания я заметила, что женщины готовы придумывать какие угодно оправдания, только бы снова броситься в омут из четырех «О». Быть может, она лично пережила стыд и унижение, связанные, например, с разводом, или увольнением, или с безуспешными попытками найти партнера. Должно быть, она узнала, что какая-нибудь из подруг родила — а ведь ей и самой этого хотелось бы, — и вот она внезапно начинает искать в себе недостатки. Четыре «О» нередко активируются, когда женщина последней из подруг выходит замуж или находит спутника жизни, из-за этого испытывает отчаяние, подавленность и осуждает саму себя вместо принятия факта, что она создана для другого. Или же если она не может найти работу после колледжа, то замыкается в себе, отстраняясь от внешнего мира, вместо того чтобы надеяться или гордиться тем, что ей только предстоит найти дело по душе.

Когда женщина становится жертвой изнасилования или жестокого обращения в какой-либо форме, унижение, которое она испытывает, так велико, что она предпочитает погрязнуть в опустошении, вместо того чтобы дать отпор злоумышленнику или сообщить о преступлении. Однажды я читала эссе Мадонны в журнале «*Harper's Bazaar*»: «Нью-Йорк не принял меня с распростертыми объятиями, — пишет певица. — В первый год мне приставили нож к спине, затащили на крышу здания и изнасиловали». Далее пишет, что не заявила в полицию, потому что «все равно тебя уже изнасиловали — так какой смысл? Только лишнее унижение».

И это *Мадонна*! Воплощение сильной женщины.

Почему же 97% насильников разгуливают на свободе? Да потому что очень часто женщины вместо действия оказываются в ловушке из четырех «О». Мы ругаем и осуждаем сами себя, обвиняя себя, а не преступника. «*Зря я надела короткую юбку. Зря я стала* флиртовать с теми парнями. *Не надо было вообще ничего пить. Зря я пошла гулять. Так мне и надо. Это я во всем виновата»*. Столь велика опустошительная сила происшествия, что женщина погружается в пучину осуждения себя и стыда, постепенно отдаляясь от внешнего мира. В результате теряет надежду и связь со своим источником силы.

Обратный путь очень прост: нужно скорее катапультироваться в эпицентр разлома.

А потом научиться ценить и чтить силу собственного сияния даже среди боли.

Сиять в самом центре разлома. Сиять, даже когда ни одна свеча не в силах рассеять тьму и свет в конце тоннеля не виден. Сиять, словно от этого зависит жизнь. Без возврата к сиянию вам ни за что не удастся задействовать целительную и восстанавливающую силу разлома. Вместе эти два ингредиента образуют волшебный эликсир, делающий женщину живой легендой.

ПЕРЕПИСАТЬ СКАЗКУ

Теперь я понимаю, что тогда мне необходимо было пройти через этот сокрушительный разлом. Иначе я так и осталась бы маленькой девочкой, ждущей, что за ней приедет принц на белом коне и спасет ее. Всю свою жизнь я ждала спасителя. С тех самых пор, как в детстве меня бил брат, я мечтала, что в жизни появится мужчина, который полюбит меня так сильно, что я забуду обо всей этой боли и страданиях. Мужчина, который наконец-то окружит меня заботой.

Когда же я наконец осуществила мечту, а потом все потеряла, то погрузилась в беспросветное отчаяние.

Оно жило во мне с самого детства, но теперь я не могла себе позволить вновь оказаться в его власти. Да, я тяжело переживала потерю Тиитуса. Но к этому горю примешивалось и отчаяние маленькой девочки, которую некому было защитить, которую не спасли от жестокости, которую просто некому было спасти.

О да, это был самый настоящий, полномасштабный разлом, изготовленный Верховной Киской на Небесах по моему индивидуальному заказу. Тщательно спланированный в течение долгих лет. Да что я говорю — в течение всей жизни.

Во время разлома та часть женщины, что она уже переросла, отмирает и отваливается. Аспекты нашей натуры, в которых мы чувствуем себя беспомощными, обновляются; нам словно бы нужна помощь извне, а получив ее, мы волей-неволей находим точку опоры и источник силы. Это необходимо для роста.

Лично мне разлом был нужен, чтобы превратить ШЖИ в успешную и эффективную компанию, которой она является сейчас. Тогда я и не подозревала, что справлюсь в одиночку. Если бы Тиитус остался жив, я бы, наверное, никогда этого не сделала. Будь он жив, я бы, скорее всего, оставила работу и ездила бы с ним по миру, сопровождая на экономических конференциях. Он хотел поехать в Берлин, Финляндию, Арт-Базель. Мне нравилось заботиться о нем и следить, чтобы он ни в чем не нуждался. В дни, предшествовавшие несчастью, которое произошло с Никласом, я проводила собеседования с шеф-поварами, представляя, как потечет наша жизнь, где званые ужины будут сменяться поездками и прочими развлечениями и где мы будем питаться вкусной и здоровой пищей. Если бы Тиитус был жив, я никогда не стала бы успешной бизнес-леди и не реализовала бы в полной мере творческий потенциал. В моем случае нужда стала двигателем прогресса.

Нужно было, чтобы наша совместная жизнь взлетела на воздух, чтобы взлетела я сама.

А заодно узнала, что способность к прогрессу и перерождению даны женщине от природы. Все мы переживаем взлеты и падения, создавая новые и более совершенные версии самих себя, растем и меняемся, проходя через естественные жизненные циклы и испытывая самые разные ощущения. Как Аматерасу и Деметра, можем сбиться с пути, пройдя через бесчисленные переломные моменты и превратности судьбы. Когда Аматерасу подверглась насилию со стороны собственного брата и спряталась ото всех в пещере, то погрузилась на самое дно опустошения. Лишь благодаря сестринской связи Ама-но-Узуме и ее киске она смогла выбраться из этой бездны отчаяния и закружиться в обнаженном танце жизни. Он позволил Аматерасу прочувствовать все эмоции сполна. Лишь тогда смогла она признать, что женщина от природы является источником жизни и перерождения. Точно так же и Деметра с потерей дочери утратила часть себя. Баубо напомнила о том, какой силой обладает ее киска, и тогда она смогла не только прийти в себя и оживить землю, но и ускорить спасение дочери от Аида.

Заметьте, в обеих историях богинь спасли от страданий не сочувствие, эмпатия или сострадание, но чистая и незамутненная сила включения. Именно их собственное опустошение и сияние, забрезжившее в конце тоннеля, помогли им вернуться к нормальной жизни.

После столь сокрушительного падения мне пришлось заново переписывать огромную часть программы «Школы женских искусств». До смерти Тиитуса я и понятия не имела, как расчистить — или исследовать — место для опустошительных потерь, которые переживают женщины. Я недооценила важность, необходимость погружения в глубины отчаяния. Я выслушала немало критики от давних учениц, что изменила программу, чтобы отдать дань почтения не только светлой, но и темной стороне женской сути. Но те преобразования теперь идеально отвечают базовым потребностям и желаниям женской души.

РЕАЛИЗАЦИЯ НАШИХ ЭМОЦИЙ

Тиитусу не суждено было стать счастливым концом моей истории. Вместо этого он стал последней каплей, переполнившей чашу, подарил мне не только любовь; ее потеря тоже стала для меня даром. Ибо именно она способствовала разрушению прежней личности, которое иначе было бы невозможно.

Разработав концепцию школы и воплотив ее в жизнь, а вместе с ней и целое сообщество женщин, пришедших в ее стены, я наконец создала сосуд, который смог вместить всю поднимающуюся и переполнявшую меня с самого детства боль. Внутри мое оглушающее, словно взрывная волна, неутолимое горе больше не казалось безумием. Ведь патриархальная культура, в которой мы живем, не приветствует горе (а также гнев, тоску, ревность, тревогу — и прочее, и прочее...) Только плоские, ванильные эмоции — счастье, готовность уступить и поддержать. Все, что сильнее, нужно держать при себе, главное — вовремя отмечаться на работе, обеспечивать производительность и доводить начатое до конца.

После моей трагедии я поняла: горе — священно. У него — свой внутренний интеллект и всегда идеальная пунктуальность, сколько бы оно ни длилось — день или год. Мое горе не было мне врагом. Оно стало моим учителем: посвятило меня в высшую истину.

До Тиитуса я держала все в себе и выстроила такую идеальную защиту, что сама была не в состоянии испытывать нужные эмоции. Я отмахивалась от них. В душе все еще была непосвященной девочкой, чьи эмоции коренным образом отличались от эмоций зрелой женщины. Когда сердце у девочки разбито, ей негде и не у кого искать помощи и все ресурсы исчерпаны. Она нуждается в чьих-то утешительных объятиях. Когда же зрелая женщина переживает перелом, она знает, что лекарство следует искать в собственном теле. Она может испытывать полное опустошение, но при этом знает, как вырвать собственное сияние из когтей смерти. Никто и ничто не сможет лишить ее этой силы.

Именно в тот момент я начала понимать, что период разлома — неотъемлемая часть процесса становления женщины. Может, даже самая важная его часть. Когда приходит зима и с деревьев облетают листья, они падают на землю, образуя перегной. Он служит удобрением почвы, из которой к весне прорастет трава. Женская природа также циклична. Разлом нужен, чтобы сбросить старую кожу, ставшую тесной. Так и наши киски проходят свой цикл разлома — зарождение, самоочищение, кровоизлияние и подготовка к перерождению, — и так каждый месяц. Через разлом мы эволюционируем и обновляемся. Слезы опустошения питают почву эволюции.

Большинству внушали, что, пройдя через разлом, женщина становится жертвой. Но это происходит лишь потому, что мы не знаем, как дать выход чувствам и вновь найти источник сияния. Включение — это духовное состояние, золотая нить, через которую женщина сможет вновь обрести смысл жизни и путь к осуществлению желаний. В результате женщина вновь подключается к источнику силы и божественного начала. Без включения перелом ведет к опустошению и отчаянию. Вспомним Деметру, что бродила, обезумев от горя, в поисках дочери — пока не встретила Баубо. С включением в жизни женщины появляется смысл. Когда Баубо показала Деметре свою киску, та пришла в себя, и чувства ожили.

Разлом — это ключ
к эволюции.
Из причины наших
страданий
он превращается
в необходимую веху
нашего пути.

Она не перестала горевать — но направила все силы на то, чтобы спасти дочь и весь мир. Таким образом, разлом — это ключ к эволюции. Из причины наших страданий он превращается в необходимую веху нашего священного пути.

КАК НАУЧИТЬСЯ ЗАТОПЛЕНИЮ

Итак, в ходе занятий я стала искать способ изменить отношение женщин к периоду разлома. И обнаружила: чтобы в полной мере оценить то, что дает разлом, нужно научиться давать выход своей боли, притом — в присутствии других женщин.

Будь то изнасилование или жестокое обращение, развод или потеря любимого человека, эту боль нужно прочувствовать физически — иначе она навсегда застрянет в теле. Женщина должна найти выражение разлома, слушая музыку, трогающую до глубины души, позволяя телу двигаться, если оно этого желает. Именно этим я занималась на своих занятиях после смерти Тиитуса. Я научилась двигать бедрами, грудью, ягодицами, прогоняя самые глубинные эмоции по всему телу.

В ШЖИ мы называем этот процесс прогонки эмоций по телу «затоплением».

Это упражнение я придумала для себя много лет назад. В то время я как раз заканчивала курс базовой чувственности, жизнь била ключом. И все же я заметила, что временами грущу и даже ненавижу себя. Бывали периоды, когда я целиком пребывала во власти осуждения и уныния.

На курсе чувственности я познакомилась с концепцией «совершенства» — каждый человек сам по себе совершенен. Эта концепция идеально совпадала с моими собственными выводами, сделанными в ходе исследования абригенных культур, о том, что дух и материя — едины. Я начала находить отражение этой истины повсюду — невозможно было не чувствовать присутствие божественного начала, наблюдая закат или любуясь прекрасной розой. Тогда я стала задумываться, возможно ли его присутствие и в темных эмоциях. Мне захотелось провести эксперимент.

Я решила: вместо того чтобы держать эмоции в себе — как я делала это всю жизнь, — я буду носить их, как одежду. Чувствовала себя при этом отвратительно, словно внутри была помойка, и потому отправилась на кухню и вытащила черный мусорный пакет. Натянув его через голову, я просунула по бокам руки, будто это было платье. Затем повязала на голову платок, подошла к камину и вымазала лицо пеплом. Потом включила громкую музыку и принялась отплясывать, взбивая подушки.

Как только я это сделала, внутри произошла перемена. На смену ненависти к себе пришло удовлетворение. Оттого что внутреннее ощущение совпало с внешним обликом, я почувствовала себя просто божественно, ощутила прилив энергии и истерически засмеялась. А потом мне стало очень хорошо. Когда вернулись соседки по квартире, то восприняли все как развлечение — как и я сама! Теперь я испытывала гордость за себя, а не стыд.

В конце концов я подобрала целую линейку одежды для затопления, в том числе футболку с надписью «Психованная стерва из Преисподней»[1], камуфляжные штаны и байкерские ботинки. Я стала замечать, что чем радушнее встречаю свою внутреннюю стерву, чем сильнее демонстрирую ей свою любовь и почтение, тем реже она меня навещает. Оказалось, ей всего-то хотелось, чтобы ее услышали, чтобы для нее поставили отдельную тарелочку за праздничным столом.

Практика затопления стала не только неотъемлемой частью жизни, но превратилась в ключевой элемент программы «Школы женских искусств». Это отличное упражнение, которое нужно выполнять ежедневно, —

---

[1] Psycho Bitch from Hell (*англ.*).

ведь каждый день мы испытываем так много эмоций. По сути, мы не сильно отличаемся от маленьких детей, способных в один момент чувствовать тревогу, катаясь по земле, а потом вдруг вскочить и убежать качаться на качелях вместе с друзьями. Маленькие дети еще не знают, что нужно подавлять эмоции, и для них подобное поведение естественно. Но, достигнув школьного возраста, большинство учится скрывать чувства. К тому времени им внушают, что давать выход эмоциям — плохо и неправильно, и они начинают скрывать их.

Чувства не считаются чем-то важным, потому что патриархальная культура вообще не придает значения аспектам женской природы. Мы и сами настолько впитали присущие этой культуре предрассудки и ограниченность, что решили, будто чувства — это не важно, неуместно, и вообще от них одни неприятности. Вот почему, когда женщина испытывает сильные эмоции, ей кажется, что это неправильно. Но женщина создана природой как более глубокое существо. И на самом деле испытывать сильные эмоции — это прекрасно, так же, как тропические ливни. Именно через сильные чувства мы растем — так расцветает бурным цветом земля после дождя.

Запрещая себе испытывать печаль и гнев, мы лишаем себя эмоциональной и созидательной силы. Через затопление силу можно вернуть. Это упражнение необходимо, чтобы принять и пережить разлом. Мы катаемся по полу, разрывая одежду, окунаясь в эмоции с головой. Мы переживаем, смакуя, весь спектр эмоций и чувств. Если хотим жить здоровой жизнью как женщины, нужно выпустить на волю все скопившееся в нас горе и печаль. Благодаря затоплению это становится возможным.

Это упражнение еще более эффективно, если выполнять его вместе с другими женщинами. Все в соответствии с правилами клитограмотности: для внутреннего процветания женщине нужно внимание. Часть нашей души ни за что не раскроется в вакууме. Участие других женщин непременно должно сопровождаться одобрением и пониманием; никакой критики, осуждения и порицания. Свидетелями подобного акта не могут быть случайные люди. Только другая женщина, способная ободрить и воодушевить, а не просто давать советы, которая может взять на себя роль повитухи в этом непростом действе.

Мои продвинутые студентки именно так прошли посвящение в свидетельницы. Теперь они знают, что каждый этап жизни может стать подарком, если воспринимать его таковым. Чтобы жить, руководствуясь желанием — что само по себе акт величайшего служения, — нужно всегда настраиваться на сияние. Свидетельница играет ту же роль, что и доула во время родов: роль женщины, которая все знает, в полной мере осознающей, что ее подруга проходит важнейший процесс трансформации. Она знает, что не сможет его облегчить, а должна лишь ободрить и придать сил. Она знает, что результат будет потрясающий, и делает для этого все необходимое.

Когда мы раздвигаем рамки и выпускаем наружу всю бурю, что бушует внутри, то испытываем экстаз и радость. Этот эмоциональный шторм смывает всю паутину и пыль. Все, кто наблюдает подобное и участвует в подобном процессе «затопления», получают возможность в свою очередь избавиться от паутины. Когда наше тело охватывают сильные эмоции, мы оказываемся в месте, наполненном силой и красотой, — там, где мы иначе не оказались бы. Это экстаз, ощущение сродни тому, что наполняет воздух после обильного ливня.

Домашнее задание:

Освоив затопление, мы учимся достойно принимать удары судьбы. Теперь мы не просто страдаем, а знаем, что делать. Техника затопления полезна и во время ПМС, и когда мы испытываем чрезмерную усталость или возбуждение, и когда переживаем стресс, страх, ревность, гнев, а также любые другие темные эмоции, сопровождающие сердечные страдания. Мы познаем истинные эмоции, а затем выплескиваем все до капли. Танцуем. Кричим. Прыгаем на подушках, катаемся по полу, деремся с подругой. Короче говоря, даем волю эмоциям всеми возможными способами.

В этом упражнении я покажу вам основные этапы. Возьмите дневник, большой черный мусорный пакет, ножницы, пару подушек и других подручных материалов, включите громкую музыку, а также, если, конечно, хотите сделать все как надо, позовите нескольких свидетельниц, чтобы они приняли участие в процессе вместе с вами.

Шаг 1: Перед началом полезно записать все, что вас расстраивает. (Примечание: Некоторым достаточно просто выплеснуть эмоции, но для кого-то записать их — значит лучше подготовиться; попробуйте оба варианта, чтобы проверить, какой подходит именно вам.)

Шаг 2: Возьмите мусорный пакет. Я не шучу: большой черный мусорный пакет. Прорежьте в нем отверстия для шеи и рук и наденьте, как платье.

Шаг 3: Включите громкую музыку. У вас нет любимой песни, способной привести вас в соответствующее состояние? Тогда рекомендую песню Келли Кларксон «Addicted» — если разбито сердце; «Killing in the Name» группы «Rage Against the Machine» — если злитесь на весь мир или песню Кейт Буш «This Woman's Work», если грустно или переполняют эмоции.

Шаг 4: Теперь вспомните какого-нибудь знакомого ребенка и постарайтесь как можно громче и полнее выразить эмоцию. Чтобы выпустить гнев, попробуйте взбивать подушки или шмякать полотенцем для посуды о стену. Если грустно или тревожно, покатайтесь по полу. Или прислонитесь к стене и оттолкнитесь бедрами, как будто стена — ваш враг. Пусть тело двигается, если ему так хочется.

Не бойтесь чувствовать себя или выглядеть странно — это часть процесса. Мы ведь не привыкли открыто выражать эмоции.

С каждым разом затопление будет получаться все лучше и лучше. Вы вспомните то, что умела маленькая девочка внутри вас, но не позволяла себе делать. Снова научитесь испытывать настоящие, собственные эмоции. Как и у детского эмоционального всплеска, который не вечен, у процесса затопления есть начало, середина и конец.

Рекомендую делать это под музыку, поскольку таким образом вы создаете прочный контейнер для эмоций. Можете выбрать одну, две или три песни — в зависимости от желаемой продолжительности процесса. В конце включите чувственную песню — это будет своего рода изящный бант в конце эмоционального выплеска, и одновременно обратный путь к включению.

Шаг 5: Подумайте о том, чтобы пригласить свидетелей. У меня есть группа подруг, которые раз в месяц устраивают коллективное затопление. Мы снимаем пустую танцевальную студию, приносим с собой подушки и кухонные полотенца, составляем хороший плейлист. Затем по очереди выкрикиваем свои проблемы в микрофон — громко перечисляем то, что нас раздражает, — и подбадриваем друг друга. Мы двигаемся и танцуем, ползаем, скачем, деремся подушками и шлепаем кухонным полотенцем о стену. Невероятное удовлетворение приносит коллективное барахтанье в грязи. В конце хвалим друг друга, вслух признавая себя величайшими куртизанками всех времен, и наконец делимся желаниями. Всего час — и мы как новенькие, готовы снова творить и созидать.

РАЗРЕШЕНИЕ НА РАЗЛОМ

Умение испытывать сильные эмоции — критически важно как для личностной эволюции женщины, так и для эволюции мира в целом. Запирая свою богатую эмоциональную жизнь под крышку осуждения, мы тем самым становимся более уязвимыми для депрессии и чувства оторванности от реальной жизни, а ведь именно это становится причиной всех трагедий и насилия на планете. Но больше всех страдают, наверное, женщины, живущие в практически постоянном состоянии паралича, неспособные чувствовать и еще меньше — открывать правду о собственной темной стороне.

Когда в некой культуре подавляется женское начало, последствия становятся поистине трагическими: начинаются расстрелы в школе, массовые перестрелки, наемная корпоративная культура, и окружающая среда на грани срыва. Ставки в игре — власть и прибыль. Мы перекладываем ответственность за собственную боль на детей и бабушек, которым придется жить с последствиями нашей неготовности действовать.

В своей невероятной книге *The Smell of Rain on Dust* («Запах дождя на прибитой пыли») Мартин Претчел замечает, что причина жестокости в нашей культуре в том, что мы не умеем горевать. Если мы не знаем, как дать выход боли, то не можем идти вперед. А без движения вперед боль застревает внутри, что имеет всевозможные физические и эмоциональные последствия.

Боль, пережитая в детстве, сопровождала меня всю жизнь. От нее пострадала даже осанка: я поднимала плечи, будто ждала удара в любой момент. Я боялась темноты, удара ножом или ограбления. В кошмарных снах снилось, что на меня нападают. Много лет я старалась выплеснуть всю эту боль, которая, казалось, вросла в тело.

Сегодня я даю выход эмоциям через танец — почти каждый день. Я танцую дома, наедине с собой; регулярно провожу сеансы с друзьями; хожу на занятия S Factor раз в неделю. Позволив испытывать настоящие эмоции, ежедневно прогоняя их через все тело, я лучше осознаю собственные чувства и готова в полной мере выразить их. Регулярное упражнение — не гарантия от разлома. Однако через него женщина начинает понимать, что высвобождение связанных с ним эмоций — важная часть творческого раскрытия. Поэтому, вместо того чтобы стыдливо избегать разлома, женщина должна выйти ему навстречу с распростертыми объятиями. Она знает, что без него невозможно становление личности, как невозможна весна без зимы.

Моя цель — помочь вам пережить подобный разлом, если понадобится, делать это ежедневно, прочувствовать самые сокровенные эмоции и дать им выход. Это нелегко, потому что нас учили прятать глубоко в себе, как и кромешную тьму — как от себя, так и от окружающих. Нас учили не быть прозрачными, из стыда, что нас пристыдят. Но когда женщина осваивает процесс разлома со всеми его нюансами, она вновь обретает источник высшей силы. Наконец, мы учимся бежать навстречу разлому, словно в рождественское утро. Мы знаем, что где-то там запрятана сила.

Оглядываясь назад, могу сказать, что я безмерно благодарна за каждый резкий поворот сюжета моей жизни. Теперь я знаю, как глубоко и сильно я умею любить, оплакивать, а затем находить в себе силы подниматься. И еще я помогла тысячам женщин вновь полюбить себя и свою жизнь, и теперь они с готовностью принимают каждую каплю эмоциональной истины. В процессе этого я узнала, что разлом — это портал к истинному «я». Каким бы мощным и опустошительным ни был разлом, на другом берегу всегда ждет невообразимая красота, сила и слава. Ведь на другой стороне болота — и разлома — мы найдем источник своего сияния.

Сияние

Я прошу дать мне смелость
Ходить голой
В любом возрасте,
Носить красное и бордовое,
Вести себя не как леди,
Неуместно,
Скандально и неправильно
До самого конца.

Глория Стейнем

После разлома, последовавшего за смертью Тиитуса, я чувствовала себя изгнанницей из Рая. Единственным, что помешало мне покончить собой, было то, что я уже познала мощную связь с источником собственной силы и сияния. Именно умение включаться позволило пропустить через все тело и выпустить на волю этот сгусток сдерживаемого горя, накопившегося за несколько десятков лет. Активировав механизм включения, я смогла превратить печаль в живую поэзию, которая придала мне сил, словно горючее. Женщина, пробудившаяся во мне, смогла пустить корни и встать на ноги.

Не знаю, можно ли подобрать более яркую метафору: мой сигнальный огонь уже зажегся. Я вступила в тесную связь со своей киской, для меня это стало образом жизни. Каким бы болезненным ни был для меня этот разлом, я всегда знала: он нужен. На предыдущих страницах я уже намекала, как именно мне удалось зажечь этот огонь.

Многим студенткам подобное решение поначалу показалось вызывающим (да что там — мне и самой оно казалось таким).

Чтобы правильно зажечь сигнальный огонь, нужно было отправиться в *чувственную одиссею.*

У каждой женщины — свой путь, но всех объединяет одно: суть — в киске и в удовольствии.

И вам — да-да, именно вам — придется сделать то же самое.

У каждой женщины — свой путь, но всех объединяет одно: суть — в киске и в удовольствии. Объектом моего исследования был женский оргазм — а именно умение кончать лучше. Но вы можете поставить другую цель — например, начать встречаться с мужчинами после многолетних однополых отношений. Или же завести любовницу-женщину, хотя всю жизнь были традиционной ориентации. Или начать посещать курсы тантрического секса, оргазмической медитации, изучать аспекты БДСМ. Или после развода начать менять любовников одного за другим, записаться на занятия по танцам у шеста, или заняться изучением чувственности — в одиночку или с партнером. Или же просто выполнить все упражнения из книги.

Что бы вы ни выбрали, главное — *пополнить словарный запас терминов, связанных с чувственностью, включив в него то, чего раньше не знали.* Необходимо научиться испытывать настоящее, активное удовольствие.

Что я имею в виду? Конечно же, *то удовольствие, источником которого является киска*. Возьмем, к примеру, флирт. Через него активируется механизм включения, ведь когда женщина флиртует, ее киска пробуждается. Для этого достаточно просто медленно провести языком по рожку с клубничным мороженым. Или вращать бедрами и ягодицами во время танца (и это должен быть не линейный танец и не ривердэнс, где задействованы главным образом ноги).

Чем больше женщина познает киску, тем больше ей хочется играть с ней, включая удовольствие. И наоборот: чем меньше информации, тем более ограничен его диапазон. Познав границы чувствительности и овладев ей в полной мере, женщина естественным образом активирует механизм включения и начинает излучать сияние. Ее связь с собственной божественной сущностью и с внутренним Навигатором становится прочнее. Познание киски позволяет исследовать и расширить границы, изучить другие виды удовольствия. Наш сигнальный огонь горит, дух пробудился, и можно кончить даже от невероятно красивого музыкального произведения, от фантастически вкусного блюда, от легкого ветерка или живописного заката. Мы подняли планку и теперь можем взлететь на вершину удовольствия даже от сандвича в Katz's Deli, как в эпизоде фильма «Когда Гарри встретил Салли» (только в нашем случае оргазм будет настоящим). Мы научимся включать удовольствие на полную мощность, когда захотим. В этом и заключается настоящая сила — и истинная цель — чувственного просвещения.

А сейчас я расскажу историю своего путешествия в чувственность — от начала до конца.

МОЕ ПУТЕШЕСТВИЕ В ЧУВСТВЕННОСТЬ

К тому времени, как я замкнулась в себе после окончания колледжа, меня почти не интересовала киска, и еще меньше — оргазм. «Приход», как я его наивно называла, не был тем, чему я уделяла много времени и внимания. А удовольствие и вовсе вычеркнула из списка ежедневных забот.

Не поймите меня неправильно: я всегда радовалась оргазму. Когда первый парень показал мне новые ощущения, я была вне себя от радости. И когда случались периоды «воздержания», раз в месяц я испытывала свое оборудование. Ну, знаете, просто убедиться, что оно еще работает.

Но никогда не задумывалась об оргазмах. Удовольствие и вовсе казалось чем-то малозначительным, даже эгоистичным. Мне и в голову не приходило, насколько оно важно и как влияет на все мое существование как молодой женщины. Оргазм казался неким милым, но при этом постыдным аспектом. Я была не из тех, кто пускается в беспорядочные половые связи; не считала себя и особенно сексуальной, а потому в жизни нередко бывали периоды, когда я искренне забывала, на что способно мое собственное тело. Удовольствие можно было запросто исключить. У меня ведь было столько дел!

Зато я всерьез задумывалась об уверенности в себе. О поиске собственного предназначения. Об исполнении желаний. Мне отчаянно хотелось найти источник своей страсти.

Именно в поисках предназначения я записалась на курсы актерского мастерства, где один из преподавателей посоветовал пойти на занятия по базовой чувственности в университете Изобилия. За ними последовали и другие, а в конце концов я и сама переехала к сумасшедшим и замечательным людям, ставшим моими учителями. Они жили в месте под названием «Дом Изобилия» — коммунальной квартире, где круглосуточно отрабатывали практики чувственности. Его так назвали потому, что, согласно их жизненному принципу, если мир хорош сам по себе, он может стать только лучше. На трех этажах здания жило пятнадцать человек, и вместе мы занимались тем же, что делали и на курсах чувственности.

Следующей остановкой путешествия была Калифорния, где я прошла курс основателя университета Изобилия, доктора Виктора Баранко. Часть была посвящена моему первому ДЕМО — что, как вы помните, означает «ДЕмонстрация Мощного Оргазма». При виде того, как какой-то мужчина несколько минут ласкает клитор партнерши, я выбежала из зала, и меня тут же вырвало. Должно быть, подумала я, происходит что-то по-настоящему мощное, если это зрелище вызвало во мне столь сильную реакцию. Вернувшись в класс, я увидела, что все ученики собрались вокруг женщины, проводившей демонстрацию. Меня тоже пригласили присоединиться, взявшись за руки, и едва я это сделала, как тут же ощутила мощный разряд энергии, пронзившей все тело.

Я почувствовала скорее тревогу, чем удовольствие: мне вовсе не хотелось участвовать в этой публичной демонстрации оргазма.

Однако в следующие несколько месяцев любопытство стало расти. Я узнала, что эту технику разработал доктор Баранко, основавший университет Изобилия. Он был женат на женщине по имени Сюзи, которая вообще не испытывала оргазма. Они обращались к множеству врачей с просьбой о помощи, но безрезультатно. Виктор твердо решил найти решение и принялся экспериментировать с ручной стимуляцией. Вместо классического полового акта, цель которого, по большому счету, эякуляция мужчины, он сосредоточил свое внимание на жене и просто ласкал ее киску. И делал это до тех пор, пока не понял досконально, что ей нравится, не изучил все ее реакции и самые чувствительные точки клитора. Спустя годы подобных исследований с Сюзи, а позже и с другими парами, он понял, что большинство людей отождествляют понятия «секс» и «половой акт». И что половой акт как таковой не имеет целью женское удовольствие.

Сегодня мы знаем, что женщины чаще всего достигают оргазма посредством стимуляции клитора. Знание это было недоступно мужчинам и женщинам предыдущих поколений, и, как следствие, многие были несчастливы в сексуальной сфере. Он открыл, что клитор — чрезвычайно чувствительный и восприимчивый орган. При этом некоторые участки обладают большей чувствительностью, например верхний левый сектор. Все, что требуется от мужчины, — быть внимательным (а также ловко шевелить пальцами), чтобы довести женщину до экстаза. Если он прежде не обращал внимания на желания своей партнерши, сделать это не так-то легко.

Итак, Виктор организовал курсы по практике и философии удовольствия. Кроме того, провел анализ распространенной жизненной ситуации, с тем чтобы исследовать аспекты коммуникации, чувственности и отношений. Было это в 60-е годы, и его движение стремительно набирало обороты. К тому моменту, как я организовала свою школу, его курсам исполнилось 30 лет.

Кроме того, у меня была возможность на себе опробовать технику Виктора с некоторыми мужчинами, которые также жили в доме Изобилия. Большинство прошли курсы, чтобы научиться доставлять женщине мощный продолжительный оргазм. И я решила попробовать. Понимаете, к тому времени я несколько лет не имела ни с кем сексуальных отношений, а тут мне нужно было просто лежать, пока мне ласкают киску минут 15 — 20, без каких-либо обязательств взаимности. И тот, кто ласкал, должен был еще считать себя необычайным везунчиком, что ему разрешили целиком сконцентрироваться на женщине, которую он ласкает. Можно сказать, оказали большую честь. А главной целью сеанса было доставить ей удовольствие — другой задачи не стояло. Удовольствие ради удовольствия.

И это было настоящим откровением, по крайней мере для меня.

ВКЛЮЧЕНИЕ — ЭТО ВЫБОР

Найти путь к собственному удовольствию стало для меня первым шагом к обретению истинной женственности. Мой голос в этом мире зазвучал гораздо увереннее. Спустя несколько месяцев сеансов ласк с друзьями из университета Изобилия я чувствовала себя сильной, значимой, ценной — этих чувств я не испытывала никогда. До этого путешествия в чувственность сомнения во мне были гораздо сильнее осознания собственных талантов. Теперь же я была готова сделать все, чтобы голос зазвучал громче, готова была с новой решимостью воплотить в жизнь мечты и свое видение мира. Два месяца я провела на главной площадке университета Изобилия в калифорнийском городе Лафайетт, осваивая технику мощного продолжительного оргазма. Вернувшись, я стала апостолом оргазма в своем городе. Мне хотелось проводить как можно больше сеансов ласк за день, и я не могла поверить, что можно чувствовать себя так хорошо и получать от них такой мощный заряд энергии и страсти. Программы, которые мы отрабатывали на курсах, требовали все большей ответственности, но всякий раз мы достигали все больших успехов.

Одним из главных усвоенных уроков стало то, что удовольствие — это выбор. В результате множества сеансов оргазма я узнала, что одной лишь силы намерения достаточно, чтобы испытать оргазм от любого прикосновения мужчины. И даже вне этих сеансов учителя старались убедить меня в необходимости «практиковать включение при любых обстоятельствах». В качестве ассистента я участвовала в цикле курсов «Чувственность: продвинутый уровень», рассчитанном на шесть недель и включающем отработку коммуникативных навыков и объяснение разницы между чувственностью и сексуальностью. Мы выполняли упражнения в парах, и как ассистент я должна была помогать тем, кому нужен был партнер. Последнее упражнение шестинедельного курса было посвящено поцелуям. Мы учили студентов трем типам поцелуев — легким, исследующим и проникающим, — и они должны были отработать все три типа с использованием барьера в виде пластиковой пленки. Был в классе один мужчина по имени Уилл, лет сорока, полноватый, совершенно не следивший за собой, со следами экземы и неприятным запахом изо рта. Преподаватель шепнул мне, чтобы я стала его партнером — поскольку никто больше не хотел.

Поначалу я честно отказалась. Мне было противно от одной мысли, что придется целоваться с этим человеком, даже через пленку. Преподаватель рассердился и сказал, что с моей стороны это будет не только нечестно, но и непрофессионально, и что человек, желающий учить других, должен избавиться от подобных предрассудков. Потом заявил, что моя способность включаться сильнее эго и я просто обязана подарить Уиллу самый страстный поцелуй, на какой только способна.

Подобное заявление шокировало меня, но вызов был брошен, а я была не из тех, кто сливается.

Это был замечательный опыт: просто захотеть — и возбудиться. Никогда прежде я не принимала подобного решения. И как только настроилась на волну возбуждения, включилось и мое божественное начало. Я прыгнула на колени к Уиллу, аккуратно подложила целлофановую пленку и принялась целовать его в рябые щеки. Поцелуи были очень приятные и нежные. Потом я еще сильнее увеличила градус сияния и начала целовать его в губы — сначала мягко, потом все глубже, наконец касаясь языком его языка. Даже несмотря на пленку, я почувствовала, что не на шутку возбудилась. И через это возбуждение Уилл показался мне Сыном Божьим. Внезапно я увидела и почувствовала всю его красоту.

Этот опыт стал для меня священным. До этого я и не знала, что включение и возбуждение может произойти по собственному решению — *и я могу его принять, когда захочу*. Тем, что в тот день я смогла завестись, я обязана не Уиллу — и вообще никому из мужчин. Только самой себе. Тесной связи с духовным началом и с источником собственного сияния. Я почувствовала себя свободной, сильной и уверенной, как никогда прежде. Я почувствовала себя богиней.

Всю жизнь меня учили не давать волю возбуждению, будто активация силы моего сияния означала некое самоунижение и ущемление себя в правах. Эта установка погасила мой внутренний свет. И не только для меня самой, но и для мира, в котором я жила. В каком-то смысле каждая женщина заново переживает истории Аматерасу и Деметры. Каждая проходила через разлом — будь то инцест, изнасилование, словесные оскорбления, пренебрежение и многое другое. Как следствие, мы, женщины, испытываем гнев и перестаем сиять. Словно неприкаянные, бродим по земле, отказываясь освещать мир своим светом, дарящим жизнь и возбуждение. Мы — и весь мир вместе с нами — страдаем от последствий. Мы делаем единственную вещь, которую умеем, — неосознанный выбор отключиться от источника собственного сияния. Подавляемое сияние превращается в гнев, из-за того что нам некуда его выплеснуть. И мы обращаем его против себя самих, а он становится депрессией и грустью.

Хотите знать, что на самом деле выводит женщину из себя? Когда ее ставят перед этим выбором, вынуждают выплеснуть этот гнев и потребовать вернуть утраченное сияние. Она приходит в ярость от одной мысли, чтобы вновь активировать механизм включения, ведь ее уже настроили против него. С самой юности она пережила тяжелейшую травму и, чтобы защититься, решила выключиться. Теперь ее бесит сама мысль, что можно сделать другой выбор.

Я сразу вспоминаю первые поколения китаянок, которым разрешили не бинтовать ноги. А ведь традиция среди представительниц высшей знати уходила корнями в глубь веков — считалось, что маленькая ножка привлекает мужчин. Этот обычай подразумевал полную зависимость женщин от мужчин — с перебинтованными ногами они едва могли ходить. Лишь после многовековых протестов и принятия соответствующих законов женщины наконец перестали бинтовать ноги дочерям. Они *добровольно* калечили сами себя, чтобы понравиться мужчинам. И это осквернение собственного тела продолжается и по сей день, если верить статистике операций по обрезанию клитора. Где-то в этом мире, *в эту самую минуту* женщины сами калечат киски юным дочерям. Они сами выступают инициаторами и исполнителями операции и относятся к ней как к великой чести.

Мы инстинктивно тянемся к чему-то, что кажется комфортным с исторической точки зрения — даже когда это что-то подразумевает самоистязание и причинение страданий самой себе.

Писательница-феминистка Одре Лорд в своем мощном эссе под названием «Использование эротики: эротика как сила» («Uses of the Erotic: The Erotic as Power») пишет о силе, которую она называет эротикой, а я — сиянием или включением. Вот что она говорит:

«Нам, женщинам, внушили, что не следует доверять той силе, из которой берет начало наше глубочайшее иррациональное знание. Всю жизнь нас остерегал от этого мир мужчин, который ценит эту глубину чувств достаточно, чтобы держать женщин рядом и заставлять их служить, но в то же время боится этой глубины настолько, чтобы постоянно исследовать ее возможности внутри себя. Таким образом, женщин держат на расстоянии, в гораздо менее выгодном положении, психологически выжимая все соки — как муравьи содержат колонии тли, чтобы обеспечивать свою верхушку жизненно-необходимой субстанцией».

Хорошо сказано, Одре!

Единственное, о чем она не упомянула в своем эссе, что настраивание нас против источника сияния происходит изнутри. Мы, женщины, сами делаем себе обрезание и лишь вместе с другими можем потребовать вернуть то, что нам принадлежит по праву. Куртизанки отнюдь не черпали силу из привходящих внешних обстоятельств, потому что они, как правило, были очень тяжелы. Эти женщины подпитывались энергией включения, от чего светились ярким светом. Именно это и происходит, когда я собираю женщин на своих занятиях. Подобное заявление о правах рикошетом проникает в каждый уголок женской души, помогая вернуть утраченное чувство контроля над своей судьбой, легко преодолеть ее превратности и наполнить чувством духовного сияния все начинания.

Эта щекотливая и весьма скользкая проблема встала перед нами, потому что в нашей культуре отсутствует воспитание стремления к сиянию и нет никаких примеров для подражания одной женщины другой, а потому становится невероятно сложно убедить их в важности установления связи с источником собственной силы. Вместо этого мы находим миллиард более важных вещей.

А на самом деле нет ничего важнее сияния.

Ничего.

Знаю, звучит безумно. Но, активировав сияние, мы получаем все, о чем мечтали. Чувствуем себя сильными, уверенными в себе, можем держать все под контролем. Как куртизанки, чей путь мы для себя избрали, мы знаем, кто мы, ощущаем себя во времени и пространстве. Знаем, что мы не жертвы, а героини своей истории. Звезды собственного шоу. Идем рука об руку со своим божественным началом, нас ведет Навигатор.

В то же время, когда не излучаем сияние, то напоминаем потухшие лампочки. Совершенно бесполезные для себя и окружающих. Мы существуем, лишь чтобы служить и заботиться, а не жить и быть дышащим воплощением божественной силы.

Этим объясняется и то, почему так много женщин целиком и полностью посвящают себя ведению домашнего хозяйства. Почему соглашаются на заработную плату, несоразмерную их талантам, подготовке или интересам. Когда мы не подключены к источнику своей жизненной силы, то бредем, не разбирая дороги. Вместо внутреннего компаса руководствуемся тем, чего ждут от нас другие. Без тесной связи со своей божественной сущностью мы чувствуем себя ущербными — и потому с готовностью принимаем свое положение.

Сестра, нет времени на то, чтобы жить в условиях, умаляющих нашу сущность и достоинство.

Сестра, нет времени на то, чтобы жить в условиях, умаляющих нашу сущность и достоинство. Мы не можем позволить мировой патриархальной культуре сковать нас шорами. Миру нужны голоса сияющих, активных женщин, нашедших источник своей внутренней силы. Наши голоса должны изменить наше будущее и будущее наших сыновей и дочерей. Пора возобновить связь, поставить свое сияние на первое место.

Пора отправиться в собственное путешествие с целью познания чувственности.

ПУТЬ ВАШЕЙ ЧУВСТВЕННОСТИ

Как же вновь получить доступ к сиянию, которое дано нам самой природой? Нужно заявить о своем праве на чувственность. И сделать это можно, подружившись с киской, передать управление ей — то есть поступать прямо противоположно тому, как вы вели себя до этого под влиянием мировой патриархальной культуры. Ваш путь не должен быть в точности похож на мой, но необходимо самой проложить собственный путь, в основе которого будет лежать восстановление связи с киской. Нужно стать клитограмотными через постоянную практику, внимание и открытие нового, подключиться к источнику духовной и чувственной энергии, питающей ваше сияние и обеспечивающей связь с Навигатором.

Определение пути чувственности субъективно, но за много лет я вывела формулу. Во-первых, есть искра включения. Включение — как вирус: это заразно. Как правило, женщина подхватывает эту искру от другой женщины — той, чье сияние осязаемо, у которой есть нечто, чего пока нет у нее самой. Неожиданно сильное желание испытать подобное включение намного сильнее сопротивления; ничего не остается, как только ему следовать, даже если путь кажется опасным. А таким он кажется, потому что для его преодоления нужно заново подключиться к собственной киске и подружиться с ней. Как только это сделано, то, что казалось темным и страшным, окажется волшебным и бесконечно приятным. Она восстановит контакт со своей чувственностью. Снова подключится к источнику силы, начнет излучать сияние, которое всегда было внутри. Она станет той самой женщиной, которая в самом начале пути пробудила в ней любопытство, активировала механизм включения. Ее сигнальный огонь — наконец — зажжется, и погасить его уже не удастся.

Как разглядеть эту искру включения, чтобы отправиться в собственное путешествие? У меня прекрасная новость: вы уже в пути! Ведь вы держите в руках эту книгу. Значит, что-то вызвало ваше любопытство, и, взяв эту книгу, вы тем самым совершили акт веры. Более того, прочитали первые главы — все о *киске*. Иными словами, контакт установлен.

ВКЛЮЧЕНИЕ

С БОГИНЕЙ
(КОНТАКТ
С КИСКОЙ)

СВЯЗЬ
УДОВОЛЬСТВИЕ

СИЯНИЕ

Цикл сияния

Путь чувственности — это когда вы передаете управление киске. И смотрите, как она себя поведет. Играете с коробкой передач. Лишь вставив ключ в зажигание, включив свою малышку и разогнав ее, можно приглашать на борт пассажиров.

Я рассказала о собственном пути чувственности, но у каждой женщины он свой. Вот истории моих учениц, чей путь совершенно не похож на мой.

Джойс

Джойс — 55-летняя композитор из Нью-Йорка. Когда она впервые пришла на выпускной вечер «Школы женского искусства» в качестве гостьи, то совершенно отчетливо почувствовала, что ей не хватает чего-то, что было у всех участниц курса. Это осознание настолько ее потрясло, что она не могла ни с кем разговаривать. Но в ту же минуту поняла, что хочет обладать этим «чем-то».

Джойс никогда не любила свою киску, даже не задумывалась, что ей нужно внимание. После курсов Мастерства она стала каждое утро делать упражнение с карманным зеркальцем, доставая его и здороваясь с киской: «Доброе утро, красавица!» Больше никаких сознательных перемен не сделала. И все же непостижимым образом вокруг нее начали происходить изменения. Она стала иначе одеваться, подчеркивая покатые бедра. Однажды утром в Нижнем Вест-Сайде она встретила еврея-хасида — в широкополой шляпе и все такое. Он остановился на полпути и сказал: «ПРИ-ВЕ-ЕТ!» Такого с ней никогда не случалось. Давненько никто не обращал на нее внимания на улице. А все дело в том, что мужчина отреагировал на включение. Вскоре ее стал замечать почти каждый встречный. И это ощущение не было ни неприятно, ни оскорбительно. Напротив, очень мило, и она ощутила прилив сил, почувствовала включение, которое активировалось от одного только ее желания! Это доставило несказанную радость.

Она обнаружила, что всякий раз, как вспоминала о необходимости поздороваться с киской, день проходил замечательно. Тогда женщина стала ежедневно выкраивать время для танцев и писательской деятельности. На работе начала пробовать новое, придумывать и находить нестандартные, дерзкие решения. Но главной переменой было то, что она перестала осуждать себя. Активировав механизм включения, Джойс почувствовала, что способна на большее. Теперь она уверена, что желания надо исполнять, и не важно, исполнит ли сама, ее студенты и коллеги или мужчины.

Кимберли

Будучи по профессии медиком, Кимберли начала прислушиваться к своей киске только после целого ряда неприятных происшествий. За годы нелегкой учебы в медицинском колледже и ординатуре она совершенно утратила с ней связь. Вместо этого в ее голове прочно укоренились установки, навязанные медицинскому сообществу мировой патриархальной культурой: «Игривое и легкое поведение помешает добиться успехов в жизни», «женщина не должна открыто демонстрировать сексуальность», «как женщина, ты должна стремиться к более высоким стандартам, чем мужчины, чтобы общество тебя приняло», «слишком сильное сексуальное желание помешает другим воспринимать тебя всерьез», «твои действия никогда не будут цениться так же высоко, как действия мужчин». Слепая вера в эти убеждения привела к тому, что она долгое время пребывала в самом дальнем и темном уголке своего бытия, пряча истинную суть от внешнего мира.

Тем временем ее тело поразил страшный эндометриоз — болезненное расстройство, в результате которого нарушается менструальный цикл, — приведший к полному удалению матки. Она хотела стать врачом, чтобы просвещать людей, объясняя им, как устроено их тело, как добиться того, чтобы физическая и сексуальная активность приносили им больше удовольствия, а вместо этого ее определили в стационарное отделение, где она целыми днями ругалась со страховыми компаниями. Что самое страшное, все предпринимаемые попытки вылечиться были лишь заплатками, которыми она безуспешно пыталась залепить более серьезные проблемы.

К моменту прихода в «Школу женских искусств» Кимберли переживала жесточайшее моральное и физическое истощение.

В результате ежедневного исследования и отработки различных инструментов и приемов, а также благодаря поддержке сестринского сообщества, она смогла уйти с работы и заняться тем, о чем всегда мечтала: написала книгу о мужских сексуальных проблемах, а также начала вести блог. Еще узнала, что благодаря налаженной связи с киской может в полной мере испытывать гнев, который прежде подавляла. Поняла, что этой силы не следует бояться, и начала все больше убеждаться в этом, испытывать эмоции — это правильно и важно. Упражнение по затоплению, о котором я писала в предыдущей главе, помогло ей переварить гнев, и она осознала, что только позволив себе испытывать неподдельные эмоции, сможет стать счастливее, чем когда-либо прежде. Теперь она больше не желала заглушать голос киски. Вот что она сама говорит: «Восстановление контакта с киской для меня ознаменовалось тем, что я наконец услышала ее голос — тот самый, который, как всегда казалось, нужно заглушать, ведь я думала, что никто не захочет его слушать, и боялась, что никто не обратит внимания. Тот самый голос, которому под силу менять жизни. Для меня восстановление связи означает быть собой, ни перед кем не оправдываться и никому ничего не объяснять. Это значит, не нужно спрашивать разрешения, чтобы сказать то, что важно, и не нужны ничьи советы и указания. Восстановление связи — это когда понимаешь, что твой голос имеет значение, он обладает силой, и это единственный способ построить жизнь так, как я хочу для себя и своих близких».

СИЯНИЕ КАК ДАННОЕ ПРИРОДОЙ ПРАВО

Когда женщина наконец находит время, чтобы уделить внимание постижению собственной чувственности, это имеет естественные последствия: она сама становится неиссякаемым источником сияния, озаряющего всю ее жизнь. Она светится внутренним светом, не меркнущим с течением времени и с возрастом.

Мы привыкли считать, что младенцы и маленькие дети излучают его. А оно обусловлено спокойствием и любовью к себе. Они искренне любуются своим прекрасным тельцем и так же искренне благодарны за жизнь. Однако со временем, становясь старше, девочки теряют это сияние. Почему? Потому что начинают вбирать предрассудки культуры, и почти все они сводятся к негативному восприятию женщин. А эти суждения убивают сияние. Если мы сами себе кажемся недостаточно симпатичными, умными, стройными, внутренний свет меркнет. Осуждение, сомнения и уныние берут над нами верх. Чем старше становимся, тем слабее интуитивная связь с киской и тем ущербнее и неправильнее мы кажемся сами себе.

Мы не понимаем, что именно любовь к себе и своему телу способствует формированию регенерации внутреннего сияния. Когда нужно найти источник собственной силы, наше тело — это последнее, что приходит в голову. А ведь именно настроившись на волну включения и любви к себе, женщина обретает высшую силу.

Именно любовь к себе и своему телу способствует формированию регенерации внутреннего сияния.

Все мы хоть раз видели людей, впервые в жизни испытавших влюбленность, а кто-то пережил это лично. Какой яркий свет они излучают! Каждая клеточка тела будто бы вибрирует от радости жизни. Все чувства искрятся и пульсируют. Но химия влюблен-

ности не вечна. Можно ли сделать так, чтобы свет любви озарял каждый день всю жизнь? Можно ли поддерживать огонь в жаровне самостоятельно, без чьего-либо участия?

Когда женщины находятся в обществе других сияющих женщин, сила включения — постоянно обновляемый ресурс. Мы подпитываем друг друга, восполняя энергозатраты, напоминаем друг другу непреходящую истину, что эта сила необходима женщине для нормальной жизни и здоровья. Активировав механизм включения, она получает энергию природной стихии. Благодаря клитограмотности появляется уверенность, что сияние — естественное состояние. Включившись, женщина настраивается на волну своего великолепия, на веру в то, что заслужила этот чудесный дар. Она начинает светиться внутренним светом — как и должна любая женщина; пробуждается врожденная женская мудрость, благодаря которой обретается вера в себя, в свой опыт и силу голоса. Это чувство уверенности неведомо женщине, которая не осознает тесной связи между собственным телом и душой. Поначалу ощущение может вызывать дискомфорт; так, Джойс, чью историю вы прочитали, была так потрясена уровнем энергии включения, наполнявшей учебный класс, что едва могла говорить. Но со временем из этой искры разгорается пламя, подпитываемое энергией других тел. Это невозможно описать словами. Каждая из нас становится источником силы для позитивного преобразования и эволюции мира посредством одного только включения. Сияющая женщина на пике собственной силы, женщина, несущая миру то, что ей предназначено судьбой.

ВСЕ ВЫШЕ И ВЫШЕ

Я убедилась в этом на личном опыте, в тот день, когда вместо Веры Бодански проводила демонстрацию. Вы, наверное, помните, что, пока мы со Стивом проводили сеанс, Вера проходила медицинские обследования. Сразу после занятия мы поспешили в больницу и прибыли туда как раз в тот момент, когда врачи вошли в ее палату, чтобы сообщить о результатах. Они сказали, что у нее рак кишечника и, возможно, рак печени.

Стив упал в обморок, наша подруга-кубинка Кармен громко закричала, а я остолбенела. Вера же сохраняла спокойствие и, повернувшись к нам, озарила всех лучезарной улыбкой.

— Что ж, — сказала она, — воспользуемся этим как шансом подняться еще выше.

На Верином языке «подняться выше» означало до предела обострить ощущения. То есть поддерживать искру возбуждения и благодаря этому даже в болезни видеть дар — и использовать эту возможность, чтобы еще полнее ощутить вкус жизни. Она вознамерилась найти в этом процессе удовольствие, смысл и силу преображения — и взять нас в это захватывающее приключение.

Вере было 65 лет, и к тому времени она уже 30 лет занималась изучением явления оргазма и просвещением на эту тему. Когда оргазм настолько глубоко проникает в тело, вам открывается некая жизненная истина. Вера знала, что любое обстоятельство — хорошее или плохое — можно использовать как двигатель удовольствия и преображения. И знала это потому, что так было у нее самой, и не раз. Она обладала уверенностью женщины, осознающей собственную регенеративную и репаративную силу.

В мире женщин использовать разлом для возвышения означает не просто выжить и не «сделать лимонад из лимонов», но воспользоваться тяжелыми обстоятельствами, чтобы еще больше повысить уровень ответственности. Признать, что сами пишем собственную историю. Иными словами, *это мы создаем лимоны*. Это мы, как магнитом, притянули идеальные обстоятельства, позволившие еще ярче, во всей красе и роскоши, продемонстрировать нашу женскую суть. Мы создали эту ситуацию, чтобы с еще большей уверенностью и мощью стать теми, кем суждено было от рождения.

В природе не существует такого явления, как разлом без освобождения. Вера была живым, дышащим доказательством, что в любой ситуации можно стремиться к совершенству, как бы тяжело ни было. От одного осознания этого у меня перехватило дыхание, и я твердо решила стать еще более прилежной ученицей и с еще большим рвением осваивать новую для меня науку о собственном теле и о жизни.

Из-за болезни Веры я заняла ее место и начала проводить все частные сессии, в которых она участвовала вместе со Стивом. Так что в ближайшие три месяца я внезапно оказалась в роли преподавателя, проводящего более 100 сессий. Я видела женские тела самых разных форм и размеров, а сколько людей поверяло мне свои тайные сексуальные желания! Я узнала, сколько боли и непонимания испытывают люди в связи с различными аспектами чувственности и как часто в интимной жизни руководствуются неправильными решениями. Еще узнала, какую радость и гордость испытывают мужчины, когда наконец получают возможность доставить удовольствие своим женщинам. И как светятся женщины, когда получают больше приятных ощущений, чем могли представить.

Вера полностью вылечилась, а когда силы позволили ей путешествовать, вернулась в Калифорнию. Пройдя сложный курс химиотерапии, постепенно пришла к нормальной жизни и полностью восстановила здоровье. Она была для меня неиссякаемым источником поддержки и помощи во всех аспектах личной жизни и работы, воодушевляла и подбадривала меня, пока я поднимала «Школу женских искусств» и писала первую книгу.

А благодарить за все нужно добрый дух киски. Женский оргазм — это наглядная демонстрация ощущения присутствия божественной силы во всем сущем. Через практику оргазма я научилась наслаждаться каждым прикосновением к собственной киске, не имея при этом никакой цели. Точно так же я отношусь и к собственной жизни — и это, на мой взгляд, оптимальная стратегия. Если не воплощать их собственным примером, то утверждения вроде «Богиня живет в каждой из нас» и «все вокруг пронизано божественной силой» так и останутся теориями. В этом смысле восстановление связи с киской — это путь домой, туда, где божественное начало обретает силу внутри нас, чтобы мы поделились им с другими.

Сияние озаряет ту женщину, которая познала и признала истину: она — врата в жизнь. Словно солнечный свет, ее сияние не меркнет, жизнь в ней не прекращается. Она ощущает постоянную связь со своей стихией, знает, что является алтарем, связующим мир людей с миром Богини — миром божественной силы. Но и на этом алтаре, как и на любом другом, необходимо зажигать свечи для обеспечения постоянного присутствия святого духа. Алтарь без свечей — просто предмет мебели. Женщина без сияния лишена божественной силы.

Куртизанки излучали сияние: смогли включиться, пройдя через разлом. Но его можно задействовать самыми разными способами. Мать Тереза была источником сияния: она жила в любви и любила весь мир. Оно ощущается и в фотографиях, и в ее неиссякаемой энергии, которая направлялась на помощь другим. Еще один пример женщины, излучавшей сияние, — актриса Кэтрин Хэпберн. Все знали, что она была любовницей Спенсера Трейси. Это значит, что она нашла силы взять на себя ту роль, которая считалась унизительной для женщины, — и несла ее с гордостью. Сияющие женщины нередко избирают нетипичный, необычный, противоречивый путь. Они бросают вызов правилам мировой патриархальной культуры, чтобы впредь слушать только голос киски. А затем вдохновляют и всех нас, побуждая следовать их примеру и воплощать в жизнь истинное предназначение — без осуждения, ненависти к себе и стыда.

Домашнее задание:

Святая Троица

Ежедневно нужно искать источник нашего сияния и устанавливать с ним контакт. После долгих исследований в моей любимой лаборатории, то есть учебной аудитории ШЖИ, я разработала технологию моментального определения источника сияния. Не каждый может включиться, когда жизнь идет наперекосяк, но это не значит, что сделать это тяжело. Заведите себе привычку выполнять эту Святую Троицу ежедневно — и поймете, что я имею в виду.

Для этого упражнения нужен партнер — лучше, чтобы это была подруга, Сестра-богиня, которая, как и вы, выбрала путь восстановления связи с киской. Подробнее о Сестрах-богинях я расскажу в последней главе, а пока выберите человека, который кажется надежным вместилищем, куда можно излить свою правду, — человека, который выслушает без осуждения и критики. Если все делать правильно, это упражнение займет всего пять минут, причем выполнять его можно по телефону, а при крайней необходимости — даже по СМС или электронной почте.

Рекомендуемая доза: один или несколько раз в день, по мере необходимости. Если выдался особенно тяжелый день, вы во власти четырех «О», или же, наоборот, чувствуете себя легкой, как перышко, приготовьтесь хвастаться, вспомните, за что благодарны, и произнесите вслух, чего хотите.

Шаг 1: Хвастовство

Первая стадия Святой Троицы — похвастаться три раза. Таким образом вы отдадите должное хорошему, что есть в вашей жизни. Пусть это будет то, что любите, цените, чем гордитесь — в вас самой, в жизни и в окружающем мире. Это нужно, чтобы найти в себе что-то правильное — в пику тому, что нам постоянно внушает мировая патриархальная культура. Найдите три примера успеха, славы, силы и сияния — и похвастайтесь. Например:

Я хвастаюсь тем, что у меня есть страстный любовник, который ехал целых два часа, просто чтобы побыть со мной прошлой ночью.

Я хвастаюсь тем, что когда дети принесли дневник с двумя двойками, я не стала верещать.

Я хвастаюсь тем, что вчерашняя встреча в офисе, на которую я так спешила, прошла легко и я чувствовала себя уверенно.

Шаг 2: Благодарность

Теперь пришло время поблагодарить Богиню за ту благодать, что она пролила на вас. Ведь даже в пучине тоски, горя и разлома женщина, познавшая сияние, знает, как извлечь положительный урок из любого опыта. Благодарность может быть любой формы и размера — просто выберите, что по душе. Например:

Я благодарна, что когда мою машину прошлой ночью задели, меня в ней не было.

Я благодарна, что мой парень повел меня сегодня в ресторан и не пришлось готовить.

Я благодарна за дождь, который оживит мой сад.

Шаг 3: Желания

Последняя стадия Святой Троицы — попросить о трех вещах, которые вы хотите. Именно через них Богиня говорит с нами; поэтому воспринимайте их как продиктованные ей лично. Не верь тому, что пытается внушить нам мировая патриархальная культура, — что желания — это проявление эгоизма! Желание — это карта, которой познавшая включение женщина доверяет больше всего. Озвучить то, чего хотите, не просто забавное упражнение — это ваша ответственность как сияющей женщины. Будьте предельно точны: чем подробнее опишете то, чего хотите, тем легче Вселенной будет ответить. Вот некоторые примеры желаний:

Я хочу закончить работу над этим отчетом до начала занятий по танцам у шеста, завтра в шесть вечера.

Я хочу летний домик в Амагансетте, чтобы до пляжа было не более пяти минут на машине и чтобы там было хотя бы четыре спальни — чтобы я могла пригласить лучших подружек на выходные.

Я хочу еженедельно учиться играть на гитаре и выделять по крайней мере 30 минут в день на игру и пение.

Мы, женщины, понятия не имеем, что сияние живет внутри нас. И что бы ни случилось в жизни, какие бы опустошительные, разрушительные, ужасные и болезненные последствия оно ни имело, мы сможем извлечь из этого разлома пользу и подняться выше. Это заложено не только в нашей природе, но в самой психологии. Когда мы включены, наш клитор знает, как продолжить набирать высоту и как поднять нас выше — через легкие поглаживания, средние или более интенсивные. В этом природа включенной женщины. Когда мы не знаем собственную психологию и нас не окружают женщины, уже познавшие свою, нам недоступна эта непреложная истина: что мы созданы для постоянного созидания и восстановления, несмотря ни на что. Никогда не следует терять ощущения связи с источником силы и божественным началом, потому что сияние заложено в нас от природы. Но мы об этом не знаем, потому что всю жизнь нас учили бояться и избегать самого источника силы: киски.

После потери Тиитуса, ставшей последней каплей, переполнившей чашу, я погрузилась в состояние столь глубокого разлома, что долго не могла найти выхода. Первым, что я сделала, была аренда дома на болоте, где я могла всецело отдаться горю. Я оплакивала потерю нашей любви и дружбы. Я горевала по собственной предпринимательской беспомощности и сокрушалась, что никто больше не придет и не спасет меня. Я плакала и по своей доле матери-одиночки, гадая, хватит ли моей любви и внимания, чтобы вырастить и воспитать дочь. Еще я грустила по своему беспокойному прошлому, заново переживая всю ту боль, что раньше не могла себе позволить прочувствовать. И за это время я сделала весьма неожиданное открытие. Дав выход горю, позволив ему обрести четкие очертания, я нашла источник собственного сияния. Я почувствовала, как через это опустошение стала чище и прекраснее. И не спешила покидать это место. Все здесь было моим: любовь, отчаяние, потеря. Я жила, любила и была любима невероятным человеком. И я вновь нашла источник сияния, позволив энергии включения пролиться в самый центр моей печали.

Так, спустя несколько недель у меня был запланирован сеанс с частной клиенткой. День выдался очень эмоциональным, и я не знала, как его пережить. Но вместо того чтобы отменить встречу, я надела черные ботфорты, облегающие шорты и топ-танка. Потом включила музыку и стала танцевать, пропуская горе через себя. Я вращала бедрами и выгибала спину, давая печали чувственный выход. И наконец ощутила мощную вспышку сияния. Я пришла в себя через включение. Теперь я снова была хозяйкой своей судьбы, а не жертвой. Встав на ноги, я смогла провести еще более мощный сеанс для клиентки, вложив в него всю страсть. Включение превратило мое горе в благословение.

Чтобы принять мой подход, нужна крайняя степень ответственности за собственную жизнь. Но наградой будет столь же высокое осознание того, что ваша судьба зависит только от вас. А если мы являемся творцами собственной судьбы, то никогда не собьемся с пути и не заблудимся, никогда не будем чувствовать себя одинокими.

Наша культурная связь с Божественной Праматерью — это сияющая женщина, познавшая силу включения, — это врата в мир Богини, для себя и других. Ее сияние зримо и ощутимо. Она излучает его как свет или тепло, становясь неотразимо притягательной. Все, что нужно, — принять скрытый в нас огонь чувственности и в полной мере насладиться тем фактом, что вы — женщина. А это, в свою очередь, начинается с акта веры в собственную киску. Познав удовольствие, мы подключаемся и настраиваемся на волну собственной божественности, и с этого момента сияние становится не просто возможным, а неизбежным.

И нет более действенного способа вновь заставить женщину сиять, чем через отношения с теми, кого она любит. Женщина, познавшая включение, обладает способностью освещать путь для всех, кто ее окружает, в особенности — для своего избранного. В следующей главе мы узнаем, что такое отношения, озаренные сиянием, и как добиться того, чтобы они были в вашей жизни.

Все, что нужно, — принять скрытый в нас огонь чувственности и в полной мере насладиться тем фактом, что вы — женщина.

Отношения, озаренные сиянием

Разве может мужчина увидеть себя состоявшимся, полностью реализовавшим силу, глазами неудовлетворенной женщины?.. Когда женщина потеряна, так же потерян и мужчина. Истина состоит в том, что женщина — это окно в сердце мужчины, а сердце мужчины — врата в его душу.

Джада Пинкетт-Смит

Все мы ищем любви.

Все хотим, чтобы нас заметили и оценили такими, какие мы есть. Для кого-то естественным исходом подобных исканий является брак или постоянные отношения. Другие предпочитают периодически менять партнеров. Отношения, озаренные сиянием, — это такой тип связи, в которых оно становится ярче. Со временем представление о том, какие отношения оптимальны для вас, может измениться и эволюционировать. К счастью, мы живем в эпоху возможностей и вариантов. Теперь не нужно вступать в отношения, отвечающие стандартам и ожиданиям других людей: мы вольны делать собственный выбор, руководствуясь желаниями и чаяниями.

Я сама выросла в семье, где у родителей были весьма традиционные отношения. Мама вела хозяйство, отец обеспечивал семью. Но мне не хотелось повторить то, что я пережила и чему стала свидетелем. Традиционный брак казался удушающим и ограничивающим, а мне хотелось свободы и личного пространства, хотелось быть исследователем, а не просто женой. В отличие от мамы и бабушки я выросла в то время, когда можно было сделать выбор в пользу свободы и личного пространства. Я могла обеспечивать себя и ребенка без поддержки партнера. Как следствие, толчком к поиску отношений послужила не материальная нужда, но желание. А значит, у меня больше свободы выбора — и это одновременно страшно и прекрасно. Страшно — потому что не с кого брать пример в реализации желаний (которые, мягко говоря, не совсем традиционные). Прекрасно — потому что мои ощущения ничем и никем не ограничены.

Ваши желания могут быть совершенно традиционными — и это тоже замечательно. Или могут быть совершенно беспрецедентными в привычной вам реальности. Как только ваше сияние включится, все это не будет иметь никакого значения. Мы всегда следуем за Навигатором, полностью доверяясь киске.

Но это означает, что в первую очередь необходимо выбирать такие отношения, которые питают наше сияние. Почему? Ведь не зря говорят: счастлива мама — счастливы все. К сожалению, большинство женщин понятия не имеют, что приносит им счастье. Нам с детства внушали, что нужно быть внимательными лишь к счастью мужей, отцов, матерей и детей, но не к собственному. Вот почему так часто отношения терпят крушение. Женщина пребывает в полной уверенности: чтобы поддерживать их на плаву, она должна отдавать все время и энергию другим. Если сегодня она пожертвует собой на благо мужа и детей, то, может быть, когда-нибудь заслужит собственную крупицу счастья.

На деле же выходит с точностью до наоборот. Отдавая все, что у нее есть, женщина теряет связь с источником силы. Как все мы увядаем без солнца, так и женщина медленно разрушает собственные отношения. *Отношения не могут быть здоровыми, если женщина выключена, если она не светится от счастья.*

С мальчишками все просто. Они счастливы в отношениях, если женщина рядом кажется счастливой. Это мы, женщины, сложные существа. И сложность состоит в том, что мы забыли древнюю истину: наше удовольствие — источник нашей силы. С детства нас пичкали сказками, внушая, что если будем надрываться, то в конце концов прилетит фея-крестная и подарит нарядное платье. Или — если будем милыми и пассивными, то обязательно прискачет принц, поцелует в алые губки и оживит.

Все мы с детства знаем сказки о Золушке, Спящей красавице и Белоснежке. Женщинах, которые только и делали, что лежали в коме и ждали, пока приедет принц. Я знаю тысячи, тысячи женщин, которые так же ждут спасителей. Кто-то из них уже годится принцу в бабушки. Я хочу, чтобы вы задумались хоть на минутку, что во всех этих сказках нет ни крупицы правды. Женщины — центр всего, в том числе собственного счастья. А мужчины на самом деле не слишком справляются с ролью спасителей. Им бы самим сперва найти место в мире, без женского света — внешнего или внутреннего.

Нам же, женщинам, всего-то нужно найти этот свет и спасти себя самим, а благодаря поддержке сообщества сестер сделать это проще простого. Когда мы становимся частью сообщества, наладить отношения с партнером намного легче. Сестры подпитывают нас энергией, а мы подпитываем собственные отношения.

Для того чтобы построить отношения, озаренные сиянием, нужно забыть все, что вы прежде знали о них, и выстроить схему с нуля, думая прежде всего о включении. Нужно самой уверовать в то, что именно эта энергия дает силу мужчинам, которые рядом, а не наоборот. Необходимо взять на себя ответственность за собственное счастье, даже если мы не одиноки. Нужно выяснить, от чего мы загораемся и начинаем светиться, чтобы использовать этот свет как дорожную карту для прекрасных отношений. А все это начинается с главных отношений в жизни каждой женщины: отношений с собственной киской.

ИСТОРИЯ О БИФФЕ

Как вышло, что нас, женщин, так мало учили тому, что нужно делать для эффективных отношений? Позвольте рассказать притчу и таким образом объяснить. Жила-была маленькая милая девочка. А в доме по соседству жил маленький мальчик, ее ровесник. Звали его Бифф.

Как и все девочки в квартале, она бегала и играла в парке с друзьями, знала, что у нее есть носик, глазки, ушки и коленки, а «там» — *ничего*. Как и все мальчики в квартале, Бифф бегал и играл в парке с друзьями. Он знал, что у него есть носик, глазки, ушки и коленки, а «там» — *пенис*. Эти двое детей выросли и пошли вместе в ясли, потом — в детский сад. У девочки по-прежнему ничего не было, а у Биффа был пенис. Но они ведь были просто маленькими детьми, кому какое дело, что у них «там»?

Шли годы, а они все так же играли вместе после школы. Иногда в баскетбол, иногда — в куклы. Иногда — на детской площадке. То и дело бегали друг к другу в гости, чтобы поесть хлеба с арахисовой пастой.

А годы шли, и вот наши маленькие соседи отправились в среднюю школу. Однажды девочка вышла и увидела, что Бифф, как обычно, ждет ее. Но в тот день что-то было не так. По дороге домой она посмотрела на него. Он совсем недавно вытянулся на несколько дюймов. Сейчас мальчик возвращался с тренировки по бейсболу, и она впервые заметила его мускулистые руки. Потом солнце отразилось в его больших карих глазах; на лоб упала прядь волос, и он откинул ее, словно рок-звезда. Внезапно волосы на руках у нее встали дыбом. Она почувствовала, как по спине пробежали мурашки. Их взгляды встретились, и она уставилась на его красивое лицо. И как раньше не замечала? Когда их взгляды пересеклись, он, казалось, почувствовал то же самое. Как зачарованный, он наклонился и нежно поцеловал ее в губы. Потом смущенно пробормотал «пока!» и пошел домой.

Она неподвижно стояла у дорожки к дому. Что это было? Ее вдруг охватило чувство, которого она никогда раньше не испытывала. Губы распухли и горели, словно ужаленные. Тело пульсировало, колени подкашивались. Это было невероятно, чудесно, феноменально. Одним словом, в этом было... *все*. Никогда прежде она не ощущала жизнь так полно, будто слышала на фоне саундтрек, предсказывающий ее судьбу. Принц приехал за ней, и его звали Бифф! *О боже, прекраснее этого никогда ничего не было, с начала времен!*

Она немедленно побежала домой, перепрыгивая через ступеньку, заперлась в ванной и осмотрела свои губы, только что познавшие поцелуй. Интересно, заметит ли кто-нибудь? Изменилось ли что-то? Поймут ли люди, что теперь она — *поцелованная женщина*? Девушка вбежала в комнату и принялась подбирать наряд на следующий день. Надо одеться так, чтобы Бифф заметил ее и снова поцеловал. (А потом... кто знает?) Ночью она почти не спала. И хотя он никогда раньше ей не звонил, она все ждала звонка или сообщения. Ей нужен был какой-то знак, что это *выдающееся событие* и вправду случилось.

На другой день в школе при одной мысли о нем она ощущала волнение от предвкушения. За обедом почти ничего не ела — все думала о предстоящей прогулке из школы домой. Весь урок по математике писала на полях тетради «Мистер и Миссис Бифф», едва слушая учителя.

У него после школы была тренировка по бейсболу, и домой он пошел не сразу. Она решила пойти посмотреть, как друг занимается. Всю тренировку пыталась обратить на себя его внимание, маша ему и крича: «Бифф, посмотри сюда!» Но он был слишком поглощен игрой и не заметил. Или нарочно решил не замечать?

После тренировки он ушел вместе с мальчишками. «Бифф, подожди!» Она знала, что ведет себя глупо, но ей было все равно.

В тот момент лишь одно имело значение: она хотела вновь испытать *то чувство*.

Чувство, будто наполняешься жизненной силой, ощущаешь себя желанной, светящейся, по-настоящему собой.

То чувство, которое, как ей казалось, исходило от Биффа.

Она и не знала, что вся эта жизненная энергия, сила и сияние на самом деле берут начало в ней. Что сама она только что познала вкус собственного божественного сияния — многократно усиленного, потому что кто-то отражал его и возвращал ей.

В этом-то и заключается путаница у женщин. Всех нас учили, что это мужчина заставляет нас испытывать определенные чувства. Что в отношениях вся власть принадлежит ему. Нам внушали, что в отношениях именно мужчина выбирает женщину. На самом деле все наоборот. Взять хотя бы мир животных. Старый полосатый кот лениво греется на солнышке, а кошка рядом вся исходит в течке. Стоит ему учуять запах, как он начинает ломиться в москитную сетку. Она — источник желания, сила эротического притяжения, энергия возбуждения. Это ее сияние притягивает самцов в округе.

Нам внушали, что в отношениях именно мужчина выбирает женщину. На самом деле все наоборот.

У мужчин и женщин — точно так же. Женщины устанавливают курс желания. Если она не захочет — ничего не будет. А если захочет — он в конце концов подчинится. Но возбуждение исходит от нее, а не от него. Иногда бывает взаимным, но если она не даст зеленый свет, ничего не произойдет. И тем не менее, поскольку женщины всегда были уверены в обратном, на протяжении стольких тысячелетий, — теперь нам и в самом деле нелегко принять противоположную точку зрения. Разве можно солнцу объяснить, что оно — солнце? Представьте себе: оно оглядывает мир и видит повсюду свет. И думает: «Ну вот, я такое же, как вы, — во мне нет ничего особенного!» Оно единственное не видит себя, потому что является солнцем.

Но вернемся к нашей истории. Единственное, чего хотела маленькая девочка, — снова испытать то чувство. И конечно, она думала, что если просто подбежит к Биффу, то именно он подарит его.

И вот она неотступно преследовала его.

А он — убегал.

Со своей стороны девушка не понимала, что бросает свою могущественную божественную силу к ногам 14-летнего мальчишки, который не мог даже парные носки подобрать. Он же, в свою очередь, не понимал, что случилось с его лучшей подружкой. Это ведь был всего лишь легкий поцелуй! Она была совершенно *нормальной* всего день назад и вот теперь ведет себя как полоумная.

Такая маленькая девочка живет в каждой из нас. Мы безнадежно и беспомощно бегаем за каким-нибудь мальчиком (или девочкой) из соседнего дома, твердо уверенные, что именно в них заключен источник нашей силы, сияния и удовольствия. А если этот Бифф ускользнет? Ничего страшного: мы переключаемся на следующего... потом снова... и снова. В мире столько Биффов — всех и не сосчитаешь. И он не всегда бывает мальчиком — возрасты встречаются разные. Бифф даже не всегда бывает человеком. Мы используем притчу как метафору и даже образовали от его имени глагол. Иногда мы «биффаем» школу, куда нам обязательно нужно попасть. Или работу, которую обязаны получить, чтобы чувствовать себя нормальными. Мы даже можем «биффать» ребенка или семейную жизнь. Дом в правильном районе, какую-нибудь машину или членство в престижном клубе.

Мы «биффаем» любой объект, который кажется нам источником силы. Если верим, даже на поверхностном уровне, что нам необходим внешний источник силы, значит, мы «биффаем». Зачем? Потому что нас так учили. Мировая патриархальная культура внушила, что мы не должны доверять природной мудрости киски, своему уму и сиянию. Культура внушила, что мы, женщины, бессильны.

И даже феминизм не спасает от «биффанья». И терапия. И Лига Слоновой Кости.

Пару лет назад газета «Нью-Йорк таймс» опубликовала статью, согласно которой женщины-студентки Гарвардской школы бизнеса сильно отстают от мужчин по академическим и социальным показателям: «Женщины в Гарвардской школе показывают отличные результаты во время тестирования, однако сильно отстают в работе на уроке, а итоговая оценка на 50% зависит от этого показателя, при всей его субъективности. Из года в год на занятиях в классе наблюдается одна и та же иерархия: ветераны инвестиционных банков и хеджевых фондов, чаще всего мужчины, выступают активно и уверенно, тогда как все прочие, главным образом женщины, сидят молча или отвечают робко и односложно». Почему? По мнению автора статьи, все дело в том, что женщины ощущают необходимость выбора между успехом в академической и общественной сферах. Они стараются не высовываться в классе, чтобы выглядеть в глазах мужчин более привлекательными и «подходящими» для свидания. Иными словами, «биффают». «Я понятия не имела, какое у меня предназначение на учебной площадке как у одинокой женщины», — призналась одна из студенток. Были ее приоритеты «чисто профессиональными, академическими, или же главная цель — найти жениха»?

Когда у женщины отсутствует внутренний компас, связующий ее с киской, она потеряна, словно корабль в океане. И не важно, в Гарварде она, или в Конго, или едет в метро поздно ночью, или впервые пришла на светское мероприятие, — у нее нет осознания внутренней божественности и «правильности».

Единственное спасение от «биффанья» — восстановление связи с киской. Та, что владеет киской, владеет и собственной жизнью. Только познав и приняв источник силы, женщина сможет преодолеть кризис неуверенности, который переживают современные женщины.

ЖЕНЩИНЫ В ГНЕВЕ

Когда мы «биффаем» замужество или просто серьезные отношения, то делаем это из-за ожидания, что эта романтическая любовь поможет нам осуществить все самые сокровенные желания. Однако в погоне мы перегружаем сами себя — а заодно и наши отношения — надеждами, мечтами и ожиданиями. Мы свято верим, что задача нашего партнера — полностью удовлетворять нас в духовной, романтической, чувственной и эмоциональной сферах, и не понимаем не только того, что одному человеку не под силу блестяще справиться со всеми задачами, но и того, что тем самым снимаем с себя всю ответственность за собственную жизнь. Разве можно после этого удивляться количеству разводов, когда все предприятие изначально обречено на провал?

А ведь сама идея о романтической любви как основе брака появилась лишь в Средние века. До этого их заключали по расчету — из финансовых и социальных соображений. Бывало, что жених и невеста впервые видели друг друга только на свадьбе. Любовь между ними могла быть лишь счастливым совпадением, но ее никто не ждал. С 1960-х годов количество разводов возросло вдвое, тогда как число браков с 1970-х снизилось на 50%. На сегодняшний день целых 47% взрослых людей не женаты и не замужем. Из них 40% были в браке и в настоящий момент одиноки, а 60% никогда не состояли в браке. В 50% случаев женщина становится матерью-одиночкой, и каждый третий ребенок растет без отца. Из них только треть получает детские пособия. 50% одиноких людей за последние два года ни с кем не встречались.

Во время полового акта мужчины испытывают оргазм в 75% случаев, тогда как женщины — только в 29%.

И при этом женщины чувствуют себя полноценными лишь будучи в отношениях с другим человеком.

Что же до супружеских пар, статистика так же неутешительна. 20% занимаются сексом 10 раз в год или реже. На вопрос о половом влечении 50% женщин и 30% мужчин отвечают, что не испытывают его. Во время полового акта мужчины испытывают оргазм в

75% случаев, тогда как женщины — только в 29%. Вряд ли кого-то удивит тот факт, что самой распространенной причиной разводов является супружеская измена.

Все цифры я привожу не для того, чтобы вас испугать. Для меня они просто означают, что та схема, по которой мы до сих пор выстраивали отношения, не работает.

За 20 лет обучения тысяч и тысяч женщин я поняла, что одной из основных причин расставаний является ее разочарование в партнере. Романтические ожидания не оправдались. И что она делает, когда понимает это? Объясняет ли своему мужчине с присущей ей грацией и великодушием, как доставить ей удовольствие? Обучает ли его искусству сделать женщине приятно?

Нетушки. Она не учит, а жалуется.

А почему она изначально настраивается на жалобы, которые, должно быть, в конечном итоге приведут к расставанию? Потому что ее с детства запрограммировали на сказочный сценарий, внушили, что «должно» произойти и какими «должны» быть отношения. И когда сказка идет не по плану, она обвиняет мужчину, решает, что проблема в нем, сетуя на то, что он не спрашивает о ее желаниях, а если и спрашивает, то все равно не слушает ответы. Мужчины, в свою очередь, жалуются, что понятия не имеют, чего хотят женщины, — а сами они не говорят, потому что думают, что те должны сами все понимать!

Но если я что и поняла насчет мужчин, так это то, что они по-настоящему, искренне хотят сделать нас счастливыми. И когда мы все-таки находим умный способ сказать им о желаемом, они с радостью это исполняют. Проблема в том, что мы так глубоко травмированы маскулинной культурой, в которой выросли, что первая наша реакция — гнев.

Мы живем в эпоху, когда женщины имеют право испытывать искреннюю и сильную ярость. Стрижка и укладка для нас дороже, чем для мужчин, а зарплата — на 20% ниже. Эффективность лекарств, которые нам выписывают, в первую очередь проверяется на мужчинах, а не на нас. Мы редко занимаем руководящие посты, но при этом нас слишком много среди обслуживающего персонала. В корпоративном секторе самые высокие руководящие посты занимают мужчины. На сегодняшний день только 2,4% генеральных директоров, попавших в рейтинг Fortune 500 CEO, — женщины, а из 197 глав государств женщин всего 22.

А как же ощущения, которые каждая из нас испытала на личном опыте? Меня, например, мужчины хватали и лапали с самого подросткового возраста. Женщин из моего сообщества насиловали на свидании, домогались, преследовали на темной улице, игнорировали, когда они пытались возражать, угрожали, запугивали, унижали, издевались, свистели вслед; начальство и коллеги принуждали их к половому акту, настраивали против них коллектив, если те отказывались, а также лишали возможности повышения по службе из-за пола. Нельзя открыть газету без того, чтобы не прочесть очередную новость о женщинах и девушках, продаваемых в сексуальное рабство, похищенных и подвергнутых групповому изнасилованию со стороны военных или даже полицейских собственного города, переживших жестокость и насилие в собственной семье.

Когда женщине внушают, что окружающие ее мужчины не на ее стороне, а ее задача в любом случае их ублажать, разве может она испытывать положительные эмоции в рамках взаимодействия с ними? Поэтому учится подчиняться балансу сил, который противоречит истинной силовой динамике, вести себя так, словно женщина — слабая сторона, и начинает верить в это, в то время, как на самом деле она, наоборот, сильнее мужчины. Помните: она и есть солнце. Любая попытка запихнуть ее в шкуру беспомощной жертвы только выводит ее из себя.

Одной из главных сложностей современной жизни для женщин является принятие на себя ответственности за собственный гнев. Это означает прочувствовать его, прогнать через все тело, пройти через затопление, в особенности в присутствии других членов сестринства. Ведь каким бы праведным и оправданным ни был гнев, направленный в верное русло, в отношениях он может стать серьезной проблемой, только разрушив их. Начиная с того, что в подобном состоянии женщина ужасно себя чувствует. Разумеется, и ему неприятно, но самое страшное в том, что таким образом женщина абсолютно теряет связь с источником сияния. Без доступа к природным ресурсам тревога внутри и ощущение собственного бессилия только растут. Они принимают форму осуждения собственного мужчины. Он же, если женщина не сияет, чувствует себя неудачником — как все мы испытываем уныние и подавленность, когда некоторое время не видим солнца.

Если женщина понимает, что мужчина на ее стороне, она признает, что его поведение — всего лишь продукт неправильного воспитания, а не плохих намерений. И от осознания, что он вовсе не желает сделать ей больно или унизить ее, женщина расслабляется. Она вновь чувствует связь с источником собственной божественной силы и уверенность, что есть способ получить желаемое. Когда брак озарен сиянием, оно освещает и путь впереди.

СИЯНИЕ
КАК ПУТЬ К СПАСЕНИЮ

Испокон веков женщинам приходилось расплачиваться сексом за выживание. Сегодня мы вполне в состоянии сами добывать пропитание и обеспечивать крышу над головой. В этом смысле равновесие сил сместилось. Для здоровой, счастливой жизни мужчина нам больше не нужен. Таким образом, изменилась и сама цель отношений — в приоритете теперь не «хлеб насущный и крыша над головой», а кое-что другое.

Рождается принципиально новая парадигма. Я называю ее «сияющая связь». Этот новый тип отношений по сути представляет собой партнерство, созданное с явным стремлением скрасить существование друг друга. В паре, где существует подобная сияющая связь, мужчина чувствует себя значительно лучше, потому что в его жизни есть она; женщина чувствует себя значительно лучше, потому что в ее жизни есть он. Это больше не бартер, основанный на потребностях друг друга, — в новой модели отношений каждый участник сознательно делает все, чтобы регулярно доставлять другому удовольствие. Это означает, что каждый должен относиться к другому с одобрением и признательностью, а не злиться. Для подобного подхода необходимы серьезный самоанализ, ответственность и самоотдача. Ведь так легко угодить в ловушку, начав обвинять вторую половину за то, что в жизни чего-то не хватает.

В отношениях, основанных на сияющей связи, оба участника занимают активную позицию, простой и бездействие недопустимы. Каждый сознательно ищет способы доставить удовольствие себе и партнеру либо наладить регулярную и прозрачную коммуникацию, чтобы лучше узнать его и полнее раскрыться навстречу. Цель состоит в том, чтобы посредством подобной модели отношения подниматься вместе с партнером все выше и выше.

Я и сама состою в подобных отношениях, основа которых — сияющая связь. Моего партнера зовут Эстебан, и он присутствует в моей жизни более или менее стабильно вот уже 10 лет. Наши отношения нельзя назвать традиционными. Мы то сходимся, то расходимся каждый в своем направлении. Чем мы занимаемся, когда не вместе, — не важно. Он волен заниматься чем хочет и с кем хочет — так же, как и я. Мы не связаны оковами и обязательствами. Всякий раз, когда встречаемся, то оба знаем, что этот раз может стать последним, потому что ни один из нас не собирается давать традиционную клятву верности.

В основе отношений лежит мощная сексуальная химия. Стоит мне увидеть этого человека, как я начинаю захлебываться слюной. Он — настоящее воплощение мужественности: мастер боевых искусств, который знает, как потешить мое женское самолюбие. В свою очередь, я сильная женщина, и мне приятно быть рядом с мужчиной, за которым чувствуешь себя как за каменной стеной, который не стушуется перед лицом моей жгучей страсти. Эстебан позволяет дикому, чувственному зверю, живущему во мне, выйти на волю и наиграться всласть, с ним мне не нужно сдерживаться. В одну и ту же ночь я могу быть его королевой и его шлюхой. Как человек, которому приходится держать под контролем столь многие сферы жизни, я испытываю невероятное удовольствие от возможности расслабиться рядом с ним и почувствовать себя просто женщиной. Эстебан знает и любит меня, восхищается мной, и я отвечаю взаимностью. Мы по-настоящему наслаждаемся обществом друг друга. Кроме того, мы и в самом деле дорожим собственной свободой. Наше взаимопонимание и желание предоставить друг другу пространство для маневров — вот что помогает кораблю отношений оставаться на плаву.

Когда мы только познакомились, я сразу сказала, что он не нужен мне как парень — только как любовник. Он никогда не казался мне «суженым», как Тиитус. У нас обоих за плечами был брак и у обоих были дети. Какое-то время мы встречались, но оба чувствовали себя в этой роли скованными, словно в ловушке. Подобная традиционная модель отношений не подходила ни мне, ни ему. Попытались расстаться, но и это было ошибкой — слишком нравились друг другу, чтобы не быть вместе, но при этом не хотели ограничивать друг друга.

Поначалу мне было нелегко осознавать, что у него есть другие любовницы, да он ничего и не рассказывал. Эта сторона его характера казалась ему настолько неправильной, что он инстинктивно скрывал ее из страха меня потерять. Я же вела себя более открыто: он знал, что и я встречаюсь с другими мужчинами. Когда наконец признался, что проводит время с другими женщинами, мы едва снова не расстались. Было нелегко понять, зачем он скрывал. Но так же нелегко было принять правду: несмотря на нежелание иметь постоянного партнера, на подсознательном уровне привычка встречаться только с одним мужчиной все еще довлела надо мной. От мысли о полигамных отношениях меня коробило, но и моногамных я не хотела.

Сделав для себя это открытие, я на целый год — или почти — рассталась с Эстебаном. Все это время я безумно скучала. Скучала по тому, как умело он занимался любовью, по его умению слушать меня, неизменно уделяя внимание лучшей и самой важной части меня, когда саму обуревают сомнения и страхи. Мне не хватало ощущения, когда можно просто расслабиться и почувствовать себя женщиной в его объятиях. А потом он вернулся. Моя компания как раз переживала непростой период, к тому же в одиночку было нелегко воспитывать дочь, да еще и строить дом — и все это одновременно, и все сама. Однажды я шла по улице своего нового района, а он шел навстречу, словно искал меня. И когда я спросила, он ответил, что и в самом деле искал. Казалось, он знает, что нужен мне, и мой внутренний Навигатор уловил это и послал его меня найти. (В подобных совпадениях я всегда вижу знак: ты находишься в нужном месте, в нужное время и с нужным мужчиной.)

Мы побежали навстречу друг другу на углу улиц Принц-стрит и Элизабет-стрит, и я упала в его распростертые объятия. Казалось, мы общались с ним накануне. Я рассказала о своих страданиях. Он подхватил меня, отвел домой, и мы занялись любовью. Мне стало намного лучше. Он пришел за мной, нашел меня, выслушал и через секс вернул к жизни. С тех пор мы стали любовниками.

Каким-то непостижимым образом Эстебан знает меня, знает, что мне нужно, лучше, чем кто-либо. В моей жизни были периоды, когда хотелось, чтобы он выбрал именно меня, отказавшись от всех других женщин. В конце концов, ничто человеческое мне не чуждо, и мне тоже хочется сказки. Я могла бы замкнуться на этой мысли и отдалиться от него на несколько месяцев или больше. Но в то же время я не хочу сказочных отношений ни с кем другим — мне нужны именно эти, с Эстебаном, и по этой причине мы всегда возвращаемся друг к другу. Он выслушивает меня, я — его. Он дарит мне любовь и участие, и я отвечаю ему тем же.

И нам вместе очень весело. Иногда мы уезжаем на несколько дней в Майами. Бывает, он берет с собой гитару и поет мне, а я танцую для него. Мы можем часами заниматься любовью, валяться на пляже, устраивать романтические ужины. Потом расстаемся, каждый возвращается в свою жизнь, мне нравится приглашать его в свое жилище: я готовлюсь к его приходу так, словно он — мой король, а я — его куртизанка. Я наливаю бокал его любимого вина или минеральной воды «Пеллегрино», сервирую небольшой поднос с деликатесами. К приходу готовлюсь тщательно: принимаю ванну и надеваю полное куртизанское обмундирование — это может быть соблазнительное белье и ботфорты или же шелковый халатик и туфли-лодочки. Я делаю все, чтобы сиять ярким светом. Он питает меня даже больше, чем его. Мне нравится обитать рядом с источником собственного возбуждения. Таким образом я могу проявить свои лучшие качества и сама наслаждаться связью со своим божественным началом через удовольствие.

Разумеется, наши отношения — ни к чему не обязывающие, но мне в них хорошо. В последние 10 лет я была на гребне творческого подъема: я поставила на ноги ШЖИ и нашла свою предпринимательскую нишу; создала ключевую учебную программу, по которой учу тысячи женщин; собрала команду; воспитала прекрасную, с невероятно сложным характером дочь и построила для нас чудесный дом. Мне не хотелось, чтобы с появлением мужчины в жизни начались проблемы; хотелось лишь любви, личного пространства и свободы, поддержки, романтики и потрясающего секса — и все это дает мне Эстебан.

Мечтаю ли я о том, что когда-нибудь у нас будут традиционные отношения? Бывает. Но в глубине души я знаю, что если бы мы жили вместе и постоянно видели друг друга, союз перестал бы быть тем самым генератором сияния. Именно желание поддерживает нашу связь. Мы оба долгое время состояли в браке и теперь наслаждаемся свободой. Мы созданы быть любовниками и в совершенстве владеем этой ролью. Именно искреннее влечение всякий раз приводит нас друг к другу, чего не скажешь о большинстве отношений. Я все так же встречаюсь с другими мужчинами и вполне допускаю мысль, что когда-нибудь появится тот, с кем я захочу связать свою жизнь в более традиционном смысле. Но пока поиски партнера не являются первостепенной задачей. На первом месте сейчас дочь и работа. Эстебан отлично справляется с обоими этими аспектами, не отвлекая меня от моей миссии. Надо сказать, что для меня стало полнейшей неожиданностью то, что наши отношения просуществовали так долго. В чем же секрет их здоровья и долголетия? В том, что мы подпитываем сияние друг друга.

НАСТРОИТЬСЯ НА ТО, ЧЕГО ВЫ ХОТИТЕ

Сияющие отношения — это упражнение с переменными элементами. Цель его — понять, что есть выбор: обратить свое внимание на партнера или нет. Мы больше не живем в мире, где обязательно выходить замуж или состоять в отношениях. И хотя многие женщины до сих пор испытывают такую потребность, новая парадигма больше не сводится к тому, чтобы получить все или ничего. Нам предоставляется огромная свобода выбора, и мы вольны принимать решения исходя из того, насколько тот или иной выбор питает наше внутреннее сияние.

На данном этапе жизни я не ищу постоянных отношений, так же, как некоторые совершенно не собираются тратить время и внимание на воспитание детей. Но многие мои студентки страстно этого желают, и я с радостью помогаю им достичь поставленной цели. За последние 20 лет с моей помощью и поддержкой тысячи людей образовали пары, даже те женщины, которые и не думали, что им это когда-нибудь удастся.

Суть сияющих отношений в том, чтобы понять собственные желания, прислушаться к истине, которую говорит киска. Путь этот нелегок и требует смелости и готовности стать первопроходцем — исследовать такие дороги, которые подходят именно нам, какими бы странными и непривычными они ни казались. Когда мы по-настоящему настраиваемся на осуществление желаний, оказывается, что каждый из нас мечтает о чем-то своем. Одни родились, чтобы вступить в брак и воспитывать детей в совершенно традиционном смысле. Другие хотят ребенка, но не партнера. Третьи — партнера, но не детей. Четвертые и вовсе предпочитают жить в относительном одиночестве. Главная задача в том, чтобы слушать, экспериментировать, следовать туда, куда укажет киска. Часто для этого нужно полностью выключить эго. Именно это я проделала!

Для успешных отношений необходим неустанный труд. Придется отказаться от некоторых аспектов жизни. Вы больше не одиноки — придется считаться с кем-то еще, причем круглосуточно. Когда вы в постоянных отношениях, у вас нет пауз и выходных. Эмоциональное здоровье и благополучие чрезвычайно важны не только для вас, но и для партнера. Отношения требуют времени и внимания, каждый день. Но при этом мы так много получаем взамен!

Каждая женщина может написать собственную историю отношений — ведь это непрекращающееся приключение. Чтобы развиваться в какой-либо сфере жизни, в особенности в отношениях, женщина должна полюбить то, что есть. А это нелегко. Как часто я слышу жалобы на то, что они одиноки и считают себя «неправильными» за то, что не состоят в отношениях. Осуждение действует на внутренний двигатель как песок. Пока мы считаем то, что имеем, плохим или неправильным, далеко мы не уйдем. Если бы я считала свои отношения с Эстебаном неправильными только потому, что они не похожи на отношения моих родителей, я упустила бы важный этап в становлении собственной личности. Моя жизнь в корне отличается от жизни матери, как и мои желания. В этом состоит одновременно преимущество и сложность нашего времени, дающего мне свободу и силу создавать идеальные отношения для той меня, какой я являюсь сейчас. Постепенно они становятся двигателем реализации моих истинных желаний, которые в данный момент заключаются в том, чтобы сосредоточить свое внимание на любимой работе и на

Для успешных отношений необходим неустанный труд.

воспитании ребенка, в то же время наслаждаясь чудесным, гармоничным сексом с Эстебаном в любой момент, когда захочу. Полагаю, когда моя дочь поступит в колледж, мне захочется более глубокой связи, и модель отношений пропорционально изменится. В этом преимущество сияющих отношений перед традиционными: гибкость в реализации собственных желаний в конкретный момент и одновременно верность киске и уважение к партнеру (или партнерам), которые для нас становятся любовниками и друзьями.

ПОИСК ПУТИ СИЯНИЯ

Как только женщина находит источник собственного сияния и устанавливает с ним связь, все меняется — главным образом ее представление об отношениях. Ей нужно найти мужчину (или женщину), который сделает ее сияние ярче, а не погасит его. Для успешных отношений нужно поставить на первое место собственные чувства и желания. А между тем — внезапно! — в детстве, а также в процессе взросления меня учили совсем другому: женщина должна заботиться о мужчине и его потребностях, чтобы *ему* было хорошо. В юности мне не удавалось достичь успеха в отношениях, потому что я не ставила себя на первое место, а следовала правилам, которые мне внушали всю жизнь, и в конце концов не чувствовала ничего, кроме досады и нехватки воздуха. Быть может, и с вами случалось нечто подобное.

Чтобы по-настоящему контролировать собственное сияние, необходимо постоянно и непрерывно практиковаться. Каждая обязана подпитывать собственную жаровню, ежедневно разжигая пламя сияния. Нельзя ждать, пока партнер сделает нам хорошо; нужно самим вложиться в это. Когда мы ждем, что он возьмет на себя наши нужды и потребности, в отношениях наступает дисбаланс. Так, если вы требуете от партнера полного спектра удовольствий (оргазм, массаж, ванны, прочие прелести), то в конце концов останетесь разочарованной. Каждая должна в первую очередь думать о своем удовольствии и делать все, чтобы обеспечить себя необходимым вниманием для надлежащего самочувствия. Если вы сами установите для себя высокую планку, все, что будет делать партнер, станет дополнительным слоем глазури на приготовленном вами торте. Представьте, например, что каждый день принимаете ванну с солью, регулярно делаете паузу для танца и собственного удовольствия, хорошо проводите время с друзьями, ходите на массаж, маникюр и педикюр. Таким образом вы сами активируете свое сияние еще до подключения партнера. Что бы он или она ни добавили, этот элемент сделает блюдо только вкуснее.

Если же будете ждать, пока все это даст партнер, в отношениях наступит дисбаланс. И как любой организм, страдающий от подобного, они в конце концов умрут. Качество жизни зависит от вас. Самые длительные отношения в вашей жизни — это любовь к самой себе. Хороший парень (или девушка) рядом — это лишь приятное дополнение.

Я слишком часто вижу, как женщины жертвуют собственным сиянием, чтобы удержать отношения или брак, в которых они несчастны. Однажды в «Школу женских искусств» пришла Ив, которая к тому моменту уже несколько лет страдала от вялотекущей депрессии. Со стороны казалось, что у нее есть все, о чем только может мечтать женщина: красивый дом, муж-анестезиолог и двое прелестных детей. На деле она была несчастна. Всю жизнь Ив пыталась сделать супруга счастливым в надежде обеспечить собственное счастье. Однако незаметно и неощутимо для себя она все глубже и глубже увязала в роли уборщицы/обслуги, постепенно теряя жизненные силы.

На курс ее записала собственная мать, надеясь таким образом вырвать ее из этого смертельного водоворота. После первых занятий Ив почувствовала, что понемногу приходит в себя. Она начала вспоминать, что такое веселье и развлечения. Спящая красавица мало-помалу просыпалась.

В ноябре того года занятия выходного дня проходили в Майами. Ив с подругой прекрасно провели там время. Внезапно пошел легкий снег, грозивший задержкой обратного рейса в Буффало. Ив услышала, как подруга Софи позвонила мужу, чтобы сообщить о проблеме, на что он ответил: «Софи, почему бы тебе не остаться еще на денек? Сходи на спа-процедуры, дождись, пока буря утихнет, а потом лети домой».

Тогда и Ив позвонила мужу Говарду, надеясь услышать такой же ответ.

— Даже и не думай, — заявил тот. — Если хочешь доучиться до конца курса, поднимай задницу и живо домой. Я тут сижу один с детьми и уже задолбался!

Она отправилась в аэропорт, и всю дорогу самолет так болтало, что прилетела женщина ужасно напуганная и с тошнотой. До дома добралась на такси, но Говард даже не расчистил дорожку к ее приезду. Сугробов намело под полтора метра, и машина не могла подъехать к дому. Было три часа утра, когда она наконец дотащила чемодан до входной двери. Кое-как доковыляла по лестнице на второй этаж и уже собиралась лечь спать, но тут Говард повернулся к ней:

— С тебя минет — прямо сейчас.

Она встала с постели, ушла в ванную и разрыдалась. В тот момент Ив будто бы провела для себя невидимую черту. Браку — конец, и она это знала. Лежа без сна в комнате для гостей, Ив поняла, что все эти годы замужества «зарабатывала себе на еду». Она чувствовала себя не лучше обычной проститутки, торгующей телом в обмен на еду и крышу над головой. Тем временем и Говард воспользовался ее низкой самооценкой. Надо было срочно это менять. Причем полумеры бесполезны: перемены должны быть радикальными. Супруг и сам должен захотеть измениться — иначе придется развестись.

Пора было предпринять нечто радикальное вместе, начать маршировать под звуки киски.

Ив никогда прежде не ставила ее на первый план. Она вышла замуж, ибо думала, что он станет хорошим добытчиком и отцом их детям. До него у нее был всего один мужчина, и ни с кем из них она не испытывала удовольствия от секса. Но тогда секс не был важен. Она думала, что нужно выбирать партнера, подающего надежды, — и так и сделала. Теперь же поняла, что пренебрежение киски привело к ужасным последствиям для жизни, брака и семьи. Она твердо вознамерилась все исправить.

Ив понимала, что одной из причин несчастья является то, что между ними с мужем не было химии. Они вместе уже 10 лет, у них двое детей, но за все это время она ни разу не испытала оргазма. Ив досадовала на то, что оказалась с человеком, которого больше интересовала работа, чем жена и ее потребности. Когда Говард пришел домой на следующий день, женщина надела соблазнительное белье, налила ему бокал вина и села рядом у камина.

— Послушай, — сказала она, — в нашем браке мы оба несчастны. Во время секса с тобой я ни разу не испытала удовольствия. За все эти годы ты никогда не уделял внимания моему удовольствию. За всю жизнь я ни разу не испытывала оргазма. Я больше так не могу. Мы были так молоды, когда поженились, что я даже не успела нагуляться, не познала себя как следует, не исследовала границы собственной чувственности. Поэтому я решила: с этого дня на первом месте для меня — я сама. Я решила, что теперь буду встречаться с другими мужчинами. Ты тоже можешь встречаться со мной, но я буду и с другими. Я должна разобраться в себе и своем сексуальном потенциале.

К ее удивлению, муж испытал облегчение от ее слов. Он хотел, чтобы Ив была счастлива, просто не знал, что для этого сделать. Теперь, когда она захотела отправиться на поиски собственного счастья, мужчина ощутил свободу и волнение при мысли, что снова будет приглашать ее на свидания.

Они продолжили жить под одной крышей и воспитывать детей, но она стала встречаться с другими. В следующей поездке Ив познакомилась с мужчиной, к которому сразу же испытала сильное влечение. Она рассказала ему свою историю от начала до конца, и они стали любовниками. При этом женщина сообщала мужу о каждом шаге, сделанном на новом пути. Благодаря доброте, мягкости и терпению любовника она наконец познала оргазм. Они встречались несколько месяцев, Ив смогла применить новые знания о себе в интимной жизни с супругом. Она рассказала ему о своем теле, с каждым разом все больше раскрываясь. Качество секса существенно улучшилось, а кроме того, они раз в неделю устраивали особенный вечер, что привнесло в их отношения изюминку и усилило химию.

Прошло несколько лет, а они все так же жили в открытых отношениях. Иногда у мужа были любовницы — с ее согласия. Сейчас и у самой Ив есть любовник — муж в курсе и согласен с этим.

В этом случае оба партнера изъявили желание выйти за пределы традиционных рамок, чтобы найти ту модель отношений, которая подходит именно им. Для этого потребовалось активное общение и нелегкий труд. Но все их старания оправдались: теперь у них живые, интересные, близкие, развивающиеся и меняющиеся партнерские отношения, от которых каждый получает удовольствие. Они женаты 17 лет, брак продолжает развиваться. Я вовсе не хочу сказать, что пара является образцом для подражания для всех и что их модель отношений подойдет каждому! Это — индивидуальная схема для них двоих. Но именно благодаря ей Ив смогла найти источник собственного сияния и вывести собственные желания на первый план. Она сделала смелый шаг, преодолев культурные барьеры, угнетавшие ее дух, чтобы через новую модель найти энергию, питающую душу.

Когда в ШЖИ пришла 71-летняя Джейн, она тоже не знала, стоит ли продолжать отношения, может, лучше вовсе развестись? Ее муж Боб, недавно вышедший на пенсию после успешной карьеры в бизнесе, слабо осознавал свое место в мире и был изрядно растерян. Им было скучно вместе. Ее не удовлетворял уровень эмоциональной связи и интимная жизнь, она вообще сомневалась, что ситуация когда-нибудь изменится. Долгие годы Джейн уделяла все внимание проблемам супруга. Как главный советник в семье, она полагала, что если будет ему помогать, то в доме воцарится атмосфера любви и близости, как в первые годы совместной жизни. Ей и в голову не приходило на первое место ставить свои желания. Начав заниматься в ШЖИ, Джейн наконец переключилась с решения проблем Боба и вплотную занялась собой и своим удовольствием. Она прилежно выполняла все упражнения: «Хвастовство», «Весенняя уборка», «Затопление», «Списки желаний» и «Женские мантры». Она решила в первую очередь доставить удовольствие себе и лишь потом позвала Боба. Женщина была в шоке, когда он продолжил ходить вместе. Ее неимоверно удивило то, что мужчины не просто хотят, но обожают исполнять женские желания. Более того, выяснила, что способность женщины принимать — ключевой элемент, стимулирующий желание мужчин отдавать. Она поняла, что именно факт получения ею удовольствия и благодарности за него является для Боба главным стимулом. Чем счастливее он сам, чем больше ощущает себя успешным и заметным, тем больше ему хочется делать ей приятное, чтобы продолжать испытывать эти ощущения. Теперь Джейн стоит только попросить Боба сделать то, чего она хочет, — и он с радостью делает это, от мелких поручений до более щекотливых заданий, вроде совместного посещения курсов чувственности.

Джейн и сама стала внимательнее прислушиваться к Бобу. Полученные на курсах знания она использовала, чтобы сделать приятно обоим. Так, супруг частенько говорит ей, что у нее «волшебные пальчики». «Стоит тебе коснуться любой точки, как я чувствую возбуждение во всем теле», — сказал он. Она прислушалась — и теперь трогает его гораздо чаще. И ей приятно, и он счастлив. Семейная жизнь превратилась из тревожного сосуществования в непрекращающееся и постоянно развивающееся любовное приключение, озаренное сиянием.

Овладев энергией сияния, мы должны найти способ пролить этот свет на партнеров. Иначе

Ваша задача — любой ценой осуществлять поиск своего сияния. Нельзя ждать, пока партнер сам поймет, от чего вы загораетесь и возбуждаетесь.

отношениям конец. Задача мужчины — стимулировать и повышать градус вашего возбуждения, а не уменьшать его. Но *ваша* задача — любой ценой осуществлять поиск своего сияния. Нельзя ждать, пока партнер сам поймет, от чего вы загораетесь и возбуждаетесь.

Поиски могут таить в себе вызов. Например, живете в городе — и вдруг понимаете, что жизнь в сельской местности заводит сильнее. Или вы с мужем и родителями решили, что пора обзавестись детьми, но вы внезапно понимаете, что не хотите отказываться от противозачаточных таблеток. Или на грани развода, но вдруг решаете, что очень-очень хотите сохранить брак. Подобные открытия могут стать полной неожиданностью для партнера или семьи. Но если от них ваш внутренний свет становится ярче, то остальным ничего не остается, как собрать чемоданы и запрыгнуть на борт. Солнце высоко, и всем нужен этот свет.

Из того, что я повидала за эти годы, я сделала вывод, что мужчины обожают, когда их женщины с гордостью отстаивают позицию сияния. Но разумеется, есть и такие, чье ограниченное мировоззрение мешает принять перемены и развитие. Разумеется, это может стать источником серьезного стресса для женщины, которая только учится ставить во главу угла собственные интересы и сияние. Ей ни за что не стать счастливой с партнером, который стремится лишь ограничить ее свободу и унизить ее. В конце концов придется сделать выбор: ужаться, чтобы уместиться в зону комфорта партнера, или разорвать отношения.

ПОДДЕРЖАНИЕ СИЯНИЯ

То, что помогает нам разжечь внутренний огонь и включиться, подвержено постоянным изменениям. И чем больше сил требует от нас повседневная жизнь, тем больше внимания необходимо уделять собственному удовольствию. Тот год, когда я делала эту книгу, был для меня непростым — пришлось прибавить 15 рабочих часов для написания к моей и без того загруженной неделе. Чтобы огонь в доме не погас, я стала каждую неделю ходить на массаж. Я внимательно следила, чтобы во время работы на мне была только красивая одежда. Еще обеспечивала телу движение, несколько раз в неделю посещая занятия по танцам у шеста, сальсе, велотренажерам, йоге или тренировки с персональным инструктором. Чем больше я отдавала, тем больше должна была доложить.

Работая над книгой в Нью-Йорке, я обязательно зажигала любимую свечу из парижского отеля «Hôtel

Costes». В Саг-Харборе я вставала в 6:30 утра, чтобы отправиться писать на пляж, за несколько часов до начала нового дня. Кроме того, энергию сияния подпитывают еженедельные чувственные и сексуальные контакты. Мне повезло, что я живу в Нью-Йорке, где в школе под названием OneTaste проходят занятия по Оргазмической медитации. Оргазмическая медитация — или ОМ — это упражнение, основанное на поглаживающих движениях, которым я научилась на курсах в университете Изобилия. У меня было несколько партнеров по ОМ — все мои друзья-мужчины, которые глубоко изучили технику и всегда были готовы провести сеанс поглаживаний вместе со мной. В перерывах между сеансами, встречами с Эстебаном и сессиями по самоудовлетворению я наполняла свой бак оргазмом, таким образом обеспечивая горючим душу — и эту книгу!

Часть сияния женщины происходит из ее постоянно повышающегося уровня наслаждения собственным телом. Я твердо верю в силу оргазма и в то, что именно он служит топливом для женского сияния. Неважно, свободны вы или замужем, именно в ваших руках задать направление и вести процесс собственного чувственного развития. Предоставьте мужу или партнеру свое удовлетворение. Или же достигайте его при помощи руки, лейки душа, биде или вместе с партнером по ОМ. Взваливать ответственность за некачественный секс на партнера нечестно. Каждый из нас может сам повысить продолжительность и интенсивность собственного оргазма, став в результате гораздо лучшим партнером для любовника.

Есть множество невероятных учителей, которые посвятили всю жизнь теме сексуального просвещения. Если вы предпочитаете самообучение, есть немало замечательных книг (в разделе «Дополнительные ресурсы» я привожу некоторые из своих любимых). Ключ к успеху — ставить на первое место саморазвитие в чувственной сфере и постоянно вкладываться в него, подпитывая энергией душу.

Сияющие отношения — это решение возвести в приоритет собственное сияние, не больше и не меньше. Звучит эгоистично? Надеюсь, что нет. Когда ваш полет высок, вы становитесь великодушнее и отдаете больше любви партнеру, любовнику, друзьям, семье и детям.

Женщины часто думают, что самопожертвование спасет отношения, но на самом деле все с точностью до наоборот. Чем чаще мы подключаемся к источнику собственного удовольствия, тем ярче наш свет освещает тех, кого мы любим.

Работа над сияющими отношениями — особый путь. И как любой созидательный путь, это ключ к более глубокому познанию своих желаний. Поскольку женщины — это источник сияния, нужно знать, куда его направить. Танец желания — это замечательный диалог между вами и тем, что гораздо больше. Чем лучше мы поймем, чего хотим, тем отчетливее сможем представить, как сладостно исполнение желаний, и тем эффективнее приблизим этот момент. Чем старательнее женщина ухаживает за своим алтарем, чем чаще шевелит угли, поддерживая чистое сияние, тем легче ей удается сделать отношения такими, как она хочет.

ЛЮБИМЫЕ КАДРЫ

Удовольствие — это дисциплина, которую необходимо поддерживать. Любое приятное ощущение включает в себя три элемента: планирование, исполнение и деление тем, что я называю Любимыми рамками. Стадия планирования заключается в подготовке. В нее входит предвкушение ощущения, подготовка пространства, организация основных параметров — «кто/что/где/когда». Исполнение — это непосредственно приятное ощущение, будь то поход в кино, организация романтической ночи или поездка на пляж. Последний этап — Любимые кадры — из тех, которым учили лишь немногих из нас. На этом этапе мы обдумываем ощущение и вспоминаем наиболее приятные моменты. Таким образом, мы не только наслаждаемся ими снова, но и перевариваем только что испытанные радость и счастье.

Переваривание волшебных моментов — крайне важно. Если не сделать этого, останется ощущение, что вы «переели». Не нужно объяснять, что когда до отвала наешься вкусностей, потом не испытываешь никакого удовольствия от поедания чего-то еще. Удовольствие — как еда. Оно восполняет энергию и питает нас. Поэтому когда мы заряжаемся удовольствием, то испытываем ощущение переедания. Если мы достигли предела мощности и еще не переварили, можем отказаться от следующего развлечения. Например, после потрясающего секса с партнером крайне сексуально описание тех моментов, которые вас особенно завели. После этого попросите его рассказать, что завело *его* больше всего. Вам будет весело, и вы станете ближе, а кроме того, лучше поймете ощущения друг друга. Например, можно сказать: «Было так круто, когда ты поцеловал меня в затылок, а потом прикусил ушко. Моя киска стала вся мокрая» или «Когда ты бросил меня на кровать, это было так неожиданно! Сначала я растерялась, но потом так возбудилась!».

Когда мы не обсуждаем приятные моменты, то чувствуем раздражительность. Непереваренное блаженство превращается в негатив. Вы уже испытывали подобное — когда тяжело приземляешься после взлета на самую вершину удовольствия. Большинство из нас не знают, почему чувствуют себя подобным образом, и уверены, что раздражительность неизбежна. Но так быть не должно, и решение проблемы — делиться кадрами.

Я часто пишу сообщение наутро после свидания, после крутой вечеринки или когда друг приехал ко мне и искренне поддержал. Недавно друг Джефф приехал и поменял лампочку в летнем душе моего дома на пляже. Он заметил еще несколько недель назад, что ее нужно поменять, и я глазам не поверила, когда он появился на пороге с новой лампочкой. Позже я написала ему и поблагодарила. Я растягивала и растягивала удовольствие, тем самым обеспечив обоим мягкую посадку.

Домашнее задание:
Поделиться любимыми кадрами

Стоит начать делиться любимыми кадрами — и не сможете остановиться! Это так весело, к тому же так повысится градус удовольствия в любой ситуации. Поделиться ими можно посредством текстового сообщения или письма по электронной почте, по телефону или лично.

В ближайшие дни уделите особое внимание приятным моментам. Это могут быть очевидные вещи — свидание или вечеринка. Или нечто более тонкое — например, разговор с коллегой за обедом или некое полезное дело, которое сделал для вас ваш мужчина. Найдите особенно яркие моменты в каждом из подобных эпизодов и расскажите о них второму участнику (или нескольким). Представьте, что это моментальный снимок, запечатлевший конкретный приятный момент. Если у вас несколько кадров одного события, поделись ими одновременно, чтобы другому человеку было еще приятнее.

Например, вы описываете невероятно вкусное блюдо. Намного эффектнее будет звучать: «Ты так красиво и трогательно украсил каждое место цветочком» или «Мне понравилось, как ты сервировал томаты и базилик — всего несколько капель выдержанного бальзамического уксуса и ароматное оливковое масло», — чем просто «Мне понравился ужин!». Понимаете, о чем я? Чем конкретнее выразите мысль, тем вернее обеспечите заряд возбуждения и сияния.

Заведите привычку обмениваться любимыми кадрами раз в день — и увидите, что жизнь станет намного приятнее.

Пара, чьи отношения озарены сиянием, всерьез настроена жить на самой вершине орбиты, в тесной связи друг с другом. Подключившись к источнику собственной силы и сияния, можно укрепить эту связь и привнести в отношения творческую искорку. Мы не только вдохновляем друг друга — наше сияние служит генератором энергии, разжигая огонь в наших партнерах.

Цель этой книги — в том, чтобы помочь женщинам восстановить контакт с источником своей силы в этом мире, во всех аспектах повседневной жизни — в том числе и в отношениях. Осознанно или нет, мы, женщины, большую часть времени пытаемся «заполучить свое». Получить то, что заслужили, то, чего хотим, что, как нам кажется, никогда не сможем получить. Это ощущение нехватки происходит из нашего убеждения, что единственная возможная модель отношений — это служить партнеру. Но, отвергнув эту установку и научившись подпитывать собственное сияние, мы в конце концов оставляем и отчаянные попытки «вернуть свое». Иными словами, наконец понимаем, как по-настоящему его заполучить. Как следствие, чувствуем себя сильными и уверенными во всех сферах повседневной жизни. Это осознание силы и уверенности преобразует не только в индивидуальную модель отношений с нашими партнерами, но и, что, возможно, гораздо важнее, — отношения с другими женщинами.

Это суть всех моих учебных программ. Добившись всего, о чем мечтали, мы можем щедро поделиться с другими излишками и вместе воспарить к небесам. Без поддержки сообщества женщине ни за что не преодолеть те установки, которые ей внушили с рождения. Люди должны жить в обществе. Мы просто заблудились внутри этой патриархальной культуры. Когда женщина осваивает границы собственного сияния, то в первую очередь ей хочется поделиться им с другой. Я называю этот инстинкт «Активная позиция Сестры-богини», и это основная идея движения, о котором расскажу в следующей главе — радикальная революция под предводительством киски, сияющая Революция удовольствия.

9

Революция удовольствия

Открой свое сердце, выпусти на волю надежды и освободи свои мечты. А я буду держать тебя за руку.

Майя Ангелоу

Когда родилась моя дочь Мэгги, я получила множество открыток и подарков. Одна была от моей кузины Эйлин и ее мужа Фреда. На обложке была милая картинка и надпись: «Ребенок — это корни, связывающие мать с жизнью». Эта открытка одновременно заворожила меня и вызвала раздражение. «Разве мне нужен ребенок, чтобы чувствовать связь с жизнью? — подумала я. — Ведь я уже знаю, кто я и для чего мне жить». И убрала открытку с глаз долой.

Но не выбросила.

В последующие годы я с удивлением для себя то и дело доставала ее и перечитывала — но все так же не вполне понимая смысл.

Теперь, по прошествии 18 лет, поняла.

Когда я в первый раз взяла на руки новорожденную, плачущую Мэгги, во мне проснулось некое древнее чувство. Приложив ее к груди и глядя, как она ест, я подумала: «О боже! Вот оно! Теперь я сделаю все, что в моей власти, чтобы она не плакала и чтобы ей жилось хорошо».

Тогда же я осознала, что материнство пробудило во мне то, что, возможно, так и не проснулось бы, если бы не появилась она. До Мэгги я и не знала, что сама являюсь воплощением божественной силы в теле женщины. До тех пор пока моей обязанностью не стало регулярное кормление, обеспечение одеждой и образованием ребенка, я и понятия не имела, что сама являюсь талантливым предпринимателем, способным в одиночку поставить на ноги собственное дело с оборотом в несколько миллионов долларов. Я и не догадывалась, что являюсь талантливым писателем, учителем, способным произвести переворот в человеческой душе, лидером, в чьей власти изменить мир. Хелен Редди в своей знаковой песне «I am a woman»[1] поет, что, если возникнет нужда, она сделает, что угодно. Для меня таким стимулом стала моя Мэгги Роуз.

Для нее я готова на все — даже преодолеть лавину собственных предубеждений и самоограничений.

За последние двадцать лет, работая с тысячами студентов, я поняла, что не одинока. Мировая патриархальная культура внушает, что мы должны в первую очередь думать о других, а уж потом — о себе, и потому большинству и в голову не придет сделать лишний шаг в сторону собственного удовольствия, будь то ради осуществления мечты или просто потому что приятно.

Но если вдруг появляется другая женщина, которая могла бы извлечь из этого пользу, у нас откуда ни возьмись берется мотивация. Помните сказку братьев

---

[1] «Я — женщина» (*англ.*).

Гримм «Девушка-безручка»? Она повествует о мельнике, который вступает в сделку с дьяволом. Он так устал от нищеты и голода, что готов на все. Сделка кажется довольно простой: дьявол сделает его богатым, если мельник отдаст ему все, что у него есть на заднем дворе. Поскольку там всего несколько яблонь, тот с радостью соглашается. Но дьявол оказался хитрее. Вскоре мельница стала приносить немалый доход, а бедняк-мельник превратился в богача. Лишь когда несколько лет спустя дьявол явился за долей, мельник понял, что натворил. Он не знал, что в ту самую секунду, когда он заключил сделку, его прекрасная дочь играла под яблонями на заднем дворе.

В отчаянии мельник взмолился, чтобы тот отпустил дочь. Дьявол смилостивился и ответил: «Если отрубишь ей руки и отдашь их мне, я оставлю ее тебе». Мельник с готовностью согласился, отрубил дочери руки, чтобы она осталась дома.

Но девушка, обезумев от боли и предательства, сбежала и несколько дней бродила по улицам. Наконец, измученная голодом, пришла она к королевскому саду, чтобы поесть фруктов. Там встретила короля, который полюбил ее за красоту и скромность. Он женился на ней и велел сделать супруге серебряные руки.

Вскоре королева понесла, а король уехал на войну. В его отсутствие королева родила ребенка и послала его отцу письмо, чтобы сообщить радостное известие. Но дьявол — который все еще был зол, что девушка не досталась ему, — подменил послание, и ему сообщили, что жена родила оборотня. В ответ тот приказал, чтобы о ней все равно заботились, но дьявол снова перехватил письмо и подменил приказом казнить и королеву, и ребенка.

В страхе та сбежала, привязав ребенка на спину. Через несколько часов она подошла к ручью. Когда девушка наклонилась к реке, чтобы попить, ребенок соскользнул со спины и упал в воду. Принцесса протянула обрубленные руки в отчаянной попытке спасти тонущего ребенка — и, к ее удивлению, выросли новые кисти. Она спасла малыша, а вместе с ним и себя.

ПРЕЗЕНТАЦИЯ АКТИВНОЙ СЕСТРЫ-БОГИНИ

Как и многие женщины, я была такой же девушкой-безручкой. Я понятия не имела, какая сила заключена во мне, пока не родилась дочь. Воспользовавшись удивительной возможностью воспитать ее, *я выросла сама*. Я обнаружила в себе голос лидера, перестала бояться рисковать и начала осуществлять мечты. Если бы не моя девочка, я никогда бы не сумела найти в себе уверенность и силы, чтобы сделать все, что сделала.

Когда женщина все свое заряженное удовольствием внимание концентрирует на другой женщине, в результате обе они взлетают выше, чем могли бы поодиночке.

Чтобы мы познали свое величие, нужна другая женщина. Взять хотя бы роды. В определенный момент схватки становятся такими сильными, что роженица говорит: «Я не могу! Это слишком, я не могу вынести такую боль. Заберите меня отсюда!» В этот момент ей нужно не лекарство, не рыцарь в сверкающих доспехах или другое средство. Ей нужна другая женщина, которая уже прошла через это и может сказать: «Я знаю, как тебе больно, но ты сможешь! Ты справишься!» Почему-то именно подобная поддержка дает нам силы идти вперед. Через восстановление контакта с источником нашей силы мы познаем себя и границы своих возможностей. Кроме того, опытным путем устанавливаем, что слова «о нет, я больше не могу!» звучат за секунду до того, как нам в руки дают ребенка (настоящего или метафорического).

Посвященная женщина — это та, которая проходила через этот процесс. Та, которая тоже когда-то считала, что не доросла до выполнения столь сложной задачи, но которая через благодать в виде внимания, вдохновения, любви и ума другой женщины смогла вырваться на новый уровень включения и силы. Женщина, которой помогали другие, пока она не нашла источник собственной силы.

Женщина, которую я называю активная Сестра-богиня.

Активная деятельность Сестры-богини начинается тогда, когда другой женщине нужно то, что мы можем дать. Предлагая ей то, что требуется, мы обнаруживаем, что обладаем такой силой и мощью, о которых даже не подозревали. И вместе с ней становимся теми, кем нам предначертано самой судьбой.

Деятельность активной Сестры-богини начинается с того, что мы решительно отстаиваем свое право на сияние, позволяя тем самым другой женщине отстаивать свое. Для этого нужна безусловная любовь к самим себе. Познав ее, мы начинаем распространять этот вирус на всех окружающих женщин и девушек. Деятельность активной Сестры-богини — это активная позиция, целью которой является восстановление связи с киской и готовность пойти на риски ради того, чтобы рассказать всем ее истину. Как бы неудобна она ни была, мы знаем, что эта истина поможет кому-то взлететь выше, а значит, ради нее стоит рискнуть.

К счастью, для коллективного участия в деятельности Сестер-богинь вовсе не обязательно собираться вместе. Единственное требование — решимость и твердое намерение бороться за свое сияние. Когда приносим этот обет, Верховная Киска на Небесах ведет нас к той женщине, которой нужен наш уникальный заряд вдохновения. И от нас ей нужно именно то, в наличии чего мы сами сомневаемся. Может, чтобы мы вдохновили ее попросить повышение — то, о чем сами боимся просить. Но в ней видим ту значимость, какой не видим в себе. Результатом становится удивительная алхимия: непостижимым образом мы заряжаем силой ту часть себя, причем делаем это с такой способностью, о которой раньше и не подозревали.

ТВОЕ ЖЕЛАНИЕ
ДАРИТ МНЕ СВОБОДУ

Подобные литературные образы нужны, потому что каждая женщина в современном мире в определенном смысле девушка-безручка.

Всем внушали от рождения, что мы должны быть безрукими и беспомощными. А без четкого представления, что такое сияние, на что похоже это ощущение и какой смысл в себе несет, мы не сможем им овладеть. И без него не обретем и собственную силу.

В то же время все мы обладаем врожденной готовностью сделать что угодно, чтобы спасти ближнего или помочь ему. Так, девушка-безручка была бессильна, пока жизнь ее ребенка не оказалась в опасности. В этой сказке содержится печальная правда, что женщина не готова в полной мере пользоваться данной ей силой ради самой себя. На самом же деле мы не можем этого сделать *по той простой причине, что пока она не понадобится кому-то другому, мы и не подозреваем, что обладаем ей.* Мы не можем бесстрашно двинуться туда, где еще не ступала нога женщины, потому что не знаем, что это место существует, пока нас не вынудят переступить через собственные барьеры ради другого.

То, что мы, женщины, нуждаемся друг в друге для достижения данного от рождения величия, само по себе невероятно и чудесно. То, в чем я больше всего сомневаюсь, на самом деле представляет собой возможность стать выше. И только вместе можно максимально реализовать потенциал, осуществить самые сокровенные мечты и желания. Смело сделать шаг навстречу сиянию, вдохновив примером других. Это невероятно прекрасная модель взаимодействия: ваши желания дарят свободу мне, а мои — вам. В итоге оказывается, что у нас не только всего в изобилии и хватит на всех, но и сама способность добиваться желаемого напрямую связана с участием в деятельности Сестер-богинь. Помочь другой женщине улучшить жизнь — самый быстрый способ реализовать собственный потенциал.

Решаясь активно участвовать в деятельности Сестер-богинь, мы берем на себя ответственность за чье-то удовольствие. Это все равно что вносить предоплату за Навигатор, который всегда окупается в тысячекратном размере. И хотя мы можем и не заниматься активной деятельностью для достижения чего-то, мы все равно получаем награду — не только в виде удовольствия от самого занятия, но и в виде улучшенной способности приближать осуществление собственных желаний.

СЕСТРИНСТВО КАК СПАСЕНИЕ

Мы, женщины, рожденные в мировой патриархальной культуре, сами не понимаем, что лишь частично реализуем предназначение. Нас запрограммировали не признавать, а значит, не обращаться к той силе, что заложена в нас природой. Лишь когда женщина яростно отстаивает право другого человека на свободу, она может достичь пика силы. Мы видим это на примере женщин, которые в конце XIX века выступили за отмену рабства. Гарриет Табман, беглая чернокожая рабыня, не успокоилась, сбежав на Север в поисках лучшей доли. Она понимала, что рабство — не просто строй, но состояние души. Чтобы достичь внутренней свободы, она посвятила свою жизнь освобождению других.

Однажды она сказала: «Я освободила тысячу рабов и могла бы еще тысячу — если бы только они понимали, что они рабы». Женщина знала: даже если на бумаге ты свободен, далеко не всегда это означает, что бывший раб по-настоящему освободился. Для этого понадобится изменение сознания. Один из способов добиться подобного изменения — стать активистом и помогать другим. Когда меняешь восприятие себя самого и из раба превращаешься в активиста, в этот самый момент на место жертвы приходит героиня.

Вот бы женщины чаще понимали, что мы сами — рабыни.

Нас поработил патриархальный строй.

Наши негативные мысли — неправда.

Мы далеки от того образа, который нам внушали: не имеющие ни ценности, ни важности, недалекие, толстые, старые, неудачницы, неумехи.

Мы даже не осознаем, что все эти мнимые ограничения — нереальны.

Мы не знаем собственного потенциала.

Мы не представляем масштаб и диапазон силы наших желаний.

Мы не осознаем, что наша женская позиция может изменить жизнь тех, чьи жизни мы затронем.

Мы наполняем жизнью и светом любую ситуацию и обстоятельства.

Наши киски, которыми мы так долго пренебрегали, не уведут нас по кривой дорожке в ад, напротив, приведут нас к свободе.

Мы являемся воплощением божественной силы на земле.

И самое главное — именно в сестринстве наше спасение.

Мы должны стоять друг за друга, чтобы стать героинями собственных жизней.

Эта книга — и дело всей моей жизни — ставит целью продвижение нового типа активной деятельности. Она выходит за пределы, установленные феминизмом, — это мы уже поняли. В его основе — не гнев и возмущение, но радость и удовольствие. Эту деятельность вершат женщины для женщин. Суть в том, чтобы помочь другой подняться выше — и вместе с ней подняться самой. Для этого нужна духовность, социальная справедливость, активное сияние и почтение к природе. Подобному подходу свойственно глобальное, а не ин-

Мы должны стоять друг за друга, чтобы стать героинями собственных жизней.

дивидуалистическое мышление. Он приветствует женщин любого вероисповедания, с любым прошлым и поощряет объединение, участие, духовную поддержку. Эта революция вознесет мир на новый уровень включения.

Эта система убеждений называется Революция удовольствия. И начинается она с активной деятельности Сестры-богини.

Например, Сестра-богиня Дениз была бухгалтером с весьма скромной зарплатой. Когда она пришла в ШЖИ, то зарабатывала всего $35 000 в должности бизнес-менеджера компании-производителя электрооборудования. Она подумывала открыть свое дело, но считала себя недостаточно успешной или сильной для роли лидера и наставника. В глубине души думала, что отлично справится, но сомнения пересиливали мечты.

В школе она подружилась со многими Сестрами-богинями. С их помощью Дениз решила запустить сайт, на котором предлагала свои финансовые услуги. Одна из женщин ее группы, Сестра-богиня Дара, как раз собиралась открыть в Бруклине студию танца и йоги и хотела, чтобы Дениз помогла ей по бухгалтерской части. Но сайт ее шокировал: судя по нему, она была обычным бухгалтером, а страница была просто нагромождением скучных фотографий совершенно непривлекательных людей в строгих костюмах. Надо сказать, что в ШЖИ Дениз прозвали «Секси-деньги». Дара сказала, что ей нужна новая фотосессия и новый заряд энергии. Поначалу та бурно протестовала, но потом согласилась, привнеся на сайт львиную долю правды киски. Вскоре она заработала первые $8000 в месяц. Теперь бизнес процветал — она не только оказывала финансовые услуги, но и вела онлайн-курс для женщин о деньгах.

Дара отстояла сияющую версию Дениз, которую увидела в ШЖИ, не позволила ей сорваться с крючка только потому, что скучный сайт нравился Дениз больше. Деятельность Сестер-богинь заключается в том, чтобы побуждать друг друга перейти из зоны комфорта в зону исполнения желаний. Неиссякаемая вера Дары в силу Дениз помогла обеим подняться выше. Дениз получила бизнес, о котором мечтала и который заслужила, а Дара — блестящего бухгалтера, который был ей нужен для открытия собственной студии. Именно в этой взаимной выгоде и состоит суть деятельности Сестер-богинь.

ЗАБУДЬТЕ ПРАВИЛА

Теперь — самое сложное: забыть все, чему нас учили касательно отношений между женщинами. Нормы мировой патриархальной культуры не предполагают сестринства. Наоборот, нас, женщин, учили, что нам нельзя доверять, на нас нельзя положиться и вообще к нам лучше не приближаться. Внушали, что женщины — сплетницы, завистливые, коварные, эмоционально нестабильные, безрассудные истерички, страдающие от ПМС. Нам всегда говорили: женщинам только дай волю — подставят друг друга при первой возможности. Стоит на секунду отвернуться, как женщина подсидит тебя или уведет мужа! Стоит подпустить ее близко, как она использует тебя, чтобы взобраться по социальной лестнице! Если поделишься с ней хорошими идеями, она присвоит их, унизит тебя при всех, чтобы самоутвердиться за твой счет! Если она еще тебя не предала, то обязательно это сделает!

Фух! Ничего удивительного, что мы так недоверчивы друг к другу и так разобщены.

Быть может, худшее из последствий подобных убеждений в том, что мы не можем черпать силы из радости, сияния и удовольствия другой женщины. Если хотим установить связь с ними, то делаем это только посредством взаимной виктимизации. А заканчивается все тем, что можем обсуждать только негатив в жизни. Мы с большей вероятностью расскажем, какой жестокий вирус гриппа подхватили, обругаем начальника или пожалуемся, что муж снова забыл о дне рождения, чем поделимся тем хорошим, что произошло. Мы ни за что не расскажем о великолепном сексе со своим красавчиком-парнем или о том, как любим работу и как нам хорошо платят. А почему? *Потому что не хотим, чтобы другим женщинам было неприятно.* Мы априори полагаем, что хорошего на всех не хватит и наше сияние станет угрозой для других. Мы не хотим, чтобы они возненавидели нас за наши успехи, и потому концентрируемся на плохом. Чтобы общаться с другими женщинами, непременно нужно обмениваться комментариями по поводу собственной невезучести, несправедливости по отношению к нам и отчаяния. Плохие новости — отправная точка; нам совершенно не стыдно руководствоваться негативом. Начинать разговор с потрясающих новостей о жизни? При этой мысли мы смущаемся.

Подобное культурное соглашение — лишь другая форма рабства. Мы скованы цепями негатива, вместо того чтобы реализовывать собственный потенциал. Когда женщине сама культура внушает, что нужно говорить только о плохом, она начинает видеть его даже в хорошем. В результате именно негативные моменты служат пропуском в отношения. Благодаря деятельности Сестер-богинь новый стиль приятного общения с другими включает хвастовство, наслаждение и подчеркивание приятных моментов в жизни. Через него женщина понимает, что ее достижения имеют значение — не только для нее, но и для других. У нее появляется возможность новой связи. Женщины, радующиеся успехам других женщин, создают новый тип отношений. А когда есть сообщество, где нужно хвастаться, вы невольно вдохновляете других принять решительные меры, чтобы изменить жизнь. Ведь само по себе хвастовство — форма активной деятельности на самых различных уровнях.

ЧЕМ НЕ ЗАНИМАЕТСЯ СЕСТРА-БОГИНЯ

Деятельность Сестер-богинь бросает вызов многим общепринятым правилам, переворачивая их с ног на голову. Большинству внушали, что если женщина, которой грустно или которая страдает, обращается к нам за помощью, то она обязательно прилипнет к нам, как вьюн, и высосет все соки. А между тем вся деятельность Сестер-богинь сводится к тому, чтобы приводить ее в чувство. Мы лишь соглашаемся поддержать, ободрить и побудить ее прислушаться к тому, что говорит ее киска — но не наши. Мы не становимся для нее донорами силы.

Активная Сестра-богиня — это не наставница, не терапевт и не соцработница. Мы не должны говорить, что делать, — иначе можем и не найти решение ее «проблемы». Наша задача — поделиться своим сиянием, чтобы помочь вновь настроиться на канал собственного удовольствия. Скажем, у вашей знакомой нет мужчины. Вы не обязаны давать ей советы, как подцепить кого-нибудь или объяснять, что она делает не так. И уж точно не должны искать достойного кандидата! Просто подержите зеркальце, чтобы она смогла найти источник сияния и подключиться к нему. В конце концов, главная цель деятельности Сестер-богинь — вдохновлять женщин, стимулируя восстановление контакта. Каждая из нас — это свеча, делящаяся своим пламенем с другими женщинами, пока вместе мы не озарим светом весь мир.

Каждая из нас — это свеча, делящаяся своим пламенем с другими женщинами, пока вместе мы не озарим светом весь мир.

Кроме того, как Сестры-богини мы отвергаем правило, согласно которому обязаны присоединиться к страдающей женщине и начать хором жаловаться на судьбу. Мировая патриархальная культура внушила, что быть хорошей подругой — жалеть за то, чего нет. Философия Сестер-богинь учит обратному. Вместо того чтобы сказать: «Ах ты, бедняжка! Мы с тобой подруги по несчастью!», мы говорим: «Поняла. Услышала тебя, сочувствую. Но знаешь что? Ты справишься, ты это сделаешь! Я рядом, сестра. Вместе мы сделаем так, чтобы у тебя все получилось!»

Когда перед женщиной встает проблема или препятствие, наша культура по традиции советует ей изменить что-то в себе. Например, получить еще один диплом, пройти курс лечения или сходить к психологу. Но в результате она отвлекается от решения проблемы и попадает в какую-то гигантскую кроличью нору. Сестры-богини переводят ее внимание на собственное включение. Иногда это означает бросить вызов — как сделала Ама-но-Узуме по отношению к Аматерасу. Она не подставила свое плечо униженной богине, чтобы та вдоволь наплакалась, — подставила киску. Это заставило Аматерасу вспомнить, кто она есть: богиня, способная на постоянное созидание и восстановление. Похожим образом и активные Сестры-богини заставляют женщину вспомнить о собственной божественной силе, а не поддакивают, твердя, что она недоступна или испарилась. Вместо того чтобы вместе спускаться в глубины преисподней в попытке утешить друг друга (как учит нас мировая патриархальная культура), активные Сестры-богини бросают вызов, давая обеим женщинам возможность раскрыть новую грань силы.

Иногда влияние мировой патриархальной культуры на реципиента слишком велико и не дает ей даже уловить аромат собственной киски. Она продолжает, несмотря ни на что, утверждать, что жизнь потеряна, ужасна и спасти ничего нельзя. Не беда: активная сестра-богиня знает, что это идеальный момент для затопления. Самое время предложить сестре прогнать горе через тело, выпустить гнев, прокричаться, прорыдаться, побить подушки, поколоть дрова — в общем, сделать все, чтобы вытеснить из организма негатив.

Если и после славного доброго затопления она все еще не может собрать все силы и по-другому взглянуть на мир, увидев собственное величие, значит, остался последний способ добиться этого.

Готовы?

Нужно, чтобы она совершила что-то для женщины, переживающей похожую ситуацию. Нужно познакомить ее с той, которой необходима ее сила, чтобы почерпнуть силы из нее. Когда другой нужна помощь, мы обязательно находим в себе такие запасы энергии, о которых даже не подозревали.

Подтверждаю: я бы ни за что не открыла «Школу женских искусств» ради себя. Но смогла сделать это ради Мэгги. Смогла сделать это ради *вас*... ради *них*... ради всех женщин мира, которым не к кому обратиться за поддержкой. Мне не нужно было искать способ встать. Я просто взяла и *встала*.

И не стала бы той, кем стала сегодня, без этого сообщества женщин, неотъемлемой частью которого являетесь теперь и вы.

Мы нужны друг другу. Но это не та нужда, которую мы привыкли испытывать в прошлом; не та, которая берет начало из материальной зависимости или отчаяния. Это не необходимость взаимной виктимизации. Мне нужно, чтобы вы достигли такого величия и ослепительного сияния, какие только возможны. Чем ярче горит ваш легендарный свет, тем ярче становится и мой. Подключившись к священному сиянию, я открываю дорогу и для вас, чтобы вы смогли подключиться к своему, невзирая на параметры, которые можем представить.

Когда я даю свободу киске, тем самым выпускаю на волю и другие киски в этом мире.

ЖИТЬ НА ВЫСОТЕ

Когда таким образом вы предлагаете помощь другой женщине или кто-то поддерживает вас, в результате получается неописуемая коллизия эмоций. Когда встаешь с ней рядом плечом к плечу, чтобы отыскать внутренние ресурсы, то одновременно бросаешь ей вызов, побуждая вспомнить о лучших, самых ярких и обогащающих душу качествах. Тем самым показываешь ей, что она может установить прямой контакт со своим божественным началом — и уже знает, как это сделать. Наблюдать подобное невероятно трогательно, потому что вы уже знаете, ей стоит это сделать. Ради этого приходится пожертвовать привычной с детства убежденностью в собственной виктимизации, внушенными установками о том, что она никчемна и ничего не стоит. Забыть о том глубоко и прочно засевшем ощущении духовного одиночества и убежденности, что ее никто не любит. Видя вашу веру в ее потенциал, она и сама почувствует необходимость отбросить все то, что заставляет ее верить в собственную ничтожность и при этом создает иллюзию безопасности. Как я уже говорила в первой главе, Диане фон Фюрстенберг пришлось перестать внушать себе, что она неудачница. Гэйл Кинг — что она толстая. Шерил Сандберг — что она мошенница. Словами не описать, каким сложным бывает подобная перемена сознания. Ведь эти чувства так прочно укореняются в женщинах, что превращаются в своеобразную зону комфорта. Приходится отказаться от привычных ощущений, чтобы наконец найти в себе силы, на которые она втайне надеется, и включиться.

Периодически ей будет хотеться вернуться к прежней жизни. Лишь оказавшись в среде активных Сестер-богинь — лишь через присутствие свидетелей, вдохновение и ободрение со стороны других женщин — она сможет найти в себе смелость и сделать шаг вперед. Подобный переход — невероятно красивое и пронзительно сильное зрелище. Для меня это одна из величайших радостей — наблюдать, как женщина чувствует, чаще всего впервые, что она больше — намного больше, чем ей казалось.

А для этого нужно просто принять решение: поверить своей киске и возвести силу включения превыше прочего.

И еще нужна Сестра-богиня, которая напомнит, что для нахождения источника собственного света ей никто не нужен — потому что она и есть свет.

Как только она поймет это, то прольет слезы — но то будут иные слезы.

Будут эмоции — но не негативные. По правде говоря, все будет сопровождаться легким потрясением.

— Так, значит, я Богиня? И это после того, как я всю жизнь чувствовала себя персоной нон-грата?

Подобное сочетание крайне сильных эмоций — когда ты одновременно потрясена и тронута осознанием собственного величия — невозможно испытать ни в какой другой из известных мне ситуаций.

Для того чтобы себя жалеть, храбрость не нужна; делать это — проще простого. Но чтобы найти силы и сиять, когда делать этого совсем не хочется, — требуется недюжинная храбрость. Как и для того, чтобы помочь кому-то найти силы в себе. Необходимо сообщество сияющих сестер, познавших включение. И я надеюсь, что каждая, кто читает эту книгу, сможет найти подобное сообщество, и как можно скорее (для начала обратитесь к разделу «Дополнительные ресурсы»). Я считаю, все мы можем при жизни узреть мир Сестер-богинь. Женщин, подключившихся к источнику собственного сияния, — когда идем по улице или занимаемся детьми, любим своих мужчин, смотрим в глаза сестрам, ходим на работу. Для этого не нужны ни система, ни доктрина. Все, что нужно, — это женщина, готовая отстаивать собственное право на сияние, а вместе с ним — и право другой женщины. И права всех женщин.

Каждая может это сделать. Нужно лишь подняться на ту высоту, с которой мы сможем это увидеть.

НАДСМОТРЩИК ЗА УДОВОЛЬСТВИЕМ

Мы всегда открываем двери другим людям — не важно, знаем об этом или нет. Мы делаем это, проливая свой свет на окружающий мир. Ваше сияние не остается незамеченным, не может не вдохновлять. Оно всегда чрезвычайно ценно. И все же у всех есть слепые зоны, те сферы жизни, где никак не удается реализовать свой потенциал в полной мере. Именно там в дело вступает активная Сестра-богиня. Когда я не осознаю своей силы, мне не о чем волноваться. Ведь всегда есть сестра, которая поможет мне и увидит его. Она может вдохновить и подержать для меня место до тех пор, пока эта часть не созреет.

Несколько лет назад моя близкая подруга и ученица Айодель записалась на один из наших курсов для продвинутых. В тот момент она буквально ползала по земле, пройдя через череду опустошительных потерь. Сначала после продолжительной болезни умерла ее мать. Затем — подруга Соня, совсем еще молодая, скончалась от рака. Последним сокрушительным ударом стала внезапная смерть ее наставника и друга Барбары Энн Тир, основательницы Национального черного театра.

Когда женщина переживает особенно тяжелый период жизни, возможно, ей нужна поддержка один на один. На этот случай у меня предусмотрена особая должность, которую обычно занимают продвинутые студентки, — я называю ее Надсмотрщик за удовольствием. Это когда одна из студенток соглашается «контролировать удовольствие» другой, следя за поддержанием в жизни последней достаточного уровня, чтобы оставаться на плаву. Суть деятельности заключается в том, чтобы подталкивать женщину — почти что против ее воли — к ее сиянию. Потому что, как бы странно это ни звучало, можно излучать сияние не только в радости, но и в горе. Главное — настроить инструмент на ту октаву, в которой поет душа.

Айо так долго оплакивала близких, что наиболее комфортной для нее стала низкая минорная тональность. И все же она чувствовала, что не сияет в полную силу. Даже сквозь пелену горя в душе начали пробиваться желания — например, начать встречаться с мужчиной после 30 лет одиночества. Ее охватил страх при мысли, что за всю жизнь она еще никогда не сияла в полную мощность. После прихода в сообщество Сестер-богинь ее внутренний свет замерцал, но все равно этого было недостаточно, чтобы мотор заработал как следует.

Быть надсмотрщиком за удовольствием Айо вызвалась Сара — она знала, как здорово будет направить свое внимание, заряженное удовольствием, на помощь еще одной сестре. Каждый день она просыпалась и медитировала в поисках новых идей, как сделать приятно Айо. Сара поняла, что лучше всего довериться глубинной интуиции и знанию.

Она велела Айо устроить свой алтарь, ибо чувствовала: та была королевой и просто об этом забыла. А когда об этом забываешь, начать отношения очень тяжело. «Для нее это и вовсе было шоком, — рассказала мне Сара. — Но она все-таки решилась. На следующем занятии стала хвалиться полученными ощущениями. Она взяла за основу мою идею, превратила ее в потрясающие стихи и создала сложный и невероятно красивый алтарь. Это было потрясающе. Я дала ей горчичное семечко, а она создала эту красоту».

Сегодня Айо помолвлена и готовится в первый раз выйти замуж — и это в 69 лет. «Это твоя заслуга, Сара, это все ты сделала!» — неустанно повторяла она. А Сара лишь отвечала, что внутри Айо живет Богиня. Сама она выступила лишь зеркалом, в котором та смогла увидеть свое великолепие, зеркалом, отразившим ее красоту, чтобы женщина смогла выйти в большой мир более уверенно. Ей не пришлось искать этого замечательного мужчину: она просто затянула его в свои сети.

Я спросила Сару, как активная деятельность сестры-богини повлияла на нее лично.

«Чтобы поддерживать другую женщину, нужно сперва самой уверенно встать на ноги, — ответила она. — Нужно играть по-крупному, чтобы другая женщина вдохновилась вашим примером. Нас всегда учили заботиться о других, но философия Сестер-богинь заключается в том, чтобы прежде всего думать о себе — и делиться с другими излишками собственной силы».

Излишки. Женщине, еще не установившей контакт со своей киской, нелегко объяснить, что это значит. Но та, что уже нашла источник своего сияния и посто-

Когда мы находим источник сияния, внезапно появляется лишняя энергия, и лучший способ ее использования — поделиться с другой женщиной.

янно вкладывается в собственное удовольствие, больше не испытывает ни отчаяния, ни пустоты, ни нужды. Ее бак полон. Настолько, что ей просто необходимо отдавать излишки любви. Именно в этот момент она понимает, что пора совершить спонтанный акт Сестры-богини. Только когда женщина наполнена удовольствием, она может предложить нечто ценное. Женщины так долго пребывали в состоянии пустоты. Когда мы находим источник сияния, внезапно появляется лишняя энергия, и лучший способ ее использования — поделиться с другой женщиной и таким образом вместе вознестись выше.

КОМАНДНАЯ РАБОТА

Деятельность Сестер-богинь особенно эффективна, когда мы слишком больно падаем. Когда получаем неожиданный дар от Верховной Киски на Небесах — например, диагностируют рак. Его поставили моей студентке Эльвире, когда ей исполнилось 60 лет. 17 годами ранее он у нее уже был, когда только развелась и осталась с двумя маленькими детьми на руках и новой работой. Тогда удалось побороть болезнь в одиночку, вооружившись лишь хваткой и решимостью не оставлять детей.

На этот раз она была Сестрой-богиней, и рассказала сообществу о случившемся, и попросила помощи и поддержки. Она знала, что на этот раз не справится в одиночку. У нее собралась потрясающая женская банда: ни разу она не ходила на обследование одна. Женщины, сопровождавшие ее, были нутриционистами, врачами и просто теми, кто в прошлом пережил рак груди, — и все задавали вопросы, которые она сама боялась задавать. Наконец хирург спросил ее: «Кто вы? И кто все эти люди?» Эльвира принялась рассказывать ему о сестринстве.

Вместе они отработали упражнения: танцевальные паузы, весенняя уборка, целительные круги и все прочее. Кто-то даже сделал футболки с надписью «Болеем за Эльвиру!». В день, когда была назначена операция, команда врачей встретилась с Эльвирой. За день до этого хирург и пластический хирург чуть приподняли свои халаты, чтобы показать, что на них — футболки с поддерживающей ее надписью.

Сестры-богини зорко следили, чтобы кто-то оставался с дочерью Эльвиры в зале ожидания во время операции. Когда женщина пришла в себя, первым, что увидела, — были лица Сестер-богинь и ее дочери. К возвращению домой сестры организовали смены, чтобы там всегда было по крайней мере два человека, круглосуточно. Они покупали еду, убирали, выгуливали собаку, помогали ей принять ванну, а дочери давали возможность иногда выбраться.

Первый эпизод борьбы с раком был наполнен страхом. Она безумно боялась — за себя и за дочерей. Второй раз принципиально отличался от первого. Она знала, что теперь сестры поддержат ее, что бы ни случилось. Знала, что если сумела найти такую любовь и поддержку, в ее силах и излечиться. Сестринство помогает поверить в лучшие и самые яркие грани нашей души и установить глубокую связь с источником силы.

КАК СТАТЬ
АКТИВИСТКОЙ

Как начать активную деятельность Сестры-богини? Как взять внушаемые идеи о том, что женщины ненадежны, и зашвырнуть подальше? Как наполнить себя силой настолько, чтобы начать бороться за счастье и смысл жизни другой женщины? Ответ прост: нужно начать с киски. Для начала прислушаться к ее желаниям и дать ей необходимое, поставить на первое место заботу о себе, вопреки миру, который внушает, что собственные чувства не важны. Нужно зарядиться удовольствием, сиянием и энергией включения, пока у вас не будет больше ресурсов, чем нужно, — и появится естественная потребность отсыпать немного любви сестрам.

Вот почему эта глава стала последней, а не первой. До тех пор пока вы сами не наполнитесь энергией сияния, вы не сможете пролить его на окружающий мир. Женщине, не установившей контакт с собственным источником силы, и в голову не придет заняться активной деятельностью Сестры-богини. Привычка жертвовать собой и отдавать последнее не имеет ничего общего с этой деятельностью. Несмотря на то что эти качества невероятно близки всем женщинам, они в корне противоречат философии сестер: она подразумевает радость и веселье. Чтобы играть, нужно чувствовать себя великолепно.

Требования для активистки движения Сестер-богинь просты:

- Нужно осознать, что жизнь — это дар, а вы чертовски благодарны Навигатору за то, что живы.

- Вы живете на земле возможностей, четко осознавая, что каждое ваше желание вот-вот сбудется — «под сенью благодати и совершенства».

- Вы замечаете, что с вами постоянно происходят чудеса, и готовы постоянно хвастаться достижениями.

- Вы знаете, как разобраться с собственным мусором; не обвиняете других, когда кажется, что все идет не так, как хотелось бы; немедленно проводите затопление и Весеннюю уборку, чтобы восстановить равновесие.

- Ваша чувственная сфера жива и активна, киска включена, каждый день отстаиваете свое право на сияние.

- Вас окружает сильное сообщество Сестер-богинь, с которым вы ежедневно отрабатываете инструменты.

Сестра-богиня знает, что каждый шаг в ее истории создан ей самой, ради нее и для нее. Она знает, что вовсе не является жертвой. Она освободилась от тяги к виктимизации и жалости к самой себе. На смену этим привычкам пришло непоколебимое осознание, что необходимо принимать активное участие во всех аспектах жизни, чтобы подняться выше. Она помнит, что через разлом Богиня делает ее такой, какой предназначено стать. В глубине души знает, что все сущее правильно и совершенно само по себе. Она не сбивается со своего духовного пути, когда с ней или другой Сестрой-богиней происходит несчастье. Она живет с осознанием, что каждый прожитый миг — это дар и каждое прикосновение — возможность взлететь еще выше.

Домашнее задание:
Активная деятельность Сестры-богини

Воздайте дань почтения женщине, присутствующей сегодня в вашей жизни. Ваша цель: помочь ей подняться выше. Скажите, как много она значит для вас — лично или по телефону, или напишите благодарственное письмо. Научите ее хвастаться перед тобой. Спросите, чего она хочет, и придумайте, как стать для нее «вторым пилотом». Представьте себе мир, в котором каждая женщина помогает другой подняться в небо. Мир, где всякий раз, глядя в глаза другой женщине, мы видим сестру. Мы можем этого добиться, можем изменить мир при жизни. Киска за киской.

ОДНО ОБЕЩАНИЕ МИРУ

Когда женщина знает, что эти истины очевидны, она готова выйти в свет, готова служить миру в роли активной Сестры-богини. Вместо того чтобы верить в старый, заезженный стереотип, что они при первой возможности готовы предать друг друга и причинить друг другу боль, Сестра-богиня дает обещание видеть сестру всякий раз, когда смотрит в глаза другой женщине. Пусть на ней будет афганская паранджа или же она будет сидеть в фойе отеля «Беверли-Хиллз», прятаться от бомбежек в Сирии, ступать по красной ковровой дорожке в Каннах, мыть туалет или возглавлять собрание совета директоров в компании, вошедший в рейтинг Fortune 500, — каждая женщина на планете ее сестра и каждая — Богиня.

Она неустанно работает над повышением сознания. Для нее помочь другим людям подняться выше — приятное времяпрепровождение, нечто среднее между живой молитвой и хулиганским стилем жизни. Ей нравится вдохновлять мужчин, женщин и детей, просвещая их и одаривая вниманием. Она сияет, наполняя положительной энергией каждый шаг пути. Флирт — ее второе имя. Как следствие, она вдохновляет и других, как пример человека, достигшего удовольствия.

Благодаря активной деятельности Сестер-богинь, в повседневную культуру вернулись все привилегии женщин спустя 5000 лет доминирования патриархального строя. В результате многократно возросло и продолжает развиваться самосознание. Так, сегодняшняя модель правосудия такова: «Око за око, зуб за зуб». Когда случается что-то плохое, нас учат мстить, но женская парадигма кардинально отличается. Когда случается что-то плохое, наша первая реакция — горе. Сочувствие. Попытка наладить связь. Лишь затем мы спрашиваем: «Что нужно, чтобы выбраться?»

Мы — поколение прорыва. Каждая из нас — лидер, рожденный здесь, сейчас, внутри культуры, которая отчаянно нуждается в лидерстве и женском взгляде. *Ваш голос важен.* Этому миру он нужен, чтобы преобразиться и начать изменять баланс мужской и женской энергии. Мир изголодался по новым идеям, и голос сияющей женщины — это голос преобразования жизни. Женщины — величайший неиспользованный природный ресурс планеты. Мы, женщины, освобождаем сами себя, а затем — друг друга. На этом построена активная деятельность Сестер-богинь. Это путь киски. И путь будущего.

Напоследок хотелось бы подарить вам стихотворение, написанное одной из моих учениц, Сестрой-богиней Кристин Уайт, как обет, данный Революции удовольствия.

Вот-вот выйду в мир — горячей, пульсирующей, влажной.

Мое наслаждение — это сокровище. Мои желания важны.

Сестры-богини — все вместе, всего добьется каждая.

Наше сообщество — целый экстаз во плоти!

Я помню: киске видней, она всегда впереди!

Ведь когда женщина познала включение,

Весь мир получает благословение!

Послесловие

Я не в силах даже описать, как сильно благодарна за то, что вы дочитали до этого места.

Это знак удивительной храбрости.

С того самого момента, когда я еще была маленькой девочкой, я дала себе обещание найти решение патриархальных проблем. Прошли годы, и я придумала себе приключение, решив написать книгу. Это моя докторская диссертация, дело всей жизни, мое любовное послание миру, в котором всем нам посчастливилось жить.

Больше всего на свете я хочу, чтобы эта книга попала в руки всех женщин на планете. Женщинам любого телосложения и роста, любой культурной и религиозной принадлежности, вне зависимости от имеющегося у них опыта. Ведь если я что и усвоила за долгие годы в роли Мамы Джины — это то, что какими бы разными мы ни казались, по сути мы все — одно. Мы все — женщины — сияющие, исключительные, божественные. Все мы проходим через экстаз, разлом и снова экстаз.

Иными словами, мы все — *киски*.

В глубине души я всегда знала, что, несмотря на внешнее ощущение, для женщин еще не все потеряно. Пусть равновесие в мире нарушено и это негативно сказывается на наших перспективах и ощущениях, но сама природа человеческого существа поистине божественна.

Каждая из нас жаждет найти предназначение в этом мире. В современности появилось множество будущих жрецов и жриц, феминистических лидеров, старающихся как можно лучше исполнить свою миссию, провидцев, только и ждущих момента применить силу, которую они так долго накапливали. Мне бы хотелось, чтобы эта книга дала необходимый заряд энергии этим голосам, чтобы стала творческим стимулом, в котором так остро нуждается наш мир, и помогла ему эволюционировать и исцелиться.

Моя задача — положить начало, дать женщинам возможность покончить с виктимизацией. Предоставить им инструменты и приемы, необходимые, чтобы стать главными героинями в собственной жизни. Чтобы они смогли посвятить других и восстановить равновесие мира.

И какое приключение им предстоит! Жизнь с заведенной киской — это приключение, ради которого стоит жить. Ваши желания способны перенести вас в такие места, о которых вы и не мечтали. Вы раскроете в себе таланты, о которых и не подозревали, и возможности, которые будут постоянно удивлять и поражать.

Да-да, именно вы. Именно в вас заключена вся эта сила и красота.

Даже я за свою короткую жизнь имела возможность любить и быть любимой всем сердцем; самоотверженно и самозабвенно отдавать себя этому миру; реализовать свой невероятный диапазон способностей и талантов; освободить миллионы женщин, чтобы и они смогли осуществить предназначение.

Чего я желаю вам?

Того же и еще капельку.

Я лишь хочу, чтобы вы знали: вы не одиноки.

Вы бесценны.

Какие бы трудности, препятствия и проблемы, которые на первый взгляд кажутся непреодолимыми, ни лишали вас веры в собственные силы, они не вечны, всегда есть выход, и книга поможет найти скрытое и неизменно присутствующее в вас божественное начало.

Пусть она станет дорожной картой. Я написала ее, чтобы она озаряла вам путь.

Но именно *вы* должны сделать первый шаг.

Как освятить заброшенный алтарь? Поставить свежие цветы на прикроватную тумбочку? Добавить в ванну ароматной соли?

Как изменить отношения с мужем? Попросит ли у него ваша внутренняя куртизанка за тебя?

Кому вы дадите почитать эту книгу, чтобы расширить сестринский круг? Организуете ли группу для отработки упражнений?

Возьмете ли сейчас трубку, чтобы рассказать подруге, как вместе сделать Святую Троицу?

Как отдать дань почтения своей женской сущности за ужином и помочь дочери сделать то же самое? Как делать свою жизнь прекраснее через принятие себя, сегодня и каждый день?

Идите же вперед. Заведите свою киску и зажгите мир пламенным желанием. Воплотите в жизнь свою легенду, сестра. А я буду рядом, буду держать вас за руку.

Приложение

ВИДЫ ЖЕНСКИХ ИСКУССТВ И ИНСТРУМЕНТОВ

На страницах книги я не раз говорила о женских искусствах и инструментах. Ниже представлен краткий обзор каждого из этих инструментов.

Женские искусства

1. *Женское искусство разжечь аппетит* — это способность определяться с собственными желаниями. Оно дает нам силы по-настоящему понять желаемое. Если можно сформулировать, значит, можно и заполучить!

2. *Женское искусство радоваться несмотря ни на что*: независимо от обстоятельств мы умеем распознавать и выбирать источник удовольствия. Не важно, где мы — в химчистке, на работе или меняем подгузники, всегда можно найти повод для веселья.

3. *Женское искусство чувственного удовольствия* позволяет женщине познать древнюю истину: каждый восхитительный сантиметр нашего тела принадлежит нам и должен использоваться для нашего собственного удовлетворения. Мы исследуем и изучаем возможности нашего тела, стараясь всегда заполучить свое (разумеется, при соблюдении необходимых мер предосторожности!).

4. *Женское искусство флирта* — акт, посредством которого женщина получает доступ к своей жизненной силе через удовольствие и радость от себя самой в при-

сутствии другого человека. Тем самым мы дарим всем, кто нас окружает, радость и энергию.

5. *Женское искусство владения собственной красотой* — это осознанное решение каждую минуту и каждый день быть самой красивой и роскошной из всех живущих на земле существ.

6. *Женское искусство ладить со своей внутренней сучкой* — это особое умение, позволяющее правильно направлять свой гнев, словно он наш главный союзник.

7. *Женское искусство владеть и управлять мужчинами (или женщинами!)* — это способность задействовать удовольствие, чтобы лавировать в непростых повседневных отношениях грациозно и с юмором, планомерно добиваясь своего.

8. *Женское искусство притягивать богатство* — это умение активировать силы природы, присутствующие в каждой из нас, и направлять их на получение богатства.

Инструменты женских искусств

1. *Хвастаться и воображать:* хвастайтесь, чтобы насладиться собой сполна, почувствовать собственную ценность и значимость, а заодно приподнять настроение своему слушателю. Похвалите кого-то, кто только что похвастался, и сделайте его — и свои — ощущения вдвое приятнее.

2. *Списки благодарности:* отличное упражнение на случай, когда вы растеряны, разочарованы или кажется, что не получили заслуженного. Ощущение непризнанных заслуг похоже на запор. Списки благодарности помогут отметить то хорошее, что есть в жизни.

3. *Списки желаний:* задействуйте личную магию и подумайте о сокровенных желаниях совместно с Верховной Киской на Небесах, а потом составьте список.

4. *Любимые кадры/Сводка:* мощный способ заново пережить приятные ощущения и события, нарезав кадрами (то есть пересказав кому-то) наиболее яркие моменты.

5. *Весенняя уборка:* посредством этого упражнения вы сбрасываете слишком сильные эмоции по какому-либо поводу, чтобы не терять связи со своим источником удовольствия и внутренние ориентиры.

6. *Танцевальные паузы:* в любом месте, в любое время. Включите любимую музыку и посредством экстатических движений вдохните жизнь в пережитые эмоции и мысли и освежите их, чтобы невербально резюмировать. Танец пробуждает и заряжает энергией все существо, наполняя гормонами счастья, исцеляющими каждую клеточку тела.

7. *Женская мантра:* избавьтесь от привычного негативного мышления, заменив неосознанные мысли осознанными, сочными, преломленными через призму Богини. Например: «Я так прекрасна и необыкновенна, сегодня все будет, как я хочу!»; «Я зрелый, сочный персик — только руку протяни!»; «У меня самая сексуальная киска в [вставьте название вашего города]!».

8. *Самоудовлетворение:* чувственность женщины — ее истинный источник силы. Поддерживайте связь со всеми уголками тела, доставляя им удовольствие просто так или же когда необходимо уделить себе чуть больше внимания, прежде чем попросить повышение по службе, или перед принятием важного решения в сфере воспитания детей, или готовясь к важному сви-

данию с новым парнем или девушкой. Самоудовлетворение вовсе не обязательно должно заканчиваться оргазмом — возможно, вам хватит и пары поглаживаний, просто чтобы киске стало приятно. Суть в том, чтобы активировать естественную способность тела самоочищаться и обновлять клетки через химию удовольствия. Величайший дар, который вы можете подарить сами себе, — это регулярное напоминание самой себе о данном нам от рождения праве на страсть и экстаз. Я советую капнуть капельку смазки для большего удовольствия.

9. *Анонимные добрые поступки:* получите удовольствие через помощь кому-то. Совершая анонимные добрые поступки, вы и сами почувствуете себя хорошо, а заодно улучшите репутацию и засияете ярче.

10. *Колдовство:* это демонстрация нашего желания, дань почтения нашей женской привлекательности. Сам акт колдовства означает удовольствие от одного только желания обладать чем-либо.

11. *Свидания как средство обороны:* эта тактика заключается в том, чтобы встречаться одновременно с несколькими парнями и хорошо проводить с ними время, но не хранить все яйца в одной корзине.

12. *Одобрение:* пусть он или она станут для вас героем или героиней. Покажите важному для вас человеку, как вам хорошо с ним и как вы его цените. Улыбка или просто слова благодарности творят чудеса. Ваше одобрение должно быть сильнее ваших претензий.

13. *Цикл обучения:* этот цикл включает несколько простых шагов.

а) Покажите своему партнеру, что он прав.

б) Дайте ему или ей решить какую-нибудь задачу.

в) Признайте заслуги партнера.

14. *Кискофикация:* сделайте это красиво.

Включитесь в процесс, действуйте и преобразите платяной шкаф, ящик для белья, офис или список друзей! Освободите в жизни место для красоты. Оставьте только то, что соответствует этому новому образу жизни.

15. *Думай о любимом:* сосредоточьте внимание на другом человеке. Думайте о своей киске или киске или члене важного для вас человека только хорошее и приятное. Направьте свои мысли в сторону возбуждения. Обратите внимание на то, как эта простая мысль помогает радоваться жизни и флиртовать!

16. *Диета удовольствия:* четкий список приятных занятий, от которых вы начинаете сиять ярче.

17. *Корзина удовольствия:* корзина, в которой хранится то, что обостряет ваши ощущения. Положите туда все, что делает спальню комнатой для игр. Сестра-богиня каждый день воплощает в жизнь чувственность. Пусть ваша корзина удовольствия будет свежей и интересной.

18. *Активная деятельность Сестры-богини:* измените жизнь какой-нибудь женщины сегодня. На этой планете мы все сестры. Когда вы направляете свое внимание, заряженное удовольствием, на другую женщину, чтобы сделать ее жизнь лучше, — это и есть активная позиция!

19. *Флирт:* флиртуйте с первым, кто пройдет мимо. Флирт — это не что иное как наслаждение собой в присутствии другого человека.

20. *Крикните «ДА!»:* где бы вы ни были, подпрыгните повыше и громко крикните «Да!», когда случается нечто, с чем вы совершенно не согласны. Это быстрый

способ принять жизнь такой, как она есть, и почувствовать благодарность.

21. *Украсьте свою киску*: наклейте пару наклеек, татуировок или блесток на свою красавицу — и почувствуете прилив свежести, жизненной энергии и благоговения.

22. *Благодарность*: выразите благодарность кому-то, кого очень цените, прямо сейчас.

23. *Блесните собой*: посмотрите на киску в зеркале и скажите: «Я люблю это шикарное тело». Это изменит химический баланс в организме и даст легкий заряд любви.

24. *Ходите без трусиков*: делайте это по пятницам или в любой день недели. Обратите внимание, какой свободной (и немного — хулиганкой) себя почувствуете.

25. *Подарите себе мгновенье удовольствия*: поставьте на стол зажженную свечу, подарите себе цветок, побрызгайтесь духами... Ну, вы меня поняли. Всякий раз, получая удовольствие, вы освобождаете одну киску.

26. *Совершенная и элегантная женская мантра*: повторяйте про себя: «Я все делаю вовремя и красиво. Я сейчас в нужном месте, в нужное время». Древняя мантра Сестер-богинь помогает восстановить свои отношения со временем, чтобы насладиться моментом и подчинить время своей воле.

27. *Смена гардероба*: наденьте тиару, боа или мешок для мусора — или все вместе, если нужно. Каждая женщина лучше всего чувствует себя, когда внутренние ощущения совпадают с внешним видом. Надев корону, вы чувствуете себя королевой. Боа напомнит о флирте. И — да, мешок поможет меньше чувствовать себя мусором.

Благодарность

Есть столько потрясающих учителей, друзей, любовников, родственников, единомышленников, бунтарей, новаторов и прочих хулиганов, которые невероятно помогли мне в работе над этой книгой. И это — не говоря о тысячах и тысячах женщин, сломавших или взорвавших столько дверей, о существовании которых я даже не подозревала; благодаря которым существую и я, и эта книга. Я ваша вечная должница. За то, что смогла воплотить в жизнь свое истинное предназначение. Для меня это дар, за который я буду благодарить каждый божий день.

Представьте себе, Бабби Роуз, и бабушка Реджина, и все мои предки. Именно благодаря вам я смогла рассказать открывшуюся мне правду и добилась свободы и процветания. Спасибо за то, что рискнули всем, что у вас было, чтобы отречься от старого мира и вступить в новый, сделав возможным мое существование.

Я хочу выразить бесконечную благодарность и признаться в вечной любви моей маме, Бебе Магнесс Уайсс, и моей второй маме, мисс Вилме Харрис. Без их невероятной любви и силы, которые я наблюдала каждый день, без их неуемной жажды жизни я никогда не стала бы самой собой. Моя мама была Бабби не только для своих восьмерых внуков, но и для тысяч женщин, записавшихся на курс Мастерства, которым она вытирала слезы, помогала вернуться в строй и восстановить силы. Ее невероятная, бесконечная любовь осветила всю мою жизнь. Моей Вилме, которая всю жизнь называла меня «девочкой» и научила меня словами и молчанием всегда сохранять чувство собственного достоинства в этом мире нетерпимости.

Спасибо тебе, Мэгги Роуз, самая замечательная, умная, волшебная, красивая, веселая и смешная дочка на свете. Ты вдохновляешь меня быть сильнее и лучше, чем я когда-либо могла бы стать без тебя.

Мне невероятно повезло повстречать Рут Баррон, человека, который поддерживает меня — и ШЖИ — своей невообразимой любовью, жизнерадостностью и по-настоящему крутыми треками. Рут представила себя в роли Певчей Сирены (диджей женской души) на моем самом первом занятии по Мастерству. Она постоянно была со мной, непрерывно создавая прекрасные саундтреки, перед которыми невозможно устоять, для каждой студентки курсов, присутствующей в классной комнате и за ее пределами. Без Рут я не смогла бы делать то, что делаю, так же хорошо. Я самая счастливая женщина на земле, если у меня есть такая невероятная подруга.

Я благодарю замечательного редактора Келли Нотарас, которая обеспечила этой книге уверенную позицию с самого момента ее появления. Это было благословенное и прекрасное сотрудничество — ты осветила путь моей душе своей увлеченностью и вниманием. Я не могла ни просить, ни мечтать о лучшей поддержке.

Я безумно благодарна моему редактору из издательства «Хэй Хаус» Анне Бартель, которая смелым росчерком пера отметала все, кроме самой сути. От нее выходишь, как из спа-салона, — обновленной, твердой и решительной.

Спасибо Пэтти Гифт, моей подруге и единомышленнице. Я так благодарна тебе за то, что заманила меня в семью «Хэй Хаус».

Спасибо, Рейс Трейси и Луиз Хэй. Какая это радость — работать со столь небезразличной компанией, которая умеет запускать книги.

Крис Карр. Вздох. Ты в своей грациозной манере единорога защищала меня со спины и с фронта, сверху, снизу и по обоим флангам на протяжении всего периода работы над этой книгой и ее вывода в большой мир.

Мари Форлео, я до сих пор помню тот день, когда приехала к тебе домой в священном трепете, поняв, как должна называться эта книга. Ты поддержала мою точку зрения тогда, сейчас и всегда. Спасибо за твою пылкую дружбу.

Я очень благодарна Аманде Брукс — не только за бесконечное вдохновение по части моды и за то, что заставляла меня тратить больше на «вещи, в которые стоит вкладываться», чем я когда-либо предполагала, но также и за ее бесконечную любовь и поддержку меня самой и моего дела все эти 20 лет. Я невероятно благодарна своей команде: славной Донне Отмани, с которой я работала и смеялась больше 10 лет. Все это стало возможным благодаря твоему лидерству и чуткому руководству; Натану Патмору, который присутствовал в моей жизни больше десяти лет и всегда помогает мне и моей компании подняться на новый уровень роста и развития. Мне нравится прыгать вместе с тобой с обрыва: ты обеспечиваешь мне мягкую посадку.

Для меня большая честь работать с Лорен Абрами и Ханной Уильямс. Эти две женщины — врата, через которые каждый студент входит в ШЖИ. Обе они красавицы, умницы, страстно увлеченные своим делом, а их творческая сила ежедневно служит мне источником вдохновения.

Рика Брайан — за невероятно художественную форму опроса аудитории.

Хочу поблагодарить Сару Гранби и Джули Нельсон за создание таких прекрасных живых мероприятий, координацию сессий с 1000 женщинами и создание настоящего волшебства на сцене вместе со мной.

Спасибо тебе, Сюзан Ли, за твое невероятное художественное руководство и роскошную обложку для книги. Ты обладаешь невероятной и феноменальной способностью улавливать еще не до конца оформившиеся мысли в моей голове и вставлять их туда, где они уместнее всего.

Невероятная благодарность художнице Рейньер Вуд за ее великолепную иллюстрацию киски в этой книге.

Бесконечная благодарность от всей души Айо, Мерседес, Бернадетт, Омо и всему персоналу, прошлому и настоящему, который вместе со мной составляет и проживает каждый курс, каждый уик-энд. Без вас ничего бы не получилось.

Я также благодарна художнику Жаку Белчеру за создание священной геометрии форзацев и за то, что книга отозвалась в тех читателях, для которых и была написана.

Радость от работы с замечательным, сексуальным фотографом Лиз Линдер, как в аудитории, так и на обложке этой книги, нельзя выразить словами. Спасибо за то, что ответила на мое безудержное возбуждение взаимностью.

Я так благодарна за то, что моим персональным ассистентом, а также подругой и членом группы поддержки стала Оснат Яски. Это она помогала мне, словно жонглёру, удерживать все шары в воздухе целых пять лет.

Спасибо, Коллин Мэлони, за тысячи здоровых и прекрасных блюд, благодаря которым мы с Мэгги сыты каждую неделю.

Искренняя благодарность Бекке Джонс за прекрасное управление нашим офисом.

А также Кармен, моей сестре, подруге, моей опоре и женщине, благодаря которой мой дом и офис блестят.

Особая благодарность доктору Энн Дэвин, которая помогла мне сформулировать пять фаз Пути Куртизанки и внесла столь существенный вклад в «Школу женских искусств».

Я в огромном долгу перед моими постоянными спутниками — Лидией Литтлфилд Данц, Джоан Кортни Мюррей и Кейт О'Нейлл, которые вместе со мной вот уже 40 лет. Я благодарна за ту честь, что мне выпала вместе с этой дружбой длиною в жизнь.

Я в большом долгу перед Николь Дэдоне, Шейлой Келли, Бетти Додсон, Джайей, Барбарой Стенни, Крисом Нортрапом, Дебби Розас, Крисом Карром, Мари Форлео — женщинами, уверенно марширующими по пути освобождения кисок и вдохновляющими мужчин и женщин подниматься на небывалые высоты. Ваш труд так много для меня значит! Спасибо за ваше присутствие и выступление на лекциях по Мастерству.

И конечно, никаких слов не хватит, чтобы выразить мою благодарность всем и каждому из моих студентов. Я благодарна своим первым последователям, храбрым первопроходцам, которые 20 лет назад записались на мой курс в том кирпичном особняке, с которого все начиналось, когда мы были лишь кучкой женщин, собравшихся в моей гостиной и занимавшихся скандально безумными вещами.

Меня переполняет благодарность женщинам, прошедшим курс Мастерства, а так же к тем, кто продолжает его посещать. Спасибо за вашу невозможную храбрость, за то, что приняли давно похороненную часть себя, которая так стремилась к свободе и высокому полету.

Я безмерно благодарна выпускницам своего Курса созидания. Вместе со мной вы погрузились на самую глубину. Я знаю ваш внутренний мир и мир, в котором вы живете, так же хорошо, как свою собственную душу. Спасибо за ваше рвение добраться до самой сути. Спасибо за упорство и превосходные результаты. Спасибо за храбрость и красоту.

Я благодарна Виртуальным исследователям удовольствия со всех уголков света. Вы доказали, что способны на многое. Теперь же сделайте паузу и исполните Святую Троицу!!

А также — всем женщинам, ставшим в «Школе женских искусств» старшими сестрами: благодарю вас на коленях. Спасибо за поддержку и помощь другим женщинам, за то, что решились стать наставницами, за готовность взять шефство и проложить новые пути для женщин, гордо шествуя по миру.

И невероятной, неудержимой Команде удовольствия — 8000 нервных окончаний к вашим услугам. Спасибо за то, что сделали невозможное возможным. Спасибо за то, что превратили четырех белых мышей в четверку белых лошадей. Спасибо за бесчисленные коробочки бумажных платочков, пригоршни розовых лепестков, диваны для куртизанок и розовые перья. Спасибо вам за вашу самоотдачу и внимание.

Спасибо Шонде Раймс, Бейонсе, Трейси Чепмен, Мейси Грэй, Лорин Хилл, Кейт Буш, Барри Манилоу, Аланис Морисетт, Брюсу Спрингстину, Фредди Меркюри, Дэвиду Боуи, Дэвиду Грэю, группе «The Who», Пуччини, Лапсли, Мэй Уэст, Тине Тернер, Шерил Сандберг, Сюзан Б. Энтони, Мэри Оливер, Опре, Майе Ангелоу, Джуди Чикаго, Сожурне Трус, Гарриет Табман, Элис Уолкер, Лине Данэм, Дженнифер Лоуренс, Лине Хорн, Кайе, Диане фон Фюрстенберг, Микалейн Томас, Лин-Мануэль Миранде, Хиллари Клинтон, Элизабет Гилберт, Президенту США и Мишель Обаме, Джейн Гудолл — людям, послужившим мне источниками вдохновения. Хотя я не знакома со всеми лично (пока), но именно они не дают моему внутреннему огню угаснуть.

Об авторе

Реджина Томасауэр (также известная как Мама Джина) — женщина-революция, человек-икона, учитель, писательница, мать, основательница и генеральный директор «Школы женских искусств». По ее словам, женщины — величайший из неиспользованных ресурсов планеты, она же учит их задействовать данную им от природы силу, чтобы жить так, как они хотят.

«Школа женских искусств» зародилась в гостиной дома Томасауэр в 1998 году и с тех пор переросла в живое и пульсирующее глобальное движение с тысячами выпускников по всему миру, более 2500 студентов в год, а также десятками тысяч подписчиков популярного блога и сайта.

Подход Томасауэр основывается на десятилетнем исследовании социальных, культурных и экономических аспектов жизни женщин, в том числе анализе древнего культа Богини, доминировавшего на протяжении 30–50 веков, по данным историков. В своей неповторимой манере — одновременно дерзкой, непреклонной, вдохновляющей и пронзительно-трогательной — она открывает перед женщинами двери в большой мир. Помимо руководства школой, Томасауэр в качестве эксперта активно участвует в феминистическом движении.

Томасауэр выступала в университетах и оздоровительных центрах США, давала интервью в рамках популярных телевизионных шоу и публиковалась в таких изданиях, как *The New York Times* и *Elle*. Ее работы цитировались в *Glamour, Marie Claire, InStyle* и множестве других популярных журналов.

Томасауэр — выпускница колледжа Маунт-Холлиок по специальности «театральное искусство» и уже 25 лет занимается борьбой за права женщин. Она живет и работает в Нью-Йорке, воспитывает дочь и вместе с командой увлеченных профессионалов курирует и координирует деятельность «Школы женских искусств».

www.mamagenas.com

Чего хочет женщина, когда она хочет любви?

Героини впустили автора в свою личную жизнь и на протяжении 8 лет делились самым сокровенным

Все, чего хочет Лина, — быть желанной. Она заводит любовника, потому что муж месяцами не прикасается к ней.

Все, чего хочет Мэгги, — быть для кого-то особенной. Например, для своего учителя, который оставляет ее после уроков и пишет эсэмэски по ночам.

Все, чего хочет Слоун, — чтобы ею восхищались. Ее мужу нравится смотреть, как она занимается любовью с другими мужчинами, но когда-нибудь она перейдет черту.

★ **Лучшая нон-фикшн книга 2020 года по версии Британской национальной книжной премии**

★ **Бестселлер New York Times No. 1 (2019)**

★ **The No. 1 Sunday Times Bestseller (2019)**

★ **Foyles Non-Fiction Book**

«В мире нет ни одной женщины, которая не узнала бы – со спазмами в животе, с бешено бьющимся сердцем – что-то из того, через что проходят Мэгги, Лина и Слоун».

– Rachel Cooke, Observer –

БОМБОРА
издательство

Ян Кернер

ОНА КОНЧАЕТ ПЕРВОЙ

как доставить женщине
наслаждение

Исследования показывают, что три четверти мужчин кончают через несколько минут после начала секса. Женщинам порой нужно не меньше 15 минут, чтобы возбудиться и достичь оргазма. Дело в том, что большая часть нервных окончаний сосредоточены на поверхности вульвы и для их стимуляции не требуется проникновения. А главный источник удовольствия – клитор – во время секса не получает достаточного внимания.

Клитор состоит из 18 частей, и каждая играет роль в получении удовольствия.

Все женщины обладают врожденной биологической способностью испытывать множественные оргазмы.

Доктор медицинских наук, психотерапевт и сексолог Ян Кернер считает, что куннилингус — это не просто прелюдия к сексу, а его центральный элемент.

ПОМНИТЕ: ЖЕНЩИНА ИСПЫТЫВАЕТ САМЫЙ ЯРКИЙ ОРГАЗМ, КОГДА ПАРТНЕР ПРАВИЛЬНО РАБОТАЕТ ЯЗЫКОМ!

Издание для досуга

Томасауэр Реджина

ЖЕНЩИНА, КОТОРАЯ СВЕТИТСЯ ИЗНУТРИ
КАК НАЙТИ СВОЙ ИСТОЧНИК ЖЕНСКОЙ СИЛЫ И СЕКСУАЛЬНОСТИ

Главный редактор *Р. Фасхутдинов*
Руководитель направления *Л. Ошеверова*
Ответственный редактор *А. Палиева*
Младший редактор *А. Ужегова*
Художественный редактор *В. Брагина*
Технический редактор *О. Куликова*
Компьютерная верстка *Е. Мельникова*
Корректор *В. Соловьева*

Страна происхождения: Российская Федерация
Шығарылған елі: Ресей Федерациясы

ООО «Издательство «Эксмо»
123308, Россия, город Москва, улица Зорге, дом 1, строение 1, этаж 20, каб. 2013.
Тел.: 8 (495) 411-68-86.
Home page: www.eksmo.ru   E-mail: info@eksmo.ru
Өндіруші: «ЭКСМО» АҚБ Баспасы,
123308, Ресей, қала Мәскеу, Зорге көшесі, 1 үй, 1 ғимарат, 1 үй, 1 ғимарат, 20 қабат, офис 2013 ж.
Тел.: 8 (495) 411-68-86.
Home page: www.eksmo.ru   E-mail: info@eksmo.ru.
Тауар белгісі: «Эксмо»
Интернет-магазин : www.book24.ru

Интернет-магазин : www.book24.kz
Интернет-дүкен : www.book24.kz
Импортёр в Республику Казахстан ТОО «РДЦ-Алматы».
Қазақстан Республикасындағы импорттаушы «РДЦ-Алматы» ЖШС.
Дистрибьютор и представитель по приему претензий на продукцию,
в Республике Казахстан: ТОО «РДЦ-Алматы»
Қазақстан Республикасында дистрибьютор және өнім бойынша арыз-талаптарды
қабылдаушының өкілі «РДЦ-Алматы» ЖШС,
Алматы қ., Домбровский көш., 3«а», литер Б, офис 1.
Тел.: 8 (727) 251-59-90/91/92; E-mail: RDC-Almaty@eksmo.kz
Өнімнің жарамдылық мерзімі шектелмеген.
Сертификация туралы ақпарат сайтта: www.eksmo.ru/certification
Сведения о подтверждении соответствия издания согласно законодательству РФ
о техническом регулировании можно получить на сайте Издательства «Эксмо»
www.eksmo.ru/certification
Өндірген мемлекет: Ресей. Сертификация қарастырылмаған

Дата изготовления / Подписано в печать 13.12.2021. Формат 60×90^1/$_{16}$.
Гарнитура «Чартер». Печать офсетная. Усл. печ. л. 22,0.
Доп. тираж 4000 экз. Заказ 7928/21.

Отпечатано в соответствии с предоставленными материалами
в ООО "ИПК Парето-Принт", 170546, Тверская область,
Промышленная зона Боровлево-1, комплекс №3А
www.pareto-print.ru

18+

book 24.ru Официальный интернет-магазин издательской группы "ЭКСМО-АСТ"

ЧИТАЙ·ГОРОД

Москва. ООО «Торговый Дом «Эксмо»
Адрес: 123308, г. Москва, ул. Зорге, д. 1, строение 1.
Телефон: +7 (495) 411-50-74.   E-mail: reception@eksmo-sale.ru

По вопросам приобретения книг «Эксмо» зарубежными оптовыми
покупателями обращаться в отдел зарубежных продаж ТД «Эксмо»
E-mail: international@eksmo-sale.ru

International Sales: International wholesale customers should contact
Foreign Sales Department of Trading House «Eksmo» for their orders.
international@eksmo-sale.ru

По вопросам заказа книг корпоративным клиентам, в том числе в специальном
оформлении, обращаться по тел.: +7 (495) 411-68-59, доб. 2261.
E-mail: ivanova.ey@eksmo.ru

Оптовая торговля бумажно-беловыми
и канцелярскими товарами для школы и офиса «Канц-Эксмо»:
Компания «Канц-Эксмо»: 142702, Московская обл., Ленинский р-н, г. Видное-2,
Белокаменное ш., д. 1, а/я 5. Тел./факс: +7 (495) 745-28-87 (многоканальный).
e-mail: kanc@eksmo-sale.ru, сайт: www.kanc-eksmo.ru

Филиал «Торгового Дома «Эксмо» в Нижнем Новгороде
Адрес: 603094, г. Нижний Новгород, улица Карпинского, д. 29, бизнес-парк «Грин Плаза»
Телефон: +7 (831) 216-15-91 (92, 93, 94).   E-mail: reception@eksmonn.ru

Филиал ООО «Издательство «Эксмо» в г. Санкт-Петербурге
Адрес: 192029, г. Санкт-Петербург, пр. Обуховской обороны, д. 84, лит. «Е»
Телефон: +7 (812) 365-46-03 / 04.   E-mail: server@szko.ru

Филиал ООО «Издательство «Эксмо» в г. Екатеринбурге
Адрес: 620024, г. Екатеринбург, ул. Новинская, д. 2щ
Телефон: +7 (343) 272-72-01 (02/03/04/05/06/08)

Филиал ООО «Издательство «Эксмо» в г. Самаре
Адрес: 443052, г. Самара, пр-т Кирова, д. 75/1, лит. «Е»
Телефон: +7 (846) 207-55-50.   E-mail: RDC-samara@mail.ru

Филиал ООО «Издательство «Эксмо» в г. Ростове-на-Дону
Адрес: 344023, г. Ростов-на-Дону, ул. Страны Советов, 44А
Телефон: +7(863) 303-62-10.   E-mail: info@rnd.eksmo.ru

Филиал ООО «Издательство «Эксмо» в г. Новосибирске
Адрес: 630015, г. Новосибирск, Комбинатский пер., д. 3
Телефон: +7(383) 289-91-42.   E-mail: eksmo-nsk@yandex.ru

Обособленное подразделение в г. Хабаровске
Фактический адрес: 680000, г. Хабаровск, ул. Фрунзе, 22, оф. 703
Почтовый адрес: 680020, г. Хабаровск, А/Я 1006
Телефон: (4212) 910-120, 910-211.   E-mail: eksmo-khv@mail.ru

Филиал ООО «Издательство «Эксмо» в г. Тюмени
Центр оптово-розничных продаж Cash&Carry в г. Тюмени
Адрес: 625022, г. Тюмень, ул. Пермякова, 1а, 2 этаж. ТЦ «Перестрой-ка»
Ежедневно с 9.00 до 20.00. Телефон: 8 (3452) 21-53-96

Республика Беларусь: ООО «ЭКСМО АСТ Си энд Си»
Центр оптово-розничных продаж Cash&Carry в г. Минске
Адрес: 220014, Республика Беларусь, г. Минск, проспект Жукова, 44, пом. 1-17, ТЦ «Outleto»
Телефон: +375 17 251-40-23; +375 44 581-81-92
Режим работы: с 10.00 до 22.00.   E-mail: exmoast@yandex.by

Казахстан: «РДЦ Алматы»
Адрес: 050039, г. Алматы, ул. Домбровского, 3А
Телефон: +7 (727) 251-58-12, 251-59-90 (91,92,99).   E-mail: RDC-Almaty@eksmo.kz

Украина: ООО «Форс Украина»
Адрес: 04073, г. Киев, ул. Вербовая, 17а
Телефон: +38 (044) 290-99-44, (067) 536-33-22.   E-mail: sales@forsukraine.com

**Полный ассортимент продукции ООО «Издательство «Эксмо» можно приобрести в книжных
магазинах «Читай-город» и заказать в интернет-магазине: www. chitai-gorod.ru.
Телефон единой справочной службы: 8 (800) 444-8-444. Звонок по России бесплатный.**

Интернет-магазин ООО «Издательство «Эксмо»
www.book24.ru
Розничная продажа книг с доставкой по всему миру.
Тел.: +7 (495) 745-89-14. E-mail: imarket@eksmo-sale.ru

ПРИСОЕДИНЯЙТЕСЬ К НАМ!

БОМБОРА
ИЗДАТЕЛЬСТВО

БОМБОРА – лидер на рынке полезных
и вдохновляющих книг. Мы любим книги
и создаем их, чтобы вы могли творить,
открывать мир, пробовать новое, расти.
Быть счастливыми. Быть на волне.

МЫ В СОЦСЕТЯХ:

 bomborabooks bombora
bombora.ru

ISBN 978-5-04-110657-7